国家社科基金青年项目"新时代高质量就业的理论框架和影响路径研究"（20CJL030）

高质量就业的理论逻辑与影响路径研究

GAOZHILIANG JIUYE DE LILUN LUOJI YU
YINGXIANG LUJING YANJIU

封世蓝 著

人民出版社

目　　录

前　言

　　党的十八大以来，以习近平同志为核心的党中央始终把科教兴国、人才强国战略放在国家发展的核心位置，将完善教育体系建设、实现更高质量的就业作为建设教育强国的有效手段。习近平总书记在党的二十大报告中明确指出："教育、科技、人才是全面建设社会主义现代化国家的基础性、战略性支撑。必须坚持科技是第一生产力、人才是第一资源、创新是第一动力，深入实施科教兴国战略、人才强国战略、创新驱动发展战略。……加快建设高质量教育体系，发展素质教育，促进教育公平。"①在党中央的领导下，推动教育改革发展与教育建设工作取得突破性进展。关于高等教育，习近平总书记进一步指出："教育兴则国家兴，教育强则国家强。高等教育是一个国家发展水平和发展潜力的重要标志。今天，党和国家事业发展对高等教育的需要，对科学知识和优秀人才的需要，比以往任何时候都更为迫切。"②在高等教育阶段，2021 年全国共有普通高等学校 3012 所，各种形式的高等教育在学规模总计 4430 万人。③ 当前，我

---

　　① 习近平：《高举中国特色社会主义伟大旗帜　为全面建设社会主义现代化国家而团结奋斗——在中国共产党第二十次全国代表大会上的报告》，人民出版社 2022 年版，第 33—34 页。

　　② 习近平：《在北京大学师生座谈会上的讲话》，人民出版社 2018 年版，第 4 页。

　　③ 参见《2021 年全国教育事业发展统计公报》，中华人民共和国教育部政府门户网站，2022 年 9 月 14 日。

国高等教育办学规模和年毕业人数已居世界首位,但规模扩张并不意味着质量和效益增长,走内涵式发展道路是我国高等教育发展的必由之路。随着全国教育大会等会议相继召开,相关教育政策密集出台对新时代教育改革做出了系统设计,标志着我国教育改革迈入全面提高育人质量的新阶段。以教育投入为核心的人力资本积累和配置是劳动经济学与公共经济学领域所关注的重要议题之一,如何提高教育质量、加快人力资本积累,确保将数量型人口红利转化为质量型人力资本红利对于提高人力资本投资效率具有重要意义。

高校毕业生就业既是国计,也是民生。据统计,2019 年全国普通高校毕业生达到 834 万人,2020 年达 874 万人,创近十年来的新高。2021 年全国普通高校毕业生总数再创历史新高,总规模达到 909 万,同比增加 35 万。党的十九届五中全会指出:"强化就业优先政策。千方百计稳定和扩大就业,坚持经济发展就业导向,扩大就业容量,提升就业质量,促进充分就业,保障劳动者待遇和权益。"[①]2020 年政府工作报告中提到"就业"二字多达 39 次,2021 年政府工作报告也延续了对就业的重视。习近平总书记多次强调就业是最大的民生,"要坚持就业优先战略和积极就业政策,实现更高质量和更充分就业""把解决人民群众就业问题放在更加突出的位置,努力创造更多就业岗位"。随着以国内大循环为主体、国内国际双循环相互促进的新发展格局的建构,中国经济面临着进一步的结构调整、产业转型,在这种情况下,如何实现高校毕业生更加充分、更高质量的就业,是全社会需要关注和应对的巨大挑战。2020 年 7 月 7 日,习近平总书记在给中国石油大学(北京)克拉玛依校区毕业生的回信中指出:"各级党委、政府和社会各界要切实做好高校毕业生就业工作,采取有效措施,克服新冠肺炎疫情带

---

① 《中共中央关于制定国民经济和社会发展第十四个五年规划和二〇三五年远景目标的建议》,人民出版社 2020 年版,第 32 页。

来的不利影响,千方百计帮助高校毕业生就业,热情支持高校毕业生在各自工作岗位上为党和人民建功立业。"如何协调高校人才培养和社会需求,切实提高毕业生的人力资本配置效率,是现阶段面临的重大挑战。

本书围绕高素质人才的培养和就业问题,从影响高校毕业生就业的高等教育因素与非教育因素入手,综合了高等教育质量、大学专业选择以及影响就业的户籍制度、宏观经济形势、家庭社会资本和性别因素等理论分析和实证研究,探讨了如何进一步深入贯彻党的二十大精神,深化高等教育领域综合改革,推动高等教育内涵式发展,办好人民满意的教育;如何健全有利于高校毕业生更加充分、更高质量就业的促进机制,扎实推进高校招生就业制度体系和治理能力现代化。

本书共分为三部分:第一部分导论,阐述与高等教育和高校毕业生就业相关的研究背景和研究意义,并对相关的研究成果进行文献梳理和理论评述。第二部分重点探讨中国高等教育质量与高校毕业生薪酬的关系以及大学不同专业劳动者职业选择的异质性。第三部分分别从户籍制度、宏观经济形势、家庭社会资本和性别因素四个维度考察其对就业水平和质量的影响,具体探究高校毕业生专业和就业配置效率及其与就业满意度的关系,从宏观福利和微观效率两个维度来探讨提高人力资本配置效率的有效途径。

导　论

一、研究背景

劳动者素质对一个国家、一个民族的发展至关重要。当今世界,综合国力的竞争归根到底是人才的竞争,是劳动者素质的竞争,只有高质量的现代化高等教育体系才能培养出高素质劳动者。2016 年 12 月 7 日,习近平总书记在全国高校思想政治工作会议上提到:"党中央作出加快建设世界一流大学和一流学科的战略决策,就是要提高我国高等教育发展水平,增强国家核心竞争力。"[①]2018 年 9 月 10 日,习近平总书记在全国教育大会上强调:"教育是民族振兴、社会进步的重要基石,是功在当代、利在千秋的德政工程,对提高人民综合素质、促进人的全面发展、增强中华民族创新创造活力、实现中华民族伟大复兴具有决定性意义。"[②]而高等教育培养出的高素质人才必须通过就业才能投身社会主义现代化建设,解决高素质人才的就业问题是中国经济高质量发展过程中贯彻人才强国战略的重中之重。本书着眼于高校毕业生的教育公平和就业优先战略,从教育和非教育因素入手,综合分析了高等教育质量、大学专业选择、户籍制度、宏观经济形势和性别、

[①]　习近平:《把思想政治工作贯穿教育教学全过程　开创我国高等教育事业发展新局面——在全国高校思想政治工作会议上的讲话》,《人民日报》2016 年 12 月 9 日。

[②]　习近平:《在全国教育大会上的讲话》,《深入学习习近平关于教育的重要论述》,人民出版社 2019 年版,第 15 页。

家庭社会资本等因素对高校毕业生就业配置效率的影响,重点探讨了中国高等教育质量与大学不同专业对于高校毕业生就业配置效率的影响,从户籍制度、宏观经济形势、家庭社会资本和性别因素四个方面分别考察了其对高校毕业生就业配置效率的作用机制,探究了高素质人才就业配置效率的激励措施,有利于提高高素质人才就业质量,促进高素质人才供给,为中国经济高质量发展奠定优质的人力资本积累。

就业乃民生之本、财富之源,一头连着老百姓的"饭碗",一头连着经济社会的发展,保就业就是保民生、保稳定、保发展。社会政策要强化兜底保障功能,实施就业优先战略,确保群众基本生活底线,寓管理于服务之中。我们要把稳就业摆在核心位置,坚持稳中求进的总基调,坚定信心、保持清醒、压实责任、主动作为、着力抓好重点行业、重点人群就业工作。习近平总书记在党的二十大报告中指出:"实施就业优先战略。就业是最基本的民生。强化就业优先政策,健全就业促进机制,促进高质量充分就业。健全就业公共服务体系,完善重点群体就业支持体系,加强困难群体就业兜底帮扶。统筹城乡就业政策体系,破除妨碍劳动力、人才流动的体制和政策弊端,消除影响平等就业的不合理限制和就业歧视,使人人都有通过勤奋劳动实现自身发展的机会。"[1]近三年的政府工作报告始终特别突出对就业问题的重视,2019年的政府工作报告中提到,"就业优先政策要全面发力"[2],这是首次将就业优先政策置于宏观经济政策层面。而要坚持就业优先战略,就是要把解决人民群众就业问题放在更加突出的位置,最直接的就是要努力创造更多就业岗位。2020年,面对全球严峻的新冠疫情挑战和经贸形势的不确定性,就业压力显著增大,政府工作报告中指出"就业优先政策要全面强化","千方百计稳定和扩大就业","高校和属地政府都要提供不断线

---

① 习近平:《高举中国特色社会主义伟大旗帜　为全面建设社会主义现代化国家而团结奋斗——在中国共产党第二十次全国代表大会上的报告》,人民出版社2022年版,第47页。

② 《政府工作报告》,人民出版社2019年版,第13页。

的就业服务"①,保障就业成了高校和政府"最紧要的责任",就业优先政策全面落到实处,只要就业稳、收入增,国家的发展就更有底气。2021年,面对新冠疫情的持续蔓延和世界经济深度衰退等多重严重冲击,市场主体发展受阻、就业市场重点群体就业困难等问题凸显,政府工作报告中提到:"就业是最大的民生,保市场主体也是为稳就业保民生","作为最大发展中国家,在巨大冲击下能够保持就业大局稳定,尤为难能可贵",政府、用人单位、劳动者三方联动"优先稳就业保民生",切实"实施就业优先战略,扩大就业容量"。②

要把就业这个最大的民生抓紧抓好,就必须充分重视高校毕业生就业这一重要部分。"更高质量和更充分就业"要求我们注重解决结构性就业矛盾,提供全方位公共就业服务,鼓励创业带动就业,促进高校毕业生等青年群体多渠道就业创业。就业是民生之本,尤其要做好以高校毕业生为重点的青年就业工作,增强学生就业创业和职业转换能力。2022年12月16日,习近平总书记在中央经济工作会议上强调:"落实落细就业优先政策,把促进青年特别是高校毕业生就业工作摆在更加突出的位置。"③党的十九大报告中提到"就业就是最大的民生",而高素质人才就业更是中国经济高质量发展过程中的重点,创新驱动实际上是人才驱动,综合国力的竞争归根到底是人才竞争,高校毕业生是国家未来战略科技人才、科技领军人才、青年科技人才的后备军,高校毕业生的培养和就业关乎国家就业结构性矛盾的解决。党的十九届五中全会也指出:"贯彻尊重劳动、尊重知识、尊重人才、尊重创造方针,深化人才发展体制机制改革,全方位培养、引进、用好人才,造就更多国际一流的科技领军人才和创新团队,培养具有国际竞争力的青年科技人才后备军。"④人力资源和社会保障局的数据显示,中国劳动力

---

① 《政府工作报告》,人民出版社2020年版,第12页。
② 《政府工作报告》,人民出版社2021年版,第22页。
③ 习近平:《在中央经济工作会议上的讲话》,《人民日报》2022年12月17日。
④ 《中共中央关于制定国民经济和社会发展第十四个五年规划和二〇三五年远景目标的建议》,人民出版社2020年版。

供给绝对数量从 2012 年开始已经历了连续五年减少,从客观上决定了我国依靠劳动力资源丰富、成本低廉的"传统人口红利"支撑经济高速增长的模式已经难以为继。同时,大量受过高等教育的劳动力进入中国劳动力市场之中,2017 年进入劳动力市场的高校毕业生为 795 万人,相比于 2008 年提高了五倍多,2020 年高校毕业生人数更是高达 874 万人,以量制胜的人口红利正在向以质取胜的人力资本红利转变,以高校毕业生群体为主的高素质人才就业状况持续得到全社会关注。2020 年 5 月 14 日,中共中央政治局常委会会议首次提出"深化供给侧结构性改革,充分发挥我国超大规模市场优势和内需潜力,构建国内国际双循环相互促进的新发展格局"。① 在双循环新发展格局中,就业发挥着枢纽作用。同时,双循环新发展格局也为实现更充分更高质量就业带来了新的机遇与挑战。高校毕业生体量庞大,人力资本积累更为富集,对我国实现高质量发展、创新性发展至关重要。

教育在人力资本的形成和发展过程中扮演着不可替代的基础性作用,如果说科技创新是赢得激烈国际竞争的先手棋,那么,教育更是赢得科技创新,从而赢得国际竞争的先手棋。在这个意义上,教育事业成为攸关盛衰存亡的国运之战。也正因如此,习近平总书记在十九大报告中强调:"建设教育强国是中华民族伟大复兴的基础工程,必须把教育事业放在优先位置,深化教育改革,加快教育现代化,办好人民满意的教育。"② 习近平总书记在2018 年全国教育大会上进一步明确提出:"我们要抓住机遇、超前布局,以更高远的历史站位、更宽广的国际视野、更深邃的战略眼光,对加快推进教育现代化、建设教育强国作出总体部署和战略设计,坚持把优先发展教育事业作为推动党和国家各项事业发展的重要先手棋。"③ 由此,国家也在全方位、多层次对教育发展作出部署,全面落实教育优先发展战略,在经济社会

---

① 《中共中央政治局常务委员会召开会议》,《人民日报》2020 年 5 月 15 日。
② 习近平:《决胜全面建成小康社会 夺取新时代中国特色社会主义伟大胜利——在中国共产党第十九次全国代表大会上的报告》,人民出版社 2017 年版,第 45 页。
③ 习近平:《坚持中国特色社会主义教育发展道路 培养德智体美劳全面发展的社会主义建设者和接班人》,《人民日报》2018 年 9 月 11 日。

发展规划上优先安排教育、财政资金投入上优先保障教育、公共资源配置上优先满足教育和人力资本积累的需要。2020 年 9 月 22 日,习近平总书记在教育文化卫生体育领域专家代表座谈会上的讲话上进一步强调,"人力资源是构建新发展格局的重要依托。要优化同新发展格局相适应的教育结构、学科专业结构、人才培养结构。""要全面深化教育领域综合改革,增强教育改革的系统性、整体性、协同性。要抓好深化新时代教育评价改革总体方案出台和落实落地,构建符合中国实际、具有世界水平的评价体系。"①党的二十大从新时代坚持和发展中国特色社会主义的战略高度,作出了优先发展教育事业、加快教育现代化、建设教育强国的重大部署。教育是民族振兴、社会进步的重要基石,是功在当代、利在千秋的德政工程。教育是国之大计、党之大计。针对新时代经济社会的种种变革,2021 年全国教育工作会议进一步强调,"十四五"时期,我国教育进入高质量发展阶段,教育改革发展的外部环境和宏观政策环境已发生深刻变化,面临着新形势、新阶段、新理念、新格局、新目标、新要求。

习近平总书记在党的二十大报告中指出:"全面贯彻党的教育方针,落实立德树人根本任务,培养德智体美劳全面发展的社会主义建设者和接班人。"②2016 年 12 月 7 日,习近平总书记在全国高校思想政治工作会议上就已经谈到了国家发展对高等教育和优秀人才的迫切需要,他指出:"实现中华民族伟大复兴,教育的地位和作用不可忽视。我们对高等教育的需要甚至比以往任何时候都更加迫切,对科学知识和卓越人才的渴求比以往任何时候都更加强烈。党中央作出加快建设世界一流大学和一流学科的战略决策,就是要提高我国高等教育发展水平,增强国家核心竞争力。"③2018 年 5

---

① 习近平:《在教育文化卫生体育领域专家代表座谈会上的讲话》,人民出版社 2020 年版,第 8 页。

② 习近平:《高举中国特色社会主义伟大旗帜　为全面建设社会主义现代化国家而团结奋斗——在中国共产党第二十次全国代表大会上的报告》,人民出版社 2022 年版,第 40 页。

③ 习近平:《把思想政治工作贯穿教育教学全过程　开创我国高等教育事业发展新局面》,《人民日报》2016 年 12 月 9 日。

月 2 日,习近平总书记在讲话中进一步强调,"教育兴则国家兴,教育强则国家强。高等教育是一个国家发展水平和发展潜力的重要标志。"①2020年 7 月 29 日,习近平总书记对研究生教育作出重要指示:"研究生教育在培养创新人才、提高创新能力、服务经济社会发展、推进国家治理体系和治理能力现代化方面具有重要作用。各级党委和政府要高度重视研究生教育,推动研究生教育适应党和国家事业发展需要,坚持'四为'方针,瞄准科技前沿和关键领域,深入推进学科专业调整,提升导师队伍水平,完善人才培养体系,加快培养国家急需的高层次人才,为坚持和发展中国特色社会主义、实现中华民族伟大复兴的中国梦作出贡献。"②2020 年 8 月 18 日至 21日习近平总书记在安徽考察时强调:"要全面贯彻党的教育方针,落实立德树人根本任务,促进教育公平。"③2022 年 5 月 18 日,习近平总书记在给南京大学留学归国青年学者的回信中写道:"希望同志们大力弘扬留学报国的光荣传统,以报效国家、服务人民为自觉追求,在坚持立德树人、推动科技自立自强上再创佳绩,在坚定文化自信、讲好中国故事上争做表率,为全面建设社会主义现代化国家、实现中华民族伟大复兴的中国梦积极贡献智慧和力量!"④高校立身之本正在于立德树人,只有培养出一流人才的高校,才能成为世界一流大学。2022 年 5 月 24 日,习近平总书记在人民大学考察时强调:"'为谁培养人、培养什么人、怎样培养人'始终是教育的根本问题。要坚持党的领导,坚持马克思主义指导地位,坚持为党和人民事业服务,落实立德树人根本任务,传承红色基因,扎根中国大地办大学,走出一条建设中国特色、世界一流大学的新路。"⑤我国教育事业的根本任务是立德树人,

---

① 习近平:《在北京大学师生座谈会上的讲话》,人民出版社 2018 年版,第 8 页。
② 《习近平对研究生教育工作作出重要指示强调 适应党和国家事业发展需要 培养造就大批德才兼备的高层次人才》,《人民日报》2020 年 7 月 30 日。
③ 《习近平在安徽考察时强调 坚持改革开放坚持高质量发展 在加快建设美好安徽上取得新的更大进展》,《人民日报》2020 年 8 月 22 日。
④ 《习近平回信勉励南京大学留学归国青年学者》,《人民日报》2022 年 5 月 20 日。
⑤ 《习近平在中国人民大学考察时强调 坚持党的领导传承红色基因扎根中国大地 走出一条建设中国特色世界一流大学新路》,《人民日报》2022 年 4 月 26 日。

即培养德智体美劳全面发展的社会主义事业合格建设者和可靠接班人。新时代新形势下,改革开放和社会主义现代化建设、促进人的自由全面发展和社会全面进步对教育和学习也提出了新的更高要求。进入新时代,当前经济发展新格局下,我国高等教育正在从以规模扩张为特征的外延式发展转向以质量提升为核心的内涵式发展。这就要求高校把发展重点从过去的拼规模、拼数量转为在稳定规模的基础上拼质量、拼内涵,提高优质高等教育资源的供给能力和水平,实现由"以量谋大"到"以质图强"的战略转变。我们要抓住机遇、超前布局,以更高远的历史站位、更宽广的国际视野、更深邃的战略眼光,对加快推进教育现代化、建设教育强国作出总体部署和战略设计,坚持把优先发展教育事业作为推动党和国家各项事业发展的重要先手棋,不断使教育同党和国家事业发展要求相适应、同人民群众期待相契合、同我国综合国力和国际地位相匹配。故而探究高等教育质量影响高校毕业生就业的作用机制,也成为学术界关注的重点问题,我们应该厘清高等教育质量如何影响就业,这样才能更好地推进教育现代化的改革。本书的第一章第一节分析了中国高等教育质量与高校毕业生起薪的关系,从高等教育质量的方面分析了提升高校毕业生就业配置效率的激励措施,并为政府与各高校的相关决策提供了理论依据。

高校毕业生的职业技能和岗位的匹配度也是影响就业配置效率的重要因素。在就业市场化的今天,企业有用人自主权、劳动者有择业自主权,通过双向匹配签订劳动契约实现就业。这种就业方式的根本性转变是我国劳动力要素的市场化配置取得的巨大进展,极大地调动了企业和劳动者的积极性,有力地促进了我国经济高质量发展。改革开放以来,劳动力市场迅猛发展,劳动力要素市场化配置程度大幅提高,在这种情况下,畅通劳动力和人才的社会性流动渠道就显得更为重要。2020 年国务院印发的《关于构建更加完善的要素市场化配置体制的意见》(以下简称《意见》),将完善技术技能评价制度、畅通职称评审通道作为加快完善社会主义市场经济体制的重要举措,提出"以职业能力为核心制定职业标准,进一步打破户籍、地域、身份、档案、人事关系等制约,畅通非公有制经济组织、社会组织、自由职业专业技术人员职称申报渠道","推进社会化职称评审"。① 这对于引导劳动力要素合理畅通有序流动,进一步提高高素质劳动力创造性,激发非公有制经济组织、社会组织和自由职业者积极性,都具有重大意义,也有利于我们从人口大国向人力资源强国的转变。在就业数量不断提高的过程中,就业质量的改善成为劳动者新的追求,但是广泛出现的专业行业错配现象显著影响人力资本的配置效率和生产效率,同时也是对教育资源极大的浪费。不仅仅是高校毕业生的专业会影响就业配置效率,其余劳动岗位必需的职业技能与知识也会影响到劳动力市场的就业配置效率。改革开放以来,我国职业教育取得长足发展,培养了大规模的技能人才,为经济发展作出了不可替代的贡献,习近平总书记指出,"职业教育是国民教育体系和人力资源开发的重要组成部分。"②在着力提高人才培养质量,努力培养数以亿计的高素质劳动者和技术技能人才的过程中,职业教育肩负着培养多样化人才、传承技术技能、促进就业创业的重要职责。职业教育大有可为,也应当大有作为,要把提高职业技能和培养职业精神高度有机融合,培养具有一技之长的劳动者。要适应新一轮科技革命和产业变革的需要,密切关注行业、产业前沿知识和技术进展,勤学苦练、深入钻研,不断提高技术技能水平。要完善和落实技术工人培养、使用、评价、考核机制,提高技能人才待遇水平,畅通技能人才职业发展通道,完善技能人才激励政策,激励更多劳动者特别是青年人走技能成才、技能报国之路,培养更多高技能人才和大国工匠。本书第一章的第二节中分析了大学不同专业劳动者的职业选择异质性,指出了劳动者应该如何选择专业以实现更高质量的就业,并且为政府推行相关就业保障制度提供了理论依据。

除了第一章中提到的高等教育质量对高校毕业生的就业的影响,本书还关注了可能影响高素质人才就业配置效率的其他重要因素,包括户籍制

① 《中共中央国务院关于构建更加完善的要素市场化配置体制机制的意见》,人民出版社 2020 年版,第 5 页。

② 《更好支持和帮助职业教育发展 为实现"两个一百年"奋斗目标提供人才保障》,《人民日报》2014 年 6 月 24 日。

度、宏观经济形势、家庭社会资本和性别因素,以期更好地推动人力资本的高效配置和精准配置。

　　户籍制度是我国的一项基本行政制度,是以保障部分公民在就业、教育、社会福利等方面的权益为目的,采用个人为本位的人口管理方式,对就业产生着重要的影响。但在2013年1月7日召开的全国政法工作电视电话会议上,户籍制度改革被列为2013年四项重点工作之一,加快户籍改革也成为党的十八大和十八届三中全会的一项重要部署。这正是因为原本的户籍制度已经跟不上经济社会发展的步伐,不利于经济社会的高质量发展。例如,户籍、社会保障和基本公共服务等行政性分割导致了全国城镇4.2亿就业人员中有2.8亿名农民工,形成了就业双轨制,阻碍了劳动力公平竞争与城镇化的合理推进,不利于建立城乡一体化的劳动力市场。改革开放以来,我国劳动力市场发展迅猛,市场化配置程度大幅度提高,因此深化户籍制度改革、畅通劳动力和人才社会流动渠道的诉求也逐渐引起了国家与社会的重视。2020年中共中央、国务院印发的《关于构建更加完善的要素市场化配置体制机制的意见》,作为加快完善社会主义市场经济体制的重要举措,针对当前劳动力要素配置存在的主要问题,提出了四项体制机制改进意见,其中就包括深化户籍制度改革、畅通落户渠道。这对于加快农民工市民化进程,推进以人为本的新型城镇化建设,建立城乡统一的劳动力市场具有重大意义。目前我国正在深化户籍制度改革,推动基本公共服务均等化,包括推动超大、特大城市调整完善积分落户政策,放开、放宽除个别特大城市外的城市落户限制,试行以经常居住地登记户口制度等措施。此外,建立城镇教育、就业创业、医疗卫生等基本公共服务与常住人口挂钩机制,也有助于推动公共资源按常住人口规模配置,推动城镇基本公共服务覆盖常住人口。本书中对于劳动力市场人力资本配置效率和新"国八条"政策的研究结果,证明了户籍制度改革的合理性与必要性。

　　宏观经济形势也是影响就业的一个重要因素,在当前的经济新发展格局下,我们迎来了新的挑战。在经济转型过程中,经济的高增长率不一定能促进高质量的就业。经济增长与就业增长是结构性问题,而非单纯的总量问题。站在全面建成小康社会、实现第一个百年奋斗目标的节点上,我们要乘势而上开启全面建设社会主义现代化国家新征程、向第二个百年奋斗目标进军,我国进入了一个新发展阶段。新发展阶段是我们党带领人民迎来从站起来、富起来到强起来历史性跨越的阶段。经过新中国成立特别是改革开放40多年的不懈奋斗,我们已经拥有开启新征程、实现新的更高目标的雄厚物质基础。新中国成立不久,我们党就提出建设社会主义现代化国家的目标,未来30年将是我们完成这个历史宏愿的关键时期。2021年1月11日,习近平总书记在省部级主要领导干部学习贯彻党的十九届五中全会精神专题研讨班开班式上强调:"我们党领导人民治国理政,很重要的一个方面就是要回答好实现什么样的发展、怎样实现发展这个重大问题。"习近平总书记指出:"构建新发展格局的关键在于经济循环的畅通无阻。……我们必须要坚持深化供给侧结构性改革这条主线,继续完成'三去一降一补'的重要任务,全面优化升级产业结构,提升创新能力、竞争力和综合实力,增强供给体系的韧性,形成更高效率和更高质量的投入产出关系,实现经济在高水平上的动态平衡。"①与此同时,随着供给侧结构性改革的推进,我们需要更关注就业问题,创造出更多的就业岗位,落实和完善失业援助措施。如何通过多种渠道帮助就业困难人员尽快就业、确保零就业家庭动态"清零"也成为摆在我们面前的一个重要问题。随着中国经济步入"新常态",经济增速放缓、经济结构变动、人口红利消失带给中国的劳动力就业和人力资本战略以新的挑战和机遇。党的十八大以来,我们党对经济形势进行科学判断,对经济社会发展提出了许多重大理论和理念,对发展理念和思路作出了及时调整。在当前劳动力供给的数量绝对减少和高素质人才供给的快速增加之现实下,我们应该且必须清楚地认识到,中国发展道路也要逐渐转变升级,不可能继续依赖从前的"人口红利"模式,而是要转变到以知识、技能等人力素质提高推动经济内生增长的道路上来。本书第

---

① 《深入学习坚决贯彻党的十九届五中全会精神　确保全面建设社会主义现代化国家开好局》,《人民日报》2021年1月12日。

三章探讨了在经济增长有所放缓、生活成本逐渐升高的"新常态"下,劳动力就业数量和质量受到的影响,并为企业、政府提出了简明有效的应对策略和建议。

家庭社会资本是社会资本的一种重要形式,在大学生的就业过程中,家庭社会资本起着重要的作用。大学生的就业情况不仅仅取决于个人的素质和努力,也牵涉到家庭的各方资源支持。大学生就业不仅仅是个人的事情,更关系到一个家庭的决策、前景乃至后代家庭社会资本的存续和积累。在新的发展格局下,一方面家庭社会资本在大学生就业中起到了重要作用,另一方面这也可能带来一系列问题——可能会进一步加剧弱势家庭的劣势地位,并导致就业匹配程度的下降和人力资本市场的错配。如何让家庭社会资本在一定范围内发挥良性作用,促进大学生提高自身素质和综合实力,给予家庭社会资本处于劣势地位的学生有力的就业支持,正是我们需要探索的问题。本书第四章刻画家庭社会资本和人力资本的相互作用,深入分析了两者相互作用的机制。从微观角度来看,在短期内,家庭社会资本的确提高了毕业生的就业满意度,缓解了过度教育,改善了个体的福利;但从宏观角度来看,就业匹配程度的下降可能会导致生产效率的降低,从而导致人力资源配置的扭曲。

坚持男女平等是我国的基本国策,党的十八大、十九大、二十大均将坚持男女平等的基本国策写入执政纲领。然而性别不平等现象在社会中依然广泛存在,就业中的性别不平等也造成了就业配置效率低下的问题。习近平总书记在联合国全球妇女峰会开幕式上的讲话中指出,"妇女是物质文明和精神文明的创造者,是推动社会发展和进步的重要力量。……没有妇女解放和进步,就没有人类解放和进步"。习近平总书记就促进男女平等和妇女全面发展提出四点主张:第一,推动妇女和经济社会同步发展。制定科学合理发展战略,确保妇女平等分享发展成果,推动广大妇女参与经济社会发展。第二,积极保障妇女权益。把保障妇女权益系统纳入法律法规,增强妇女参与政治经济活动能力,保障妇女基本医疗卫生服务,确保所有女童上得起学和安全上学,发展面向妇女的职业教育和终身教育。第三,努力构建和谐包容的社会文化,消除一切形式针对妇女的暴力,打破有碍妇女发展的落后观念和陈规旧俗。第四,创造有利于妇女发展的国际环境,坚定和平发展和合作共赢理念,积极维护和平,开展妇女领域国际发展合作,缩小各国妇女发展差距。① 这一讲话明确展现了中国坚持男女平等基本国策的决心与坚定步伐,从 1995 年的第四次世界妇女大会到现在,中国在推动男女平等的道路上一路前行。我国妇女教育、医疗、卫生等方面权益得到了进一步保障,女性人均预期寿命的不断提高、保障女性权利的法律政策的颁布和实施以及促进妇女发展的社会机制不断完善等都是女性权益不断得到保护的鲜明表现。然而当前各国各地区妇女发展水平仍不平衡,男女权利、机会、资源分配仍然尚未达到平等,社会对妇女的认识仍不充分,实现男女平等还有许多重点工作要攻克。本书的第四章关注了就业市场中的性别歧视问题,从高校毕业生的视角探讨了性别差异对就业带来的影响,并从理论上就解决这种不平等带来的就业配置效率下降现象提出了切实可行的政策建议。

如图 0-1 的技术路线图所示,本书关注教育公平和就业优先问题,采用宏观建模和微观实证相结合的方法,围绕影响高校毕业生就业配置效率的高等教育质量、大学专业选择、户籍、宏观经济形势、家庭社会资本和性别等因素,分析了高校毕业生就业配置效率提升的激励措施,能够为企业、劳动力及政府部门相关决策提供理论依据。微观层面上,人力资本配置效率主要受用人单位的招聘结构、劳动者家庭因素和求职策略,以及政府相关政策的支持或限制等因素的影响。厘清影响高校毕业生人力资本积累和配置效率的因素,有利于劳动者优化自身的教育决策和求职决策,帮助企业减少不必要的错配,同时为政府部门制定更为有效的就业引导政策提供参考。

---

① 习近平:《在全球妇女峰会上的讲话》,《习近平在联合国成立 70 周年系列峰会上的讲话》,人民出版社 2015 年版,第 7 页。

文献综述	数据收集与处理
● 梳理相关文献 ● 深化研究设计 ● 确定研究方法	"全国高校毕业生就业状况调查"数据 ／ "双一流"高校应届毕业生就业数据 ／ 猎头公司职业流动数据

数据整合

中国高等教育质量与就业	户籍制度与就业	宏观经济形势与就业	家庭、性别与就业
教育质量与起薪 ／ 专业与职业发展异质性	户籍制度与专业行业匹配度 ／ 就业满意度、专业匹配与户籍制度	宏观经济发展变化与就业 ／ 对高素质人才就业的异质性影响	家庭社会资本与就业质量 ／ 不同部门就业机会的性别差异
工具变量两阶段最小二乘法 ／ Multinominal Probit回归模型：在岗寻职模型	搜索匹配模型 ／ Ordered Probit模型	固定效应回归模型 ／ Ordered Probit模型	代际交叠模型；Ordered Probit ／ Probit模型；多元Logit模型
"全国高校毕业生就业状况调查"数据 ／ 猎头公司职业流动数据	"高校毕业生就业状况调查"数据 ／ "双一流"高校应届毕业生就业数据	"高校毕业生就业状况调查"数据 ／ 《中国城市统计年鉴》数据	"高校毕业生就业状况调查"数据 ／ "双一流"高校应届毕业生就业数据

● 定量估计高等教育回报率
● 职业流动与高质量就业
● 岗位匹配的在岗寻职模型
● 不同专业劳动者职业流动的动态演化
● 不同专业劳动者职业决策的差异来源

● 宏观经济形势对不同层次劳动力人力资本配置效率的异质性影响
● 不同层次劳动力供给弹性与风险厌恶差异
● 内生贴现因子的代际交叠模型
● 家庭社会资本对人力资本配置效率的异质性影响
● 专业职业匹配与人力资本配置效率

深化高等教育改革，促进高校毕业生高质量就业

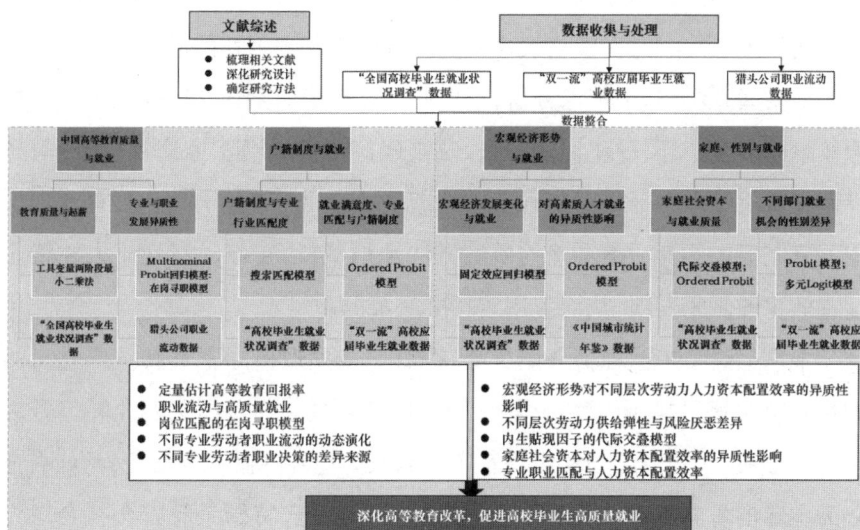

图 0-1　技术路线图

二、研究意义

在科技和教育迅猛发展、世界经济面临多重复杂变革的今天,一个国家的经济实力越来越取决于科技进步的程度和掌握现代科技知识的劳动者的数量和质量,这一切归根结底都离不开高等教育。本书结合前沿的搜索匹配和在岗寻职等模型,对高校毕业生就业的人力资本配置效率的微观机制进行理论研究,能够进一步丰富劳动要素配置领域的相关理论,具有重要的学术意义。国内现有文献尚没有通过建模来刻画高校毕业生就业配置效率的微观机制,本书结合中国劳动力市场特点,引入专业与岗位匹配程度,对搜索匹配理论和在岗寻职模型进行了理论扩展,为相关研究提供了一个全新的视角。

此外,本书从教育和就业两个角度出发,以高等教育和高校毕业生就业为切入点,紧密结合中国特色社会主义制度特点,关注户籍、宏观经济形势、性别、家庭社会资本、高等教育质量等多个影响就业的因素,从宏观福利和微观效率两个维度探究了上述因素对高校毕业生就业的人力资本配置效率

的影响,能够为相关制度评估和政策制定提供新的评价维度,具有深刻的政策意义。现有文献对高素质人才就业配置效率影响因素的研究还有进一步深入的空间,本书基于理论分析,选取衡量高校毕业生初次就业人力资本配置效率的多个指标,量化评估户籍、宏观经济形势、性别、家庭社会资本、高等教育质量等多个指标对高素质人才就业配置效率的影响程度,有利于为相关研究提供一套清晰准确的研究方法和模型,切实推动高素质人才就业配置效率的研究发展,从而应用于相关政策的制定。

本书聚焦了当前社会普遍关心、在我国新发展格局下具有重要意义的教育和就业等问题,研究结论具有深刻现实意义。随着国家产业转型升级进程的加快,人才市场的供需关系正由高校为主导的供给驱动变为行业、企业为主导的需求驱动。随着创新驱动战略的实施,特别是随着全社会对先进科技和高素质人才的需求日益增加,高等教育正在走向社会的中心,角色定位从过去的支持服务逐步转向服务和引领同步。这就要求高校必须坚持需求导向、合理定位,与中国式现代化道路发展的新要求贴紧靠实,通过拓展服务能力和提升贡献力实现与经济社会的深度融合。本书研究了不同因素对高素质人才就业配置效率的影响,发现中国高等教育质量的提升对毕业生起薪有显著的促进作用,且对教育质量回报率有加强作用。在不同专业毕业生(STEM、LEM 和其他)之间存在劳动力市场的职业发展差异,这种差异来源于不同专业劳动者与岗位间的匹配度的差异以及可能存在的谈判能力的差异。本书对加入户籍制度后的不同专业毕业生就业选择和自身专业的匹配问题专门进行了分析,发现在户口限制更为严格的城市,专业错配现象可能会更加严重。本书对一直是社会关注热点的性别差异和性别歧视在就业上的表现也进行了探讨,关注了国有部门和非国有部门中男性和女性的就业差异。本书还对宏观经济形势变化对高素质人才就业的影响进行了研究,这对我国进一步推动结构转型和产业升级来说具有重要现实意义。

本书对于高校毕业生人力资本配置效率问题的研究有着重要的实践意义。一个经济体如果未能有效配置拥有的人力资本,那么即便具备较高的人力资本水平,其经济增长绩效也只会乏善可陈。如果人力资本按照劳动生产率的高低在部门、行业和地区之间合理有效配置,那么经济绩效就会大为不同。一方面,在我国劳动力市场发展迅猛,市场化配置程度大幅度提高的现实下,企业和政府需要采取更加先进与合理的激励措施来提升高校毕业生就业配置效率,高校毕业生个人也需要采取更加科学的策略提高自身的就业质量;另一方面,本书的成果也可以推广到社会其他人群的就业,高校毕业生之外的其他劳动者也应该积极进行职业技能培训,企业和政府应该采取相应措施来提高人力资本的配置效率,从而促进全社会就业配置效率的提高,为经济增长提质增效提供配置合理的高素质人力资本,助力中国式现代化的发展。

三、研究方法

本书主要研究方法包括:

第一,特征事实的挖掘与总结。我们在预调查阶段主要通过多种统计方法对数据进行整理、描述、实证,辅助以文献梳理、制度背景挖掘、不同样本数据对比,整体观察不同因素对我国高素质人才就业配置效率的影响,总结特征事实,进而锚定各章的研究重点。

第二,宏微观模型的搭建。通过搭建诸如搜索匹配模型、引入岗位匹配度的在岗寻职模型,来模拟和复制特征事实,以梳理机制和影响渠道为根本目的,引入符合中国劳动力市场现实的模型假设,从理论上进行定性的分析。对于模型参数,我们在模型拟合、空间位置构建中进行了敏感性分析,保证了系数选取的准确性。

第三,丰富的研究数据。本书运用了丰富的数据样本,涵盖国内某"双一流"高校2008—2020届毕业生就业数据、2003—2019年"全国高校毕业生就业状况调查"数据、猎头公司人才库数据等,从客观建构和主观自述两个维度深入分析了影响就业配置效率的多重因素,既包含对初次就业人力资本配置效率的探讨,也涉及对高校毕业生在劳动力市场上职业流动的动态追踪,结合国家政策、宏观形势、劳动者自身特征,以期最大限度地反映高校毕业生在劳动力市场中的就业全貌。

第四,实证研究的应用。为了从实证上进行严谨的定量分析,本为采用了 OLS、Probit、2SLS、泊松计数模型、负二项模型等一系列计量回归模型,并且进行了稳健性检验、异质性分析和机制研究,我们通过采用两阶段的回归、只考虑特定群体、多元 logit 模型等方法来排除可能存在的内生性影响,进行了稳健型检验,保证了估计的合理与稳健性。同时研究了劳动者的专业类型和宏观经济形势变化对高素质人才就业的异质性影响,并且在搭建在岗寻职搜索模型的分析框架时引入了岗位的异质性,说明了劳动力市场的外部环境如何具体影响劳动力配置效率。此外,我们对户籍制度、性别、家庭社会资本、宏观经济形势、高等教育质量等因素对高质量人才就业配置效率的影响进行了机制性研究,引用分析了相关理论并对其具体机制进行了清晰解释,详细阐述了它们如何对人力资本的配置造成影响。

四、文献综述

(一)高等教育与高素质人才就业

1.高等教育质量与高素质人才就业

人力资本积累是经济学领域备受关注的重要议题,高等教育又在高素质人才的人力资本积累过程中扮演着重要的角色。① 已有大量研究证实,

---

① 参见 Glomm,Gerhard,and Balasubrahmanian Ravikumar,"Public Versus Private Investment in Human Capital:Endogenous Growth and Income Inequality",*Journal of Political Economy*,1992,100(4),pp.818-834;Levy,G.,"The Politics of Public Provision of Education",*The Quarterly Journal of Economics*,2005,120(4),pp.1507-1534;Epple,Dennis,Richard Romano,and Holger Sieg,"The Intergenerational Conflict Over the Provision of Public Education",*Journal of Public Economics*,2012,96(3-4),pp.255-268;Viaene,Jean-Marie,and Itzhak Zilcha,"Public Funding of Higher Education",*Journal of Public Economics*,2013,108,pp.78-89;Blanden,J.,Bono,E.D.,McNally,S.and Rabe,B.,"Universal Pre-school Education:The Case of Public Funding with Private Provision",*The Economic Journal*,2016,126(592),pp.682-723;Testa,Patrick A.,"Education and Propaganda:Tradeoffs to Public Education Provision in Nondemocracies",*Journal of Public Economics*,2018,160,pp.66-81;郭庆旺、贾俊雪:《公共教育政策、经济增长与人力资本溢价》,《经济研究》2009 年第 10 期;才国伟、刘剑雄:《收入风险、融资约束与人力资本积累——公共教育投资的作用》,《经济研究》2014 年第 7 期;王弟海、黄亮、李宏毅:

人力资本积累会影响到收入分配、人口增长、教育代际流动性、社会保障、产能利用率等社会经济发展的方方面面。[①] 当然最受关注的还是人力资本积累如何影响就业,如何影响受高等教育群体的高质量就业问题。

本书首先对高等教育质量与就业的关系进行文献回顾,李子联通过测算高等教育质量指数,对全国和地区层面高等教育质量提升所带来的"就业效应"进行综合检验,结果表明:第一,高等教育质量提升给社会就业带来了"直接效应",即高校扩招以来虽然中国高等教育质量的提升幅度总体较小,但较大程度地促进了整体就业水平的提高;第二,高等教育质量提升给社会就业带来了"间接效应",即高等教育质量的提升通过促进科技创新而间接提高就业率;第三,市场开放、产业结构、经济发展和城镇化也是促进社会就业的重要因素,发挥高等教育质量提升在这些因素中的积极作用,能够更为有效地提升就业水平。[②] 因而,提升高等教育质量是促进新形势下高质量就业的关键。

下面我们主要从影响就业的高等教育质量、大学专业选择这两个教育

《健康投资能影响跨国人均产出差距吗?——来自跨国面板数据的经验研究》,《经济研究》2016 年第 8 期;彭浩然、邱桓沛、朱传奇、李昂:《养老保险缴费率、公共教育投资与养老金替代率》,《世界经济》2018 年第 7 期;贾俊雪、龙学文、孙伟:《人口红利还是人力资本红利:生育政策经济影响的理论分析》,《经济研究》2021 年第 12 期。

① 参见 Fernández, R. and Rogerson, R., "Public Education and Income Distribution: A Dynamic Quantitative Evaluation of Education-Finance Reform", *American Economic Review*, 1998, 88(4), pp.813-833; Boldrin, Michele, and Ana Montes, "The Intergenerational State Education and Pensions", *The Review of Economic Studies*, 2005, 72(3), pp.651-664; 才国伟、刘剑雄:《收入风险、融资约束与人力资本积累——公共教育投资的作用》,《经济研究》2014 年第 7 期;郭凯明、张全升、龚六堂:《公共政策、经济增长与不平等演化》,《经济研究》2011 年第 2 期;李力行、周广肃:《家庭借贷约束、公共教育支出与社会流动性》,《经济学(季刊)》2015 年第 1 期;方森辉、毛其淋:《人力资本扩张与企业产能利用率——来自中国"大学扩招"的证据》,《经济学(季刊)》2021 年第 6 期;Che, Yi and Lei Zhang, "Human Capital, Technology Adoption and Firm Performance: Impacts of China's Higher Education Expansion in the Late 1990s", *The Economic Journal*, 2018, 128(614), pp.2282-2320。

② 参见李子联:《高等教育质量提升的"就业效应"》,《中国人口科学》2020 年第 3 期。

层面的因素入手进行文献梳理：

从高等教育质量与就业相关的文献来看，邓峰和孙百才研究发现，高等教育质量对毕业生就业具有显著正向作用，并且这种作用随着时间的推移而逐渐加强。从教育回报率来看，学界目前对教育回报率的界定主要有两个维度：一个维度是教育的数量，主要由教育层次和受教育年限来体现；另一个维度是教育的质量，主要由一系列的指标来综合评估。近年来，一系列文献开始基于"教育产出方程"（education production function）对高等教育质量回报率进行估计，在这一方程中，因变量是毕业生的工资收入，自变量是在校成绩（诸如 SAT 等）以及一系列相互关联的度量高等教育质量的指标。① Zhong 的一项研究完整回顾了 1949 年后中国劳动力市场和教育系统的变迁，发现接受高质量和低质量高等教育的毕业生收入差异高达 35%。②

另一类文献则着重关注高等教育质量回报率的异质性。Borgen 研究发现，高收入家庭的孩子能够更好地享受到高等教育质量带来的益处，相比于传统的来自特权家庭的孩子更可能进入高质量的大学这第一层筛选，进一步提出第二层筛选，即家庭背景良好的学生更能够将其所受的优质高等教育转化为劳动力市场上的优势，而且经实证验证发现家庭收入与高等教育质量回报率成正比。③ 叶晓阳和丁延庆认为高等教育质量会对学生的职业选择和社会分层产生巨大影响，在控制家庭社会经济背景的影响后，教育质量与学生选择市场化部门就业的概率和工作起薪显著正相关。④ 郭冉和周皓利用 CGSS 2003—2015 年的九期数据进行研究发现，2008 年之后，高等

---

① 参见邓峰、孙百才：《高校扩招后毕业生就业影响因素的变动趋势研究：2003—2011》，《北京师范大学学报（社会科学版）》2014 年第 2 期。

② 参见 Zhong, H., "Returns to Higher Education in China: What is the Role of College Quality?", *China Economic Review*, 2011, 22, pp.260-275。

③ 参见 Borgen, Nicolai T, "College Quality and the Positive Selection Hypothesis: the 'Second Filter' on Family Background in High-Paid Jobs", *Research in Social Stratification and Mobility*, 2015, 39, pp.32-47。

④ 参见叶晓阳、丁延庆：《扩张的中国高等教育：教育质量与社会分层》，《社会》2015 年第 3 期。

教育给最低和最高阶层的经济激励甚微,中间阶层成为教育回报更高的人群。[1] 岳昌君等发现人力资本依然是影响高校毕业生求职结果和起薪水平的重要因素,同时,家庭背景、学校背景以及地区间、行业间劳动力市场差异,对毕业生求职、起薪、就业满意度也产生着重要影响。[2]

研究高等教育质量回报率的文献多采用单一的指标作为衡量"高等教育质量"的代理变量,这样的估计存在较强的测量误差和内生性问题。Black & Smith 从匹配的角度分析高等教育质量的差异,利用倾向匹配得分法进行研究,发现匹配的估计量存在巨大的标准差,高能力的学生去到高质量大学的比例并没有那么高,低质量大学里高能力学生的比例高于高质量大学里低质量学生的比例。[3] 邓峰发现高校层面的教育质量指标能够解释24.2%的毕业生起薪方差,其解释能力远远大于个体层面的指标(7.0%)。[4] Black & Smith 测算出单纯使用 SAT 考试的平均录取分数线作为高等教育质量的代理变量会引起20%的估计偏差,因此提出了用多个衡量指标来估计高等教育质量工资回报率的计量方法,通过选取师生数量比、入学率、新生的返校率、SAT 考试的平均录取分数线、教师的平均工资这五个评估指标作为代理变量,利用工具变量两阶段最小二乘法估计出高等教育质量每提高 1 标准差,毕业生工资平均提高 5.9%—10.7%。[5] Bernal et al.基于 Black & Smith 对多变量联合估计的模型,利用 ECLS-K(Early Child-

① 参见郭冉、周皓:《高等教育使谁获益更多? ——2003—2015 年中国高等教育异质性回报模式演变》,《社会学研究》2020 年第 1 期。

② 参见岳昌君、夏洁、邱文琪:《2019 年全国高校毕业生就业状况实证研究》,《华东师范大学学报(教育科学版)》2020 年第 38 期。

③ 参见 Black, Dan A., and Jeffrey A. Smith. "How Robust Is the Evidence on the Effects of College Quality? Evidence from Matching", *Journal of Econometrics*, Vol. 121, 2004, pp.99-124。

④ 参见邓峰:《高等教育质量与高校毕业生起薪差异分析》,《教育研究》2013 年第 9 期。

⑤ 参见 Black, Dan A., and Jeffrey A. Smith, "Estimating the Returns to College Quality with Multiple Proxies for Quality", *Journal of labor Economics*, 2006, 24(3), pp.701-728。

hood Longitudinal Study Class)中 1998—1999 年的数据分析发现,传统估计因为测量误差将学校教育质量对工资的影响低估了 50%。① 由此可见,高校毕业生起薪与高等教育质量息息相关,如何合理地评估高等教育质量回报率显得尤为重要。

最后还有一类文献研究对人力资本积累产生影响的教育外生冲击事件,利用准自然实验的方法考察其对人力资本积累和经济发展的影响效应。例如,Oreopoulos、Devereux and Hart 以及 Grenet 利用欧洲国家最低离校年龄变化的外生冲击证实了义务教育的高回报率。自新中国成立以来,我国政府推行了一系列旨在提升人力资本积累的举措,义务教育法的施行和高校扩招的开展无疑是其中两个主要公共政策,这也为学者们利用外生政策冲击来考察人力资本积累对经济增长等各方面的影响提供了天然便利。② 例如,以 1986 年中国开始实施的义务教育法为"准自然实验",Fang et al.研究发现,该法律的实施显著提高了中国的人力资本水平,使得中国整体的受教育程度增加了 0.8 年;③同时,刘生龙等和赵西亮继而又分别识别了该社会公共人力资本投资政策冲击对城镇居民和农村居民教育回报率的提升效应,且刘生龙等还通过分析教育回报率在高低收入群体间的差异进一步探

---

① 参见 Bernal Pedro, Nikolas Mittag, and Javaeria A.Qureshi, "Estimating Effects of School Quality Using Multiple Proxies", *Labour Economics*, 2016, 39, pp.1−10; Black, Dan A., and Jeffrey A.Smith, "Estimating the Returns to College Quality with Multiple Proxies for Quality", *Journal of labor Economics*, 2006, 24(3), pp.701−728。

② 参见 Oreopoulos, P., "Estimating Average and Local Average Treatment Effects of Education When Compulsory Schooling Laws Really Matter", *American Economic Review*, 2006, 96(1), pp.152−175; Devereux, Paul J., and Robert A.Hart, "Forced to Be Rich? Returns to Compulsory Schooling in Britain", *The Economic Journal*, 2010, 120(549), pp.1345−1364; Grenet, Julien, "Is Extending Compulsory Schooling Alone Enough to Raise Earnings? Evidence from French and British Compulsory Schooling Laws?", *The Scandinavian Journal of Economics*, 2013, 115(1), pp.176−210。

③ 参见 Fang, Hai, Eggleston, K. N., Rizzo, John. A., Rozelle, Scott, Zeckhauser, Richard J, "The returns to education in China: Evidence from the 1986 Compulsory Education Law", *NBER Working Paper*, 2012, No.18189。

讨了教育在收入差距扩大方面所表现出的"马太效应"。[①] 随后,郭四维等在中国 1986 年义务教育法的实施这一"准自然实验"的基础上,实证发现教育对健康人力资本并不会产生显著影响。[②] 又如,利用中国 1999 年开始实行的高校扩招这一政策冲击,学者们考察了人力资本积累对教育机会获得、高等教育溢价、收入差距、就业与婚姻市场表现、人力资本代际传递、企业 TFP、企业出口量和出口结构升级等方面的影响。[③] 除了上述两个主要的政策以外,中国政府还施行了诸如高校收费制度改革、对贫困地区的教育投资帮扶等政策,这些政策对于促进中国人力资本积累和长期经济增长以及减缓发展非均衡性等方面起了举足轻重的作用。马双等考察了 1997 年中国高等教育收费制度改革对家庭营养结构及健康人力资本的影响,研究发现,相较于未受此次改革冲击的家庭而言,受此次改革冲击的家庭在热量、脂肪、蛋白质摄入量方面均显著较低,且进一步通过分析受此次改革冲击的家庭后发现,相较于高收入家庭而言,该政策冲击对低收入家庭的影响更为强烈。[④] 史宇鹏和李新荣借助 2006—2007 年中国西部地区生均义务

---

① 参见刘生龙、周绍杰、胡鞍钢:《义务教育法与中国城镇教育回报率:基于断点回归设计》,《经济研究》2016 年第 2 期;赵西亮:《教育、户籍转换与城乡教育收益率差异》,《经济研究》2017 年第 12 期。

② 参见郭四维、张明昂、曹静:《教育真的可以影响健康吗? ——来自中国 1986 年义务教育法实施的证据》,《经济学报》2019 年第 3 期。

③ 参见吴要武、赵泉:《高校扩招与大学毕业生就业》,《经济研究》2010 年第 9 期;徐舒:《劳动力市场歧视与高校扩招的影响——基于信号博弈模型的结构估计》,《经济学(季刊)》2010 年第 4 期;邢春冰、李实:《扩招"大跃进"、教育机会与大学毕业生就业》,《经济学(季刊)》2011 年第 4 期;吴要武、刘倩:《高校扩招对婚姻市场的影响:剩女? 剩男?》,《经济学(季刊)》2014 年第 1 期;马光荣、纪洋、徐建炜:《大学扩招如何影响高等教育溢价?》,《管理世界》2017 年第 8 期;张建华、万千:《高校扩招与教育代际传递》,《世界经济》2018 年第 4 期;Che, Yi and Lei Zhang, "Human Capital, Technology Adoption and Firm Performance: Impacts of China's Higher Education Expansion in the Late 1990s", *The Economic Journal*, 2018, 128(614), pp.2282-2320;周茂、李雨浓、姚星、陆毅:《人力资本扩张与中国城市制造业出口升级:来自高校扩招的证据》,《管理世界》2019 年第 5 期。

④ 参见马双、甘犁、高香花:《"收入冲击"对家庭营养结构的影响分析——来自高等教育改革的"自然实证"》,《管理世界》2009 年第 5 期。

教育投入大幅提高的"准自然实验",实证发现该社会公共人力资本投资的政策冲击对社会信任等社会资本的提升有着显著促进作用。[1] 近年来,一些研究开始关注共和国经济史中的重要事件,比如"上山下乡"运动期间知识青年对农村人力资本积累的溢出效应、"三线建设"中工业项目选址对地区经济发展的持续性影响,以及"扫盲运动"对地区间初始人力资本积累的影响等。

当前,我国高等教育正处于内涵发展、质量提升、改革攻坚的关键时期和全面提高人才培养能力、建设高等教育强国的关键阶段。要努力构建德智体美劳全面培养的教育体系,形成更高水平的人才培养体系,深化教育体制改革,健全立德树人落实机制。只有这样才能更好促进人力资本的积累,促进高质量人才就业。

2. 大学专业选择与高素质人才就业

从大学专业选择与就业的关系来看,选择不同的专业会培养出不同的知识结构和职业技能,进而会影响到就业概率、职业类型、薪酬水平,[2]甚至会影响一个人的社会地位和代际间的社会流动性。[3]

在国际学者的研究中,关于不同专业劳动者在劳动力市场上表现的研

① 参见史宇鹏、李新荣:《公共资源与社会信任:以义务教育为例》,《经济研究》2016 年第 5 期。

② 参见 Machin, Stephen, and Patrick A. Puhani, "Subject of Degree and the Gender Wage Differential: Evidence from the UK and Germany", *Economics Letters*, 2003, 79(3), pp.393-400; Chevalier, A., "Subject Choice and Earnings of UK Graduates", *Economics of Education Review*, 2011, 30, pp.1187-1201; Long, Mark C., Dan Goldhaber, and Nick Huntington-Klein, "Do Completed College Majors Respond to Changes in Wages?", *Economics of Education Review*, 2015, 49, pp.1-14; Lindley, Joanne, and Steven McIntosh, "Growth within Graduate Wage Inequality: The Role of Subjects, Cognitive Skill Dispersion and Occupational Concentration", *Labor Economics*, 2015, 37, pp.101-111; 邓峰、孙百才:《高校扩招后毕业生就业影响因素的变动趋势研究:2003—2011》,《北京师范大学学报(社会科学版)》2014 年第 2 期。

③ 参见 Lucas, Samuel R., "Effectively Maintained Inequality: Education Transitions, Track Mobility, and Social Background Effects", *American Journal of Sociology*, 2001, 106(6), pp.1642-1690。

究主要集中于不同专业之间和同一专业内部的薪酬差异。

　　一部分文献探讨了不同专业之间的薪酬差异,并试图解释这些差异的来源。Wise 发现大学专业的选择对高校毕业生工资有显著影响,这一发现也被 Daymont & Andrisani 证实,在他们的研究中,理工科专业毕业生的工资比人文社科专业毕业生的工资平均高出 12%—27%。① Arcidiacono 利用美国 1972 年至 1974 年进入大学的个体数据分析表明,自然科学和商科的毕业生有显著更高的薪酬。② Long 等所用的 2007—2012 年美国华盛顿州数据显示,信息技术和医学健康专业的毕业生薪酬最高,商科、工程类和数学统计类专业次之。③

　　另有一部分研究探讨了同一专业内部的薪酬差异。Chevalier 利用英国数据研究发现,专业内部的薪酬差距比专业之间的薪酬差距更大。④ Lindley and McIntosh 提出专业内部的薪酬差异与学生基础教育阶段的数学、阅读等能力差异以及不同专业的就业集中度有关,其中,医学、教育学和信息科学的就业集中度持续最高,而经济和人文艺术专业的就业集中度最低。⑤

　　在国内的研究文献中,聚焦于不同专业劳动者在劳动力市场的薪酬、职业流动等方面的表现的研究较少,现有文献表明专业之间的薪酬差异存在

---

① 参见 Wise,David A.,"Academic Achievement and Job Performance",*The American Economic Review*,1975,65(3),pp.350 - 366;Daymont,Thomas N.,and Paul J. Andrisani,"Job Preferences,College Major,and the Gender Gap in Earnings",*Journal of Human Resources*,1984,19(3),pp.408-428。

② 参见 Arcidiaconio Peter,"Ability Sorting and the Returns to College Major",*Journal of Econometrics*,2004,121,pp.343-375。

③ 参见 Long,Mark C.,Dan Goldhaber,and Nick Huntington-Klein,"Do Completed College Majors Respond to Changes in Wages?",*Economics of Education Review*,2015,49,pp.1-14。

④ 参见 Chevalier,A.,"Subject Choice and Earnings of UK Graduates",*Economics of Education Review*,2011,30,pp.1187-1201。

⑤ 参见 Lindley,Joanne,and Steven McIntosh,"Growth within Graduate Wage Inequality:The Role of Subjects,Cognitive Skill Dispersion and Occupational Concentration",*Labor Economics*,2015,37,pp.101-111。

且不容忽视。钱诚和王建民对 2012 年全国企事业单位新进毕业生调查数据显示不同专业的毕业生之间的起点薪酬差异较大,本科毕业生中法学和理学的平均起薪最高,历史学和哲学的平均起薪最低,在研究生中,工学的平均起薪最高而历史学最低。[1] 黄楠等发现不同专业内部存在就业性别差异,法学和经济学专业毕业生中女性进入国有部门的概率显著低于男性。[2] 赵晓航和田志鹏分析发现,不同专业的毕业生进入就业部门的概率存在差异,相比于人文社科类专业,理工医科和经济商科毕业生会更少地进入机关事业单位。[3] 吴秋翔研究发现,高中文理分科是通过影响大学专业选择进而产生薪酬差异的,同一专业中的文理科毕业生薪酬没有显著差异,而不同专业间的文理科毕业生薪酬存在显著差异。[4] 胡艳婷和蒋承基于 2015 年全国高校毕业生就业调查数据研究指出,不同专业之间的薪资水平有较大差异,同时专业匹配对毕业生工资起薪的影响在不同专业间也具有异质性。专业匹配对经济学专业的毕业生工资起薪有较大的正影响,但对工学等专业的学生影响不大。[5]

在关于搜索匹配模型的现有研究中,Stigler 通过在买主与卖家之间建立搜寻关系而奠定了搜索理论的基础。[6] Jovanovic 对匹配理论的研究很有影响力,他发现工人的工作经验越丰富匹配度越高,工人基于合同信息决定

---

① 参见钱诚、王建民:《2012 年我国不同学历毕业生起点薪酬盘点与分析——基于全国企事业单位新进毕业生起点薪酬调查数据》,《中国大学生就业》2013 年第 12 期。

② 参见黄楠、谭娅、封世蓝:《高校毕业生就业状况及性别差异——基于某高校就业数据的实证研究》,《经济科学》2015 年第 4 期。

③ 参见赵晓航、田志鹏:《劳动力市场部门分割与高校学生就业选择》,《中国人力资本开发》2014 年第 9 期。

④ 参见吴秋翔:《专业匹配、学业成绩与就业薪酬——基于高中文理分科与大学人文社会类专业匹配的研究》,《教育发展研究》2018 年第 21 期。

⑤ 参见胡艳婷、蒋承:《专业匹配对高校毕业生工资起薪的影响——基于倾向得分匹配法的实证研究》,《华东师范大学学报(教育科学版)》2021 年第 4 期。

⑥ 参见 Stigler George,"The Economics of Information",*Journal of Political Economy*,1961,69,pp.213-225。

自己是否离职。① 以 Diamond、Mortensen 和 Pissarides 为代表的经济学家提出了劳动力市场的搜索匹配理论,综合考虑了劳动力市场的三个方面:劳动者寻找工作的行为、雇主提供岗位的行为、工人和岗位相互匹配,并从劳动力供给和需求出发,分析了工资决定、失业和相关政策。Mortensen & Pissarides 在传统的搜索匹配模型中加入了在岗寻职(On-the-Job Search),工人存在失业、在岗寻职、在岗三种状态,模型考虑了工人能力和偏好、企业生产力和需求技能等异质性,更符合劳动力市场的具体实际。② 后续学者基于此进行了一系列的拓展。③

经梳理发现,专业差异导致的劳动者就业行为差异是不容忽视的,深入研究不同专业的职业发展差异,对于个人、企业、政府的决策都有着重要的现实意义。现有文献尚缺乏关于不同专业的劳动者在职业流动和职

①　参见 Jovanovic, B., "Job Matching and the Theory of Turnover", *Journal of Political Economy*, 1979, 5, pp.1137-1228; Jovanovic, B., "Work, Rest and Search: Unemployment, Turnover and Cycle", *Journal of Labor Economics*, 1987, 5, pp.131-148。

②　参见 Diamond Peter A, "Wage Determination and Efficiency in Search Equilibrium", *Review of Economic Studies*, 1982, 49, pp.217-227; Mortensen Dale T., "Job Search, the Duration of Unemployment, and the Philips Curve", *American Economic Review*, 1970, 60, pp.847-862; Mortensen Dale T., and Pissarides Christopher A., "Job Creation and Job Destruction in the Theory of Unemployment", *Review of Economic Studies*, 1994, 61, pp.397-415; Pissarides Christopher A., "Job Matchings with State Employment Agencies and Random Search", *The Economic Journal*, 1979, 89, pp.818-833; Pissarides Christopher A., "Short-run Equilibrium Dynamics of Unemployment, Vacancies, and Real Wages", *The American Economic Review*, 1985, 75(4), pp.676-690; Pissarides, Christopher A., "Search Unemployment with On-the-job Search", *The Review of Economic Studies*, 1994, 61(3), pp.457-475。

③　参见 Acemoglu, D., "Changes in unemployment and wage inequality: An alternative theory and some evidence". *American economic review*, 1999, 89(5), pp.1259-1278; Albrecht, James, Pieter A. Gautier, and Susan Vroman, "Equilibrium directed search with multiple applications", *The Review of Economics*, 2006, 53(4), pp.869-891; Shi, S., "A Directed Search Model of Inequality with Heterogeneous Skills and Skill-biased Technology", *The Review of Economic Studies*, 2002, 69(2), pp.467-491; Krause Micheal U, Lubik Thomas A., "The Cyclical Upgrading of Labor and On-the-Job Search", *Labour Economics*, 2006, 13(4), pp.459-477。

业发展上的研究,我们将在本书中利用独特的追踪数据对该领域研究进行补充。目前将搜索匹配模型应用到中国具体实际的研究也还很缺乏,考虑到中国市场结构和参与者的特征,本书将基于在岗寻职的搜索匹配模型,引入劳动者专业和企业岗位的异质性因素,以期探究职业流动的影响因素。

(二)非教育因素与高素质人才就业

下面从教育层面之外的其他影响就业的因素角度进行文献梳理,分别从户籍制度、性别、宏观经济形势、家庭社会资本四个角度考察其对就业水平和质量的影响。

1. 户籍制度与就业

从户籍制度与就业的相关文献来看,本书主要从人力资本配置、户籍限制等角度进行文献梳理。

就人力资本的配置而言,劳动力初次配置的效率提高至关重要,将劳动力、土地、资本等生产要素配置到附加值更高的部门有利于经济的良好发展。但由于存在政策扭曲以及进入壁垒,资源要素出现了部门间的低效配置,微观层面的要素错配会导致中观层面的经济结构失衡,并进一步对宏观层面的经济增长和技术进步产生影响。[①]

人力资本配置效率的研究目前主要集中于实际教育年限与岗位要求教育年限之间的错配问题,即过度教育或教育不足。郭睿等运用中国雇主—雇员匹配调查数据发现,学历错配对高校毕业生的薪酬和满意程度都有显

---

① 参见 Brandt, Loren, Trevor Tombe, and Xiaodong Zhu, "Factor Market Distortions Across Time, Space and Sectors in China", *Review of Economic Dynamics*, 2013, 16(1), pp.39-58;龚六堂、谢丹阳:《我国省份之间的要素流动和边际生产率的差异分析》,《经济研究》2004 年第 1 期;王弟海、龚六堂:《经济发展过程中的人力资本分布与工资不平等》,《世界经济》2009 年第 8 期;郭凯明、余靖雯、龚六堂:《人口政策、劳动力结构与经济增长》,《世界经济》2013 年第 11 期;张建华、邹凤鸣:《资源错配对经济增长的影响及其机制研究进展》,《经济学动态》2015 年第 1 期;曲玥:《中国工业企业的生产率差异和配置效率损失》,《世界经济》2016 年第 12 期。

著负面影响,女性的学历错配高于男性,人文艺术类毕业生的专业错配率最高。① 教育程度错配的产生原因主要有:第一,雇佣比岗位需求教育程度更高的员工会降低监督、培训等一系列成本;②第二,来自信号理论,高教育程度是高生产力的信号,雇主通过利用学历信号来筛选求职者。③

人力资本配置效率的影响因素是多方面的,一部分文献探讨了劳动力市场内部的因素,例如劳动力需求方在职业、部门以及薪酬待遇方面的性别歧视。④ 不过,随着教育程度的提高,女性在市场中受到的歧视程度逐渐降低,杨钋研究发现本科生的收入差距主要来源于专业内的性别歧视,硕士生主要来源于性别间的个人特征差异。⑤ 另一部分文献关注劳动力的供给方,比如家庭社会资本和劳动者的个人能力。⑥

总的来说,当前关于人力资本配置效率的文献偏重于教育年限角度,主要探讨劳动力市场内部的影响因素,本书将在就业满意度的基础上引入就

① 参见郭睿、周灵灵、苏亚琴、杨伟国:《学历、专业错配与高校毕业生就业质量》,《劳动经济研究》2019 年第 7 期。

② 参见武向荣、赖德胜:《过度教育发生率及其影响因素——基于北京市数据的分析》,《教育发展研究》2010 年第 19 期。

③ 参见李锋亮、岳昌君、侯龙龙:《过度教育与教育的信号功能》,《经济学(季刊)》2009 年第 1 期;郑志刚、陶尹斌:《外部竞争对信号传递有效性的影响:以某高校毕业生就业为例》,《世界经济》2011 年第 10 期;李彬、白岩:《学历的信号机制:来自简历投递实验的证据》,《经济研究》2020 年第 10 期。

④ 参见 Gustafsson, Björn, and Shi Li, "Economic Transformation and the Gender Earnings Gap in Urban China", *Journal of Population Economics*, 2000, 13, pp.305-329;蔡昉、都阳、王美艳:《户籍制度与劳动力市场保护》,《经济研究》2001 年第 12 期;孙文凯、白重恩、谢沛初:《户籍制度改革对中国农村劳动力流动的影响》,《经济研究》2011 年第 46 期;卿石松、郑加梅:《专业选择还是性别歧视?——男女大学生起薪差距成因解析》,《经济学(季刊)》2013 年第 3 期;许琪:《从父职工资溢价到母职工资惩罚——生育对我国男女工资收入的影响及其变动趋势研究(1989—2015)》,《社会学研究》2021 年第 5 期。

⑤ 参见杨钋:《教育、行业分割与性别收入差异——基于中国大学生就业调查的分析》,《北大教育评论》2012 年第 3 期。

⑥ 参见赖德胜、孟大虎、苏丽锋:《替代还是互补——大学生就业中的人力资本和社会资本联合作用机制研究》,《北京大学教育评论》2012 年第 1 期;刘精明:《能力与出身:高等教育入学机会分配的机制分析》,《中国社会科学》2014 年第 8 期。

业匹配度,即专业技能与就业岗位之间的匹配程度,从宏观效率和微观福利两个维度探讨劳动力供给方的家庭社会资本对人力资本配置效率的影响,以填补国内相关研究的空白。

就户籍限制而言,户口作为毕业生迁移性就业过程中最为重要的考量之一,与就业配置效率紧密联系在一起。研究表明,与户籍制度配套的劳动就业制度、城市偏向的社会保障制度、排他性的城市福利体制,显著阻碍了劳动力在部门间、地域间和所有制间的流动。[①] 没有本地户口的劳动力在就业岗位、工资和社会保障待遇等方面,都与本地劳动力存在很大差距。[②] 吴彬彬等发现就业机会户籍歧视阻碍了农民工与城镇职工收入差距的缩小,并且这一作用在 2002—2018 年呈强化趋势,同时就业机会户籍歧视还会通过社会保障获取的差异间接扩大农民工和城镇职工的收入差距。[③]

关于户籍制度的研究重点关注城乡二元体制,这种制度上的障碍限制了劳动力迁移,造成了城乡收入差距、农村劳动力富集,并降低了产业集聚带来的生产率,且户籍歧视和地域歧视对农民工工资有显著负向影响。[④]

---

① 参见蔡昉、都阳、王美艳:《户籍制度与劳动力市场保护》,《经济研究》2001 年第 12 期;王美艳、蔡昉:《户籍制度改革的历程与展望》,《广东社会科学》2008 年第 6 期;杨谱、刘军、常维:《户籍制度扭曲及放松对经济的影响:理论与实证》,《财经研究》2018 年第 2 期。

② 参见王美艳:《城市劳动力市场上的就业机会与工资差异——外来劳动力就业与报酬研究》,《中国社会科学》2005 年第 5 期;封世蓝、谭娅、黄楠、龚六堂:《户籍制度视角下的大学生专业与就业行业匹配度异质性研究——基于北京大学 2008—2014 届毕业生就业数据的分析》,《经济科学》2017 年第 5 期;邹一南:《"体制内改革"还是"体制外发展"？——大城市户籍制度改革的路径选择》,《当代经济研究》2020 年第 1 期。

③ 参见吴彬彬、章莉、孟凡强:《就业机会户籍歧视对收入差距的影响》,《中国人口科学》2020 年第 6 期。

④ 参见蔡昉、王德文、都阳:《劳动力市场扭曲对区域差距的影响》,《中国社会科学》2001 年第 2 期;Au,Chun-Chung and J. Vernon Henderson, "How Migration Restrictions Limit Agglomeration and Productivity in China", *Journal of Development Economics*, 2006,80(2), pp. 350 – 388; Ngai, L. Rachel, Christopher A. Pissarides, and Jin Wang, "China's Mobility Barriers and Employment Allocations", *Journal of the European Economic Association*, 2019,17(5), pp.1617 – 1653;曾永明、张利国:《户籍歧视、地域歧视

在新一轮户籍制度改革的背景下,农业和非农业的户籍属性将会逐步取消,与此同时,本地户和外来户的户籍差异将日益突出。[①] 越来越多的研究开始关注城市内部本地人和外地人间的不平等待遇,制度歧视减少了外地人的就业机会和换工作的可能,增加了他们的求职成本和失业代价,外地人会接受本地人不会做的工作。[②] Luo & Xing 发现外地人相对于本地人对于劳动力市场需求变化的反应更为敏感。[③] Xing & Zhang 发现从农村到城市的移民更倾向往大城市迁移,他们为了迁移到大城市愿意接受更低的薪水。[④] Zhou & Xu 发现户籍制度造成的城市内部隔离对下一代的影响依然显著,本地人和外地人的子女在校表现存在差异,相比于本地人,外地父母受教育程度对子女在校表现的正边际效应更低。[⑤]

对户籍制度相关的迁移性就业、就业匹配度和就业满意度方面的文献进行梳理后发现,李锋亮和何光喜认为相比于中西部等欠发达地区,毕业生更愿意在"北上广"就业,并利用预期工资("拉力")和保留工资("推力")来解释毕业生的迁移性就业。李锋亮等发现迁移性就业能够显著提高硕士毕业

与农民工工资减损——来自 2015 年全国流动人口动态监测调查的新证据》,《中南财经政法大学学报》2018 年第 5 期;Ma,X.,"Labor Market Segmentation by Industry Sectors and Wage Gaps between Migrants and Local Urban Residents in Urban China",*China Economic Review*,2018,47,pp.96-115。

① 参见鄢姣、许敏波、孟大虎:《地域歧视、补偿性溢价与户籍工资差距》,《人口与经济》2021 年第 4 期。

② 参见 Zhang,H.,"The Hukou System's Constraints on Migrant Workers' Job Mobility in Chinese Cities",*China Economic Review*,2010,21(1),pp.51-64。

③ 参见 Luo,Dongdong,and Chunbing Xing,"Population Adjustments in Response to Local Demand Shifts in China",*Journal of Housing Economics*,2016,33,pp.101-114。

④ 参见 Xing,Chunbing,and Junfu Zhang,"The Preference for Larger Cities in China:Evidence from Rural-urban Migrants",*China Economic Review*,2017,43,pp.72-90。

⑤ 参见 Zhou,Dong,and Junling,Xu,"Heterogeneity in the Intergenerational Transmission of Education and Second Generation Rural-urban Migrants",*International Review of Economics & Finance*,2017,52,pp.330-344。

生在非经济性方面的工作满意度,而对经济性满意度的影响并不显著。① 于洪霞和丁小浩研究了就业专业结构匹配对就业满意度的影响,发现专业对口,就业满意度高。② 郭睿、周灵灵、苏亚琴、杨伟国从人力资本配置视角,运用中国雇主—雇员匹配调查数据分析了大专及以上学历人员所学专业、学历与工作的匹配程度对其薪酬和工作满意度的影响,研究发现在控制城市效应、个人特征和单位特征后,专业错配、学历错配对薪酬和工作满意度皆有显著负面影响,与专业错配相比,学历错配的影响程度更大。③

在前人研究的基础上,本书中关于户籍限制的研究将关注于户籍限制对初次就业的本地生源和外地生源在就业配置效率上的影响,以高校毕业生为研究对象,在大城市户籍管制的大背景下,探讨劳动力市场的外部环境和毕业生个人特征对其求职决策——就业配置效率的影响,是对毕业生就业问题的有益补充和丰富。

2. 宏观经济形势与就业

从宏观经济形势与就业的相关文献来看,宏观经济形势的变化对劳动力的供给和需求两方面都会产生冲击。④

---

① 参见李锋亮、何光喜:《"拉力"与"推力"硕士毕业生迁移就业的双重驱动》,《高等教育研究》2011 年第 4 期;李锋亮、岳昌君、侯龙龙:《过度教育与教育的信号功能》,《经济学(季刊)》2009 年第 1 期;李锋亮、陈鑫磊、何光喜:《女博士的婚姻、生育与就业》,《北京大学教育评论》2012 年第 3 期。

② 参见于洪霞、丁小浩:《高校毕业生就业专业结构匹配情况及其影响因素探析》,《教育学术月刊》2011 年第 8 期。

③ 参见郭睿、周灵灵、苏亚琴、杨伟国:《学历、专业错配与高校毕业生就业质量》,《劳动经济研究》2019 年第 7 期。

④ 参见方明月、聂辉华、江艇、谭松涛:《中国工业企业就业弹性估计》,《世界经济》2010 年第 8 期;黄燕萍、刘榆、吴一群、李文溥:《中国地区经济增长差异:基于分级教育的效应》,《经济研究》2013 年第 4 期;蔡昉、都阳、高文书:《就业弹性、自然失业和宏观经济政策——为什么经济增长没有带来显性就业?》,《经济研究》2004 年第 9 期;简新华、余江:《基于冗员的中国就业弹性估计》,《经济研究》2007 年第 6 期;陈昊、陈哲:《高学历劳动力就业困境及其原因探析》,《统计研究》2015 年第 4 期;王博、徐飘洋:《不确定性与宏观经济波动——基于企业预防性定价和居民失业风险视角》,《财经研究》网络首发,2021 年 12 月 14 日。

从劳动力需求方来看,宏观经济形势对不同教育层次人力资本配置效率的影响机制可以归纳为:第一,高学历群体对低学历群体存在向下的替代效应,由于"信号理论"和过度教育普遍存在且相对回报率较低,低学历群体更易被高学历群体替代,导致不同教育层次劳动力受到宏观经济冲击的程度不同;①第二,不同教育层次劳动力的风险厌恶程度存在差异,受教育程度越高越倾向于厌恶风险,而且会显著降低下一代的风险厌恶程度,不同的风险厌恶程度使劳动力面对宏观经济形势变化会采用不同的就业策略。也有一部分文献关注政策变化和经济环境对劳动力供给的影响。②邢春冰和李实考察了1999年大学扩招对不同人群获得的高等教育机会和大学毕业生就业的影响,发现扩招使失业率显著提高9个百分点,其中50%是毕业生平均能力下降所致。③

上述研究主要关注就业数量受到宏观经济的影响,对人力资本的配置效率没有深入分析。在关于不同群体的劳动匹配效率的研究中,一部分文献表明不同专业的劳动力匹配特点存在差异,理工科专业在就业时匹配的行业较少,而人文社科专业在就业时匹配的行业较多。Lindley & McIntosh探讨了不同专业的就业集中度,即一个专业中就业最热门的三个职业中的

---

① 参见缪宇环:《我国过度教育现状及其影响因素探究》,《统计研究》2013年第7期;李锋亮、岳昌君、侯龙龙:《过度教育与教育的信号功能》,《经济学(季刊)》2009年第1期;Leuven, Edwin, and Hessel Oosterbeek, "Overeducation and mismatch in the labor market", *Handbook of the Economics of Education*, 2011, 4, pp.283-326; Mcguinness, S., Bergin, A., and Whelan, A., "Overeducation in Europe: Trends, Convergence, and Drivers", *Oxford Economic Papers*, 2018, 70(4), pp.994-1015.

② 参见 Brunello, Giorgio, "Absolute risk aversion and the returns to education", *Economics of Education Review*, 2002, 21(6), pp.635-640; Dohmen, Thomas., ArminFalk, David Huffman, and Uwe Sunde, "Are Risk Aversion and Impatience Related to Cognitive Ability?", *American Economic Review*, 2010, 100, pp.38-60; Hryshko, Dmytro, María José Luengo-Prado, and Bent E.Sørensen, "Childhood determinants of risk aversion: The long shadow of compulsory education", *Quantitative Economics*, 2011, 2, pp.37-72;赵颖:《中国劳动者的风险偏好与职业选择》,《经济学动态》2017年第1期。

③ 参见邢春冰、李实:《扩招"大跃进"、教育机会与大学毕业生就业》,《经济学(季刊)》2011年第4期。

人数占该专业总人数的比例,医学、教育学和信息科学(包括数学)的就业集中度持续最高,而经济和人文艺术专业的就业集中度最低。① 封世蓝等发现相比于进入公共部门,在非公共部门就业的毕业生其专业行业匹配度更高,此外,由于户籍制度的限制,在北京就业的外地生源相比于本地生源则只能选择与自己专业匹配度更低的职业。② 郭睿等运用中国雇主—雇员匹配调查数据研究发现,女性的学历、专业错配率高于男性,人文艺术类毕业生的专业错配率最高。③

本书将选取研究劳动匹配效率的这部分文献所关注的视角,来系统地分析探讨宏观经济形势的变化对不同教育层次劳动力人力资本配置效率的影响,并充分考虑经济增速、产业结构、市场化进程、劳动力生存成本等因素,同时,本书将分别考察就业地、生源地、高校所在地的宏观经济形势对人力资本配置效率的异质性影响,利用相关数据对上述影响机制进行验证。

3. 家庭社会资本与就业

社会资本这一概念最初是由 Glenn Loury 在《种族收入差别的动态理论》中提出,由经济学中的“资本”概念演变,马克思在《资本论》中提到社会资本是与个体资本相对的无数个别资本的总和,之后社会资本逐渐扩展至社会学、政治学领域。综合来看,对于社会资本的研究主要从宏观层面社会资本对个体的影响,以及微观层面个体利用社会资本增长个体效能两个方面展开。

社会资本在劳动就业中起着非常重要的作用,社会资本理论认为人们

---

① 参见 Lindley, Joanne, and Steven McIntosh, "Growth within Graduate Wage Inequality: The Role of Subjects, Cognitive Skill Dispersion and Occupational Concentration", *Labor Economics*, 2015, 37, pp.101–111。

② 参见封世蓝、谭娅、黄楠、龚六堂:《户籍制度视角下的大学生专业与就业行业匹配度异质性研究——基于北京大学 2008—2014 届毕业生就业数据的分析》,《经济科学》2017 年第 5 期。

③ 参见郭睿、周灵灵、苏亚琴、杨伟国:《学历、专业错配与高校毕业生就业质量》,《劳动经济研究》2019 年第 7 期。

可以从卓越的社会关系中获得更多的工作信息,进而增加求职机会、提升与工作岗位的匹配程度。① 国外文献发现超过50%的工作机会是通过社会资本获取的,社会资本在工作搜寻过程中能够为求职者提供诸多的便利条件,为求职者提供更为直接的信息资源;同时,雇主希望雇用自己更为熟悉、或者更符合自身偏好的求职者,在社会资本的帮助下,求职者在劳动力市场中能够获得更高的预期回报和社会地位。②

　　家庭社会资本是社会资本的重要组成部分,已有研究常将父母收入、教育程度、职业或政治职务等家庭特征作为社会资本的度量指标。家庭社会资本对代际收入流动性的影响是目前社会资本相关讨论中的重要话题,Blanden et al.指出父母的收入解释了同龄人中约80%的代际稳定性的增加。③ 在此前关于家庭社会资本和就业质量的研究中,家庭社会资本与工

---

① 参见 Ted Mouw,"Social Capital and Finding a Job:Do Contacts Matter?",*American Sociological Review*,2003,68,pp.868-898。

② 参见 Holzer,H.J.,"Informal Job Search and Black Youth Unemployment",*American Economic Review*,1987,77(3),pp.446-452;Granovetter,Mark S.,"The Strength of Weak Ties",*The American Journal of Sociology*,1973,78,pp.1360-1380;Lin,N.,Ensel,W.M.,and Vaughn,J.C.,"Social Resources and Strength of Ties:Structural Factors in Occupational Status Attainment",*American Sociological Review*,1981,46,pp.393-405;Yakubovich,V.,"Finding Jobs in a Local Russian Labor Market",*American Sociological Review*,2005,70(3),pp.408-421;Davern,M.,and Hachen,D.S.,"The Role of Information and Influence in Social Networks:Examining the Association between Social Network Structure and Job Mobility",*American Journal of Economics and Sociology*,2006,65(2),pp.269-293;Bian,Y.,Huang,X.,and Zhang,L.,"Information and Favoritism:The Network Effect on Wage Income in China",*Social Networks*,2015,40,pp.129-138;Xiong,A.,Li H.,Westlund,H.,and Pu,Y.,"Social Networks,Job Satisfaction and Job Searching Behavior in the Chinese Labor Market",*China Economic Review*,2017,43,pp.1-15;Lin,N.,"Inequality in Social Capital",*Contemporary Sociology*,2000,29(6),pp.785-795;Lin,N.,Ensel,W.M.,and Vaughn,J.C.,"Social Resources and Strength of Ties:Structural Factors in Occupational Status Attainment",*American Sociological Review*,1981,46,pp.393-405。

③ 参见 Blanden J.,Gregg P.,and Macmillan L.,"Accounting for Intergenerational Income Persistence:Noncognitive Skills,Ability and Education",*The Economic Journal*,2007,519,pp.43-60。

作搜寻中的收入和就业满意度息息相关。[1] 家庭社会资本在获取就业机会和起薪决定时能够弥补毕业生人力资本的不足,帮助毕业生以更高的概率进入国有体制内或进入高收入行业,并且在毕业生个人能力更高的情况下发挥更强的就业促进作用。[2]

4. 性别与就业

从性别与就业的相关文献来看,国内外的相关文献主要围绕男女生薪酬方面的性别歧视,基于 Mincer 收入方程对男女生薪酬差距进行 Oaxaca-Blind 分解,进而区分为行业内和行业间收入的性别差异。

在国外的研究文献中,Hargens et al.另辟蹊径,发现女性化学研究者在工作中更具优势,"妈妈研究员"的学术产出更为可观,这可能与她们为了给孩子提供更好生活环境的动机有关。Meng 利用山东省济南市 1504 名农民工数据进行回归,发现在性别工资差距中,79.3%是职业内部的性别歧视,20.7%是职业间的性别差异,此外,通过与另一篇研究中国乡镇工业企业劳动力市场问题的文章进行对比,发现劳动力市场中对农民工职业间的性别歧视会比在乡镇企业打工的工人更低。[3] Gustafsson & Li 认为从国际

---

[1] 参见 Bian, Y., Huang, X., and Zhang, L., "Information and Favoritism: The Network Effect on Wage Income in China", *Social Networks*, 2015, 40, pp.129-138;刘伟峰、陈云松、边燕杰:《中国人的职场交往与收入——基于差分方法的社会资本分析》,《社会学研究》2016 年第 2 期;Qin, X., Hom, P., Xu, M., and Ju, D., "Applying the Job Demands Resources Model to Migrant Workers: Exploring How and When Geographical Distance Increase Quit Propensity", *Journal of Occupational and Organizational Psychology*, 2013, 87(2), pp.303-328; Wang, H., Pan, L., and Heerink, N., "Working Conditions and Job Satisfaction of China's New Generation of Migrant Workers: Evidence from an Inland City", Social *Science Electronic Publishing*, 2013, 207(2), pp.340-346。

[2] 参见赖德胜、孟大虎、苏丽锋:《替代还是互补——大学生就业中的人力资本和社会资本联合作用机制研究》,《北京大学教育评论》2012 年第 1 期;韩雷、陈华帅、刘长庚:《"铁饭碗"可以代代相传吗?——中国体制内单位就业代际传递的实证研究》,《经济学动态》2016 年第 8 期;陈钊、陆铭和佐藤宏:《谁进入了高收入行业? 关系、户籍与生产率作用》,《经济研究》2009 年第 10 期;刘精明:《能力与出身:高等教育入学机会分配的机制分析》,《中国社会科学》2014 年第 8 期。

[3] 参见 Hargens, Lowell L., James C.McCann, and Barbara F.Reskin, "Productivity and Reproductivity: Fertility and Professional Achievement among Research Scientists", *Social Forces*, 1978, 57, pp.154-163。

视角来看,中国的性别收入差距相对较小,但随着时间的积累,职业分割对性别歧视的作用加大,这对年轻和受教育程度较低的女性更为严重。[1] Lin认为教育程度或大学专业选择的性别差异导致了收入差异。[2] Li 利用CHIP 数据发现在劳动力市场中,年纪轻、学历低、职业差、行业差的女性更易收到性别歧视,低收入群体中的性别收入差距更为明显。[3] Gradin &Tarp 调查了莫桑比克不断扩大的非自给自足经济部门中的性别就业差距,发现性别差距随时间推移呈不断扩大的趋势,除了女性人力资本水平较低之外,与男性相比,已婚女性得到就业机会的概率也较低。[4]

在国内的研究文献中,丁赛等认为与改革渐进期相比,虽然改革深化期已婚女性的就业收入对缩小家庭收入差距的作用下降,但仍做了重要贡献。[5] 在控制了个人特征、人力资本、职业性质和地区等因素后,性别工资差距仍然显著存在,且婚育事件会扩大该差距,生育对已婚女性工资具有长期负向影响。[6] 不同时期组内工资差距不断上升的表现有所不同,李锋亮研究了女博士就业歧视、结婚生育对就业的影响,发现婚育有利于获得工作机会,"嫁得好"有助于职业发展。[7] 杨钋基于 Brown-Moon-Zoloth 全因素

---

[1]　参见 Gustafsson, Björn, and Shi Li, "Economic Transformation and the Gender Earnings Gap in Urban China", *Journal of Population Economics*, 2000, 13, pp.305-329。

[2]　参见 Lin, Eric S., "Gender Wage Gaps by College Major in Taiwan: Empirical Evidence from the 1997-2003 Manpower Utilization Survey", *Economics of Education Review*, 2010, 29, pp.156-164。

[3]　参见 Li Shi, Song Jin, and Liu Xiaochuan, "Evolution of the Gender Wage Gap among China's Urban Employees", *Social Sciences in China*, 2011, 32(3), pp.161-180。

[4]　参见 Gradin C and Tarp F., "Gender Inequality in Employment in Mozambique", *South African Journal of Economics*, 2019, 87(2), pp.180-199。

[5]　参见丁赛、董晓媛、李实:《经济转型下的中国城镇女性就业、收入及其对家庭收入不平等的影响》,《经济学(季刊)》2007 年第 4 期。

[6]　参见王亚迪:《生育状况、照料支持与已婚女性工资》,《中央财经大学学报》2022 年第 2 期;王兆萍、王雯丽:《结婚、生育对工资的影响研究——基于性别工资差距角度》,《人口学刊》2020 年第 1 期;刘娜、卢玲花:《生育对城镇体制内女性工资收入的影响》,《人口与经济》2018 年第 5 期。

[7]　参见李锋亮、陈鑫磊、何光喜:《女博士的婚姻、生育与就业》,《北京大学教育评论》2012 年第 3 期。

分解模型,发现性别收入差距随个体受教育程度提高而增大,其中,本科生的差异主要来源于行业内的性别歧视,硕士生的差异主要来源于性别间的个人特征差异。[①] 卿石松研究发现男女大学生起薪差距主要来源于专业内部的性别歧视,专业内起薪差距仅有 28.65%—43.16% 可以被生产力特征变量差异所解释,其他的差异应归因于性别差异。[②] 王维国发现城镇居民中存在着明显的性别歧视,东、中、西三个区域性别歧视程度无明显差异,说明性别歧视与经济发展水平无显著关联,政府应更多地关注就业机会的性别歧视。[③] 杨菊华借助"性别—母职双重赋税"理论框架和 Heckman 选择模型,探讨了 18—39 岁男女两性在职场的机会、过程和回报方面的差距,结果发现,性别之间、性别之内、母职与父职之间都存在差别。[④]

总之,相关文献主要从薪酬的角度来探究性别与就业的关系。但是,真正的职业歧视往往还体现在获得薪酬之前,也就是部分群体根本没有得到平等的就业机会,因此,与大多数前人的研究有所不同的是,本书将聚焦于择业过程中获得就业机会的角度考察劳动力市场中的男女性别差异和性别歧视。

此外,本节的研究也与大学生就业歧视方面的文献相关,就业歧视涉及雇佣机会、升迁机会、薪酬等方面的歧视,仅依靠同工同酬政策难以有效缓解劳动力市场中的性别歧视问题,还需要进一步推行就业平等政策。[⑤]

[①] 参见杨钋:《教育、行业分割与性别收入差异——基于中国大学生就业调查的分析》,《北大教育评论》2012 年第 3 期。

[②] 参见卿石松、郑加梅:《专业选择还是性别歧视?——男女大学生起薪差距成因解析》,《经济学(季刊)》2013 年第 3 期。

[③] 参见王维国、周闯:《城镇居民就业性别差异的分解及区域比较》,《统计研究》2014 年第 2 期。

[④] 参见杨菊华:《"性别—母职双重赋税"与劳动力市场参与的性别差异》,《人口研究》2019 年第 43 期。

[⑤] 参见颜士梅、颜士之、张曼:《企业人力资源开发中性别歧视的表现形式——基于内容分析的访谈研究》,《管理世界》2008 年第 11 期;葛玉好、曾湘泉:《市场歧视对城镇地区性别工资差距的影响》,《经济研究》2011 年第 6 期;卿石松:《职业晋升中的性别歧视》,《管理世界》2011 年第 11 期;郭凯明、颜色:《劳动力市场性别不平等与反歧视政策研究》,《经济研究》2015 年第 7 期。

第一章　中国高等教育质量与就业

第一节　中国高等教育质量与高校毕业生起薪

一、问题概述

进入 21 世纪以来,中国高等教育经历了史无前例的扩张,实现了举世瞩目的跨越式发展。教育部公布的《2021 年全国教育事业发展统计公报》显示,2020 年中国高等教育在校学生总规模 4430 万人(其中普通高校本专科 3496 万人),体量位居世界第一;高等学校 3012 所,位居世界第三;高等教育毛入学率已达 57.8%,高于全球中高收入国家平均水平。[①] 除了规模扩张以外,中国高等教育的质量也取得了相当程度的提升。多年来,我国通过实施"双一流""211 工程""985 工程"以及"优势学科创新平台"和"特色重点学科项目"等重点项目,一批重点高校和重点学科建设取得重大进展,带动了我国高等教育体系和质量整体提升,为经济社会持续健康发展作出了重要贡献。[②]

但是,与世界高等教育强国相比,中国高等教育质量的短板和软肋依然

[①]　参见《2021 年全国教育事业发展统计公报》,中华人民共和国教育部,2022 年 9 月 14 日。

[②]　参见《统筹推进世界一流大学和一流学科建设总体方案》,中华人民共和国国务院,2015 年 11 月 5 日。

比较突出。《中国高等教育质量报告(2016)》显示,我国高等教育质量的不足主要表现为"四不够、一不高":学科专业设置优化不够,创新人才培养力度不够,高水平教师和创新团队不够,质量意识和质量文化不够,以及就业与所学专业相关性不高。因此,《国家中长期教育改革和发展规划纲要(2010—2020年)》明确提出全面提高高等教育质量的战略,将其作为高等教育发展的核心任务和建设高等教育强国的基本要求。2015年11月5日,国务院正式发布《统筹推进世界一流大学和一流学科建设总体方案》,提出"到本世纪中叶,一流大学和一流学科的数量和实力进入世界前列,基本建成高等教育强国"的总体目标。在"十四五"开局和"双一流"建设的大背景下,推进我国高等教育质量提升的战略研究,是实现高等教育由"量"到"质"转变的关键,也是建设高等教育强国的必要保障。

2020年中国普通高校毕业生达874万人,比2019年增加40万人,再创历史新高。[①] 在中国经济增速放缓的背景下,用人单位对不同层次劳动力的需求出现了不同程度的下降,而以高校毕业生为主的青年就业群体数量还在持续增加,这意味着高校毕业生就业将面临很大压力。在严峻的就业形势下,高等教育作为一项重要的人力资本投资,其反映在毕业生工资收入上的教育质量回报率越发受到高校毕业生和社会各界的普遍关注。在此背景下,中国高等教育质量与高校毕业生薪酬的关系已经成为学界必须关注的重点问题。

目前学界对于高等教育质量的研究主体主要为发达国家,对于发展中国家教育质量的研究大多集中于中小学教育,关注发展中国家高等教育质量的研究文献相对匮乏。[②] 同时,国内关注高等教育质量的研究大多为定

---

① 参见《教育部关于应对新冠肺炎疫情做好2020届全国普通高等学校毕业生就业创业工作的通知》,中华人民共和国教育部,2020年3月5日。

② 参见 Behrman R.Jere,David Ross,and Richard Sabot,"Improving Quality Versus Increasing the Quantity of Schooling:Estimates of Rates of Return from Rural Pakistan",*Journal of Development Economics*,2008,85,pp.94–104;Zhong,H.,"Returns to Higher Education in China:What is the Role of College Quality?",*China Economic Review*,2011,22,pp.260–275。

性分析,定量分析的文献较少。① 现有文献中,评估高等教育质量的指标主要包括 SAT 考试的平均录取分数、教师科研积分、师生数量比、入学率、高校规模、交换学生比率、教育投资、校友资源等,且对于高等教育质量的分析大多基于单一指标。② 本节基于 Black & Smith 的多元指标估计方法,结合"全国高校毕业生就业状况调查"数据,选取大学综合排名、师生比、国家一级学科数、博士—硕士点比、学科评估排名这五个变量作为衡量高等教育质量的多元指标,采用 Yulized residuals 和工具变量方法,定量估计高等教育质量的回报率,并解决了这些指标作为高等教育质量的代理变量进入工资方程后存在的测量误差和内生性问题,在这一领域能够有效弥补国内研究的不足。③

本节研究结构安排如下:第二部分,回顾国内外相关文献,介绍高等教育质量回报率估计从单一指标向多元指标发展的过程;第三部分,介绍数据来源和变量选取,并进行描述性统计分析;第四部分,建立计量模型,解决高等教育质量评估指标的测量误差和内生性问题;第五部分,汇报和分析计量结果;最后总结全节,并基于研究发现给出相应的政策建议。

二、文献回顾

个体对教育的投资可以带来回报,表现为更高的劳动收入、更好的工作机会、更高的就业可能性等。④ 学界目前对教育回报率的界定主要有两个

---

① 参见李斐:《研究型大学本科教学质量保证体系建设》,《中国高等教育》2014年第 22 期;宣小红、林清华、谭旭等:《大学排行评价指标体系的比较研究》,《教育研究》2007 年第 12 期。

② 参见 Borgen, Nicolai T, "College Quality and the Positive Selection Hypothesis: the 'Second Filter' on Family Background in High-Paid Jobs", *Research in Social Stratification and Mobility*, 2015, 39, pp. 32 - 47; Chetty, Raj, John N. Friedman, and Jonah E. Rockoff. "Measuring the Impacts of Teachers: Evaluating Bias in Teacher Value-added Estimates", *American Economic Review*, 2014, 104(9), pp.2593-2632。

③ 参见 Black, Dan A., and Jeffrey A. Smith, "Estimating the Returns to College Quality with Multiple Proxies for Quality", *Journal of labor Economics*, 2006, 24(3), pp.701-728。

④ 参见 Brewer, D. J., and McEwan, P. J., "Economics of Education", *Amsterdam*: *Elsevier*, 2010。

维度:一个维度是教育的数量,主要由教育层次和受教育年限来体现;另一个维度是教育的质量,主要由一系列的指标来综合评估。近年来,一系列的文献开始关注高等教育质量回报率的估计。这些文献的估计基于"教育产出方程",因变量为毕业生的工资收入,自变量为在校成绩(诸如 SAT 等)以及一系列相互关联的度量高等教育质量的指标。Wise 发现大学专业的选择对高校毕业生工资有显著影响,这一发现也被 Daymont & Andrisani 证实,在他们的研究中,理工科专业毕业生的工资比人文社科专业毕业生的工资平均高出 12%—27%,岳昌君等对中国 2019 年高校毕业生就业状况进行的研究也指出理科毕业生起薪比经管类毕业生高 6.3%。[①] 此外,Zhong 的一项研究完整回顾了 1949 年后中国劳动力市场和教育系统的变迁,基于 OLS 回归模型,利用中国收入分配研究院的 CHIP 数据,发现接受高质量和低质量高等教育的毕业生收入差异高达 35%,屈小博和吕佳宁利用 2016 年中国城市劳动力调查(CULS4)数据,采用工具变量的估计结果也表明,每提升一单位大学教育质量层次,劳动者进入劳动力市场后的平均工资收入将提升 28.45%。[②]

研究高等教育质量的另一类文献则着重关注高等教育质量回报率的异质性。Borgen 基于正选择假设(Positive selection hypothesis)的研究发现:高收入家庭的孩子能够更充分享受到高等教育质量带来的益处,相比传统的第一层筛选(来自特权家庭的孩子更可能进入高质量的大学),进一步提出第二层筛选,即家庭背景良好的学生更能够将其所受的优质高等教育转化为劳动力市场上的优势。进一步的实证验证发现家庭收入与高等教育质量

① 参见 Wise,David A.,"Academic Achievement and Job Performance",*The American Economic Review*,1975,65(3),pp. 350-366;Daymont,Thomas N.,and Paul J. Andrisani,"Job Preferences,College Major,and the Gender Gap in Earnings",*Journal of Human Resources*,1984,19(3),pp.408-428;岳昌君、夏洁、邱文琪:《2019 年全国高校毕业生就业状况实证研究》,《华东师范大学学报(教育科学版)》2020 年第 38 期。

② 参见 Zhong,H.,"Returns to Higher Education in China:What is the Role of College Quality?"*China Economic Review*,2011,22,pp.260-275;屈小博、吕佳宁:《大学教育质量与劳动力市场表现——基于工资回报的分析》,《经济学动态》2020 年第 2 期。

回报率成正比,来自第 10 分位家庭的学生其高等教育质量回报率为 1.1%,而来自第 90 分位家庭的学生高达 5.7%。① 叶晓阳和丁延庆认为高等教育质量会对学生的职业选择和社会分层产生巨大影响,尽管高等教育的扩张增加了入学数量和困难群体学生进入大学的概率,但仍然是来自优势社会阶层的学生更受益于扩张政策,在控制家庭社会经济背景的影响后,教育质量与学生选择市场化部门就业的概率和工作起薪显著正相关。②

上述研究高等教育质量回报率的文献中,大多采用单一的指标作为衡量"高等教育质量"代理变量来进行分析,这样的估计存在较强的测量误差和内生性问题。Black & Smith 测算出单纯使用 SAT 考试的平均录取分数线作为高等教育质量的代理变量会引起 20% 的估计偏差。因此,他们提出了用多个衡量指标来估计高等教育质量工资回报率的计量方法,通过选取师生数量比、入学率、新生的返校率、SAT 考试的平均录取分数线、教师的平均工资这五个评估指标作为代理变量,利用工具变量两阶段最小二乘法估计出高等教育质量每提高 1 标准差,毕业生工资平均提高 5.9%—10.7%。③ 在此基础上,Bernal et al.基于 Black & Smith 对多变量联合估计的模型,利用 ECLS-K 中 1998—1999 年的数据分析发现,传统估计因为测量误差将学校教育质量对工资的影响低估了 50%。④ 此外,Black & Smith 从匹配的角度分析高等教育质量的差异,通过选取 National Longitudinal

①　参见 Borgen, Nicolai T, "College Quality and the Positive Selection Hypothesis: the 'Second Filter' on Family Background in High-Paid Jobs", *Research in Social Stratification and Mobility*, 2015, 39, pp.32-47。

②　参见叶晓阳、丁延庆:《扩张的中国高等教育:教育质量与社会分层》,《社会》2015 年第 3 期。

③　参见 Black, Dan A., and Jeffrey A. Smith, "Estimating the Returns to College Quality with Multiple Proxies for Quality", *Journal of labor Economics*, 2006, 24(3), pp.701-728。

④　参见 Bernal Pedro, Nikolas Mittag, and Javaeria A.Qureshi, "Estimating Effects of School Quality Using Multiple Proxies", *Labour Economics*, 2016, 39, pp.1-10; Black, Dan A., and Jeffrey A.Smith, "Estimating the Returns to College Quality with Multiple Proxies for Quality", *Journal of labor Economics*, 2006, 24(3), pp.701-728。

Survey of Youth 的数据,利用倾向匹配得分法(Propensity Score Matching Methods)进行研究,他们发现匹配的估计量存在巨大的标准差,高能力的学生去到高质量大学的比例未达理想水平,低质量大学里高能力学生的比例高于高质量大学里低质量学生的比例。[1] 邓峰发现高校层面的教育质量指标能够解释 24.2% 的毕业生起薪方差,其解释能力远远大于个体层面的指标(7.0%)。[2] 由此可见,高校毕业生起薪与高等教育质量息息相关,如何合理地评估高等教育质量回报率显得尤为重要。

三、数据和变量

本节的数据来源于国内某双一流高校组织的全国高校毕业生就业状况调查,数据涵盖 2003 年、2005 年、2007 年、2009 年、2013 年五年调查的全国93 所高校,涉及专业包含 12 个一级学科。在删除了相关指标不全的个体后,得到容量为 30496 个观测值的样本。其中,2003 年 5473 个,2005 年9650 个,2007 年 4372 个,2009 年 6081 个,2013 年 4920 个。

本节结合中国的高校特点,依据问卷特征,选取了一系列评估高等教育质量的指标,如表 1-1 所示,分别为大学综合排名、师生比、国家一级学科数、博士—硕士点比、学科评估排名。有关这些指标统计数据的来源包括武书连大学排行榜[3]、中国科学评价研究中心(RCCSE)和中国教育质量评价中心[4]、教育部学位与研究生教育发展中心、中国校友会网以及每所大学的官方网站。本节选择这些指标的原因是:第一,这些指标都在已有评估高等教育质量的研究文献中出现过,其实用性和科学性相对已经得到了较为充

① 参见 Black, Dan A., and Jeffrey A. Smith. "How Robust Is the Evidence on the Effects of College Quality? Evidence from Matching", *Journal of Econometrics*, Vol. 121, 2004, pp. 99-124。

② 参见邓峰:《高等教育质量与高校毕业生起薪差异分析》,《教育研究》2013 年第 9 期。

③ 武书连大学排行榜[Z/OL],http://edu.qq.com/zt2013/2013wsl/。

④ 中国科学评价研究中心(RCCSE)、中国教育质量评价中心、中国科教评价网[Z/OL],http://www.nseac.com/。

分的证明;第二,这些指标的数据搜集反馈率都相对较高,可以和受访高校毕业生的起薪形成相对稳定的对应关系。

在选取的五种指标中,综合评价指标为大学综合排名,该指标将武书连、RCCSE 和中国校友会网 2012—2018 年的大学排名取七年平均值,通过多年平均的方式平滑大学排名的小幅波动;培养体系指标为国家一级学科数,该指标是高校国家一级学科的对应数量,衡量了学校培养体系的质量,数据来源于各高校的官方网站;师资队伍指标为师生比,该指标是教师数与本科(专科)招生数的比值,衡量了师资力量的充裕程度,该数据来自百度百科的高校词条与高校的官方网站;学位设置指标为博士—硕士点比①,该指标是博士点数量与硕士点数量的比值,一方面衡量了高校学位设置的情况,另一方面间接反映了高校的科研实力。此外,还有衡量高等教育质量的重要指标学科评估排名,这也是近年来各高校各专业主要的努力方向。

表 1-1 衡量高等教育质量的指标的描述性统计

	学校数	均值	标准差	最小值	最大值
大学综合排名	93	213.853	168.793	1	611
师生比	89	0.374	0.248	0.104	1.9
国家一级学科数	93	0.989	2.830	0	18
博士—硕士点比	93	0.258	0.247	0	0.806
学科评估排名	83	10.054	2.867	2.8	15.2

如表 1-1 所示,评估高等教育质量的五种指标涉及全国排名从第 1 名到第 611 名的 93 所高校,师生比指标从 0.104 到 1.9 不等,平均为 0.374,国家一级学科点的平均数量是 0.989 个,最多的高校有 18 个国家一级学科,博士点数量与硕士点数量的比值最高达到 0.806。在 93 所高校中,11 所高校没有博士点。学科评估排名涵盖 83 所高校,测度的是一级学科的整体水平,是评估一所高校相关学科综合实力的重要标准。

---

① 这里没有采用博士点数量的原因是博士点数量受到学校规模的影响,不具有可比性,因此将其与硕士点数量取比值,使该指标在学校间可比。

从数据中可以初步发现高等教育质量与毕业生工资存在相关关系。以大学综合排名来评估高等教育质量为例,图1-1中横轴为大学三年平均的综合排名,纵轴为对应的高校毕业生平均工资,可以从趋势线看到,随着高等教育质量的下降(大学排名下降),高校毕业生平均工资有缓慢的下降趋势。当然,高等教育质量对毕业生工资的影响程度需要通过进一步的计量方法来估计。

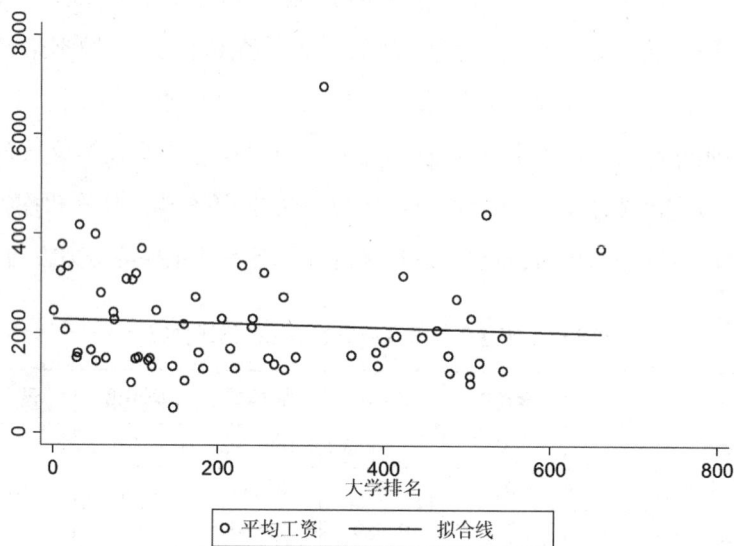

图1-1 大学排名与毕业生平均工资

表1-2为评估高等教育质量的各个指标间的相关系数矩阵,如果各指标均能完美衡量高等教育质量,那么各指标间的相关系数应该均为1。但是,表1-2中的结果显然不是这样,各指标间的相关系数从最大的0.831到最小的-0.7821不等。所以,只能将这些变量作为高等教育质量的代理变量,因为它们与真实的高等教育质量之间存在一定测量误差。① 如果这些代理变量与潜在真实指标间的测量误差是相互独立的,且与真实高等教育

① 这样的误差不仅仅存在于可观测指标与真实的高等教育质量之间的差距中,也有可能在数据搜集、变量定义等过程中产生,本节不加以区分。

质量无关,那么每对指标之间的协方差应该相同,并且等于真实高等教育质量的方差,但是,实际数据拒绝了这个假设,高等教育质量代理变量之间的低相关性说明代理变量与真实指标间的测量误差比较大。因此,需要采用计量手段消除测量误差对估计结果的影响。

表 1-2　衡量高等教育质量的指标的相关系数矩阵

	大学综合排名	学科评估排名	师生比	国家一级学科数	博士—硕士点比
大学综合排名	1				
学科评估排名	0.0138	1			
师生比	-0.3232*	-0.2602*	1		
国家一级学科数	-0.5749*	-0.2729*	0.2857*	1	
博士—硕士点比	-0.7821*	-0.3071*	0.3579*	0.8305*	1

注:* 表示在10%的水平下显著。

此外,为了使不同指标的估计结果具有可比性,本节对各个指标进行标准化处理。经过处理后,再对用不同代理变量估计出的教育质量回报率进行比较。

四、方法和模型

加入高等教育质量后工资方程的普通最小二乘法估计结果是有偏的,主要是由于内生性问题和测量误差的存在(Black & Smith,2006)。针对这两个问题,本节采用了多种计量方法,以期更为准确地估计高等教育质量回报率。

本节基于 Black & Smith(2006)提出的估计高等教育质量的工资回报率的计量方法,同时考虑到在高考报考时,专业和大学是同时选择的,大学报考和专业选择之间相互影响,因此,在工资方程中进一步引入专业选择变量,需要估计的工资方程为:

$$\ln(w_{ij}) = X_i\beta + \delta S_i + \gamma Q_{ij}^* + M_i\eta + \varepsilon_{ij} \tag{1-1}$$

其中, $\ln(w_{ij})$ 是在大学 j 毕业的个体 i 月工资的自然对数, S_i 是受教育年限, Q_{ij}^{*} 是大学质量, M_i 是一组代表专业的虚拟变量, X_i 是一组协变量, 这组协变量满足既影响大学选择又影响工资确定两方面的条件, 本节选取的 X_i 包含了性别、民族、家庭背景(父母的受教育年限、父母的工作性质、家庭的城乡类型、家庭的社会关系、生源地)、高考情况(将学校层级作为代理变量)[①], 以及调查年份。

大学报考涉及两方面的选择:院校和专业。大学选择和专业选择息息相关, 这两者又同时影响高校毕业生在劳动力市场中的工资, 这会导致高等教育质量和大学专业选择的指标存在内生性问题, 使得系数和 η 的 OLS 估计值有偏。

大学质量并没有准确的衡量指标, 而是通过若干代理变量 q_{kj} 来实现, 代理变量定义如下:

$$q_{kj} = \alpha_k Q_j^{*} + \mu_{kj} \tag{1-2}$$

其中, $\alpha_k > 0$ 是一个调整系数, μ_{kj} 是度量误差, 假设该误差与 Q_j^{*}、M_i 和 X_i 均不相关。

为了估计出系数 γ, 并避免大学质量的内生性问题, 本节采用 Yulized residuals 的计量方法进行估计(Yule, 1907)。计量策略的步骤如下:

第一步, 将 $\ln(w_{ij})$ 对 X_i、S_i 及 M_i 回归, 残差项记作 $\ln(\widetilde{w}_{ij})$, 计量方程见(1-1)式;

第二步, 将大学质量的代理变量 q_{kj} 也对 X_i、S_i 及 M_i 回归, 残差项记作 $\widetilde{q}_{kj}$;

第三步, 将 $\ln(\widetilde{w}_{ij})$ 对 $\widetilde{q}_{kj}$ 进行回归, 估计系数即为 γ, 计量方程如下:

$$\ln(\widetilde{w}_{ij}) = \gamma \widetilde{q}_{kj} + \varepsilon_{ij} \tag{1-3}$$

由此, 学校质量对工资的影响程度可以由 $E(\widehat{\gamma} q_{kj})$ 来度量。

---

① 本节的数据中缺乏高中阶段的教育情况, 由于高考的报考严格受到高考分数线的限制, 因此, 本节采用学生就读大学的层级来代表该学生的高考成绩, 其中, 大学层级包括一本、二本、三本和大专。

对式(1-3)进行 OLS 估计时,测量误差对估计造成的干扰会增加,因为在 Yulized residuals 的构造中,协变量解释了一部分 Q_i^* ,却没有解释 μ_{kj} ,OLS 的估计系数与真实系数的关系如下:

$$plim\,\widehat{\gamma}^{OLS} = \frac{\gamma}{\alpha_k}\left[1 + \frac{\mathrm{var}(\widetilde{\mu}_{ikj})}{\alpha_k^{\,2}\mathrm{var}(\widetilde{Q}_{ji}^*)}\right]$$

调整系数 $\alpha_k \neq 1$ 和度量误差 $\mathrm{var}(\widetilde{\mu}_{ikj}) \neq 0$ 的存在使得 OLS 估计系数是有偏的。

因此,本节进一步通过工具变量两阶段最小二乘法来解决该测量误差问题。由于选取了多个大学质量的代理变量,我们通过将一个代理变量作为自变量,其他代理变量作为工具变量的方法来实现。

五、高等教育质量回报率

下面分别汇报 OLS 估计结果和工具变量 2SLS 回归的估计结果,并做进一步探讨。

(一)普通最小二乘法估计(OLS)

在 Yulized residuals 的普通最小二乘法估计结果中,虽然汇报的是残差项的回归系数,但是其数值与原变量的估计系数表达的经济学意义是一致的,因此,这里按照高等教育质量相关指标与毕业生工资间的关系进行分析。OLS 估计结果见表 1-3。

表 1-3　高等教育质量回报率的 OLS 估计结果

自变量	因变量:工资的对数值						
	(1)	(2)	(3)	(4)	(5)	(6)	(7)
大学排名	0.00366 (0.00431)				0.0662 *** (0.00719)		
师生比		0.0372 *** (0.00591)			0.0278 *** (0.00694)		0.0229 *** (0.00887)
国家一级学科数			0.0215 *** (0.00498)		−0.00914 (0.00933)		−0.0408 *** (0.0119)

续表

自变量	因变量:工资的对数值						
	(1)	(2)	(3)	(4)	(5)	(6)	(7)
博士—硕士点比				0.0230*** (0.00446)	0.0729*** (0.0107)		0.0504*** (0.00945)
学科评估排名						−0.0682*** (0.00750)	−0.0569*** (0.00770)
观测值	14729	14729	14729	14729	14729	7317	7317

注:***、**、*分别表示回归系数在1%、5%、10%的置信水平下显著,括号中为稳健标准差(Robust Standard Error)。

表1-3的(1)至(4)列汇报的是大学排名、师生比、国家一级学科数、博士—硕士点比这四个指标每个单独回归的结果,第(5)列是同时加入四个指标的回归结果。第(6)列是学科评估排名指标单独回归的结果,第(7)列是加入师生比、国家一级学科数、博士—硕士点比、学科评估排名这四个指标的回归结果。

从第(1)至(4)列的结果来看,高等教育质量的回报率在0.37%至3.72%的区间中,具体来说,大学综合排名、师生比、国家一级学科数、博士—硕士点比每提高1标准差,毕业生工资分别平均增长0.37%、3.72%、2.15%、2.3%。从第(6)列结果来看,学科评估排名(数值越小排名越靠前)每提高1标准差,教育回报率提高6.82%。

第(5)列中同时加入前四个代理变量,结果显示,高等教育质量的回报率在2.78%到7.29%的区间中,不过,在这个回归中,各个指标之间存在相关性,估计结果相比于(1)至(4)列的结果存在更多偏误,通过显著性水平变化能够看到。第(7)列中同时加入后四个代理变量,结果显示,高等教育质量的回报率在2.29%到5.69%的区间中,与第(6)列一样,也存在各个指标之间的相关性问题,这也是在下一阶段的回归中需要解决的。

(二)两阶段最小二乘法估计(2SLS)

在前文的计量模型中提到,由于高等教育质量存在测量误差,导致OLS估计值有偏,接下来通过工具变量的两阶段回归来解决这一问题,第一阶段和第二阶段回归的结果汇报在表1-4中,其中二阶段结果中的自变量分别为估计的大学排名和估计的学科评估排名。

表1-4 高等教育质量回报率的工具变量2SLS估计结果

	大学排名	工资对数值	学科评估排名	工资对数值
	（1）	（2）	（3）	（4）
自变量	FS	2SLS	FS	2SLS
大学排名		−0.0279 *** （0.00585）		
学科评估排名				−0.173 *** （0.0253）
师生比	−0.00635 （0.00525）		0.0239 ** （0.00985）	
博士—硕士点比	−0.849 *** （0.00905）		−0.194 *** （0.0136）	
国家一级学科数	0.179 *** （0.00881）		−0.0720 *** （0.0151）	
Hansen−J 统计量（过度识别）	8.919		15.899	
Cragg−Donald Wald F 统计量（弱工具变量）	6971.98		272.206	
R^2	0.587		0.102	
观测值	14729	14729	7317	7317

注：*** , ** , * 分别表示回归系数在1%、5%、10%的置信水平下显著,括号中为稳健标准差（Robust Standard Error）。

第一阶段,将各个指标对控制变量回归得到的残差项进一步对工具变量回归,选取的工具变量是高等教育质量评估指标的残差项（估计的大学排名和学科评估排名）,回归结果见表1-4的（1）和（3）列。以第（1）列为例,大学综合排名的残差项对另外三个代理变量（师生比、博士—硕士点比、国家一级学科数）进行回归,可以看到工具变量的系数是显著的。根据第一阶段回归得到的预测值再作为自变量进入第二阶段回归。第（3）列也是将学科评估排名的残差项对另外三个代理变量（师生比、博士—硕士点比、国家一级学科数）进行回归,可以看到回归系数都是显著的。一阶段的检验都是通过的,其中 Hansen-J 统计量是检验过度识别,Cragg-Donald Wald F 统计量是检验弱工具变量的,数值都远高于临界值,说明回归中不存在过度识别和弱工具变量问题。

表 1-4 第(2)和(4)列为第二阶段的估计结果,高等教育质量回报率在 2.79% 至 17.3%,相比于 OLS 的估计结果有大幅提高。具体来说:大学综合排名(学科评估排名)每提高 1 标准差,毕业生工资分别平均增长 2.79% 和 17.3%。

由于高等教育质量的代理变量进行了标准化处理,其系数是具有可比性的,师生比和博士—硕士点比、国家一级学科数指标估计出的高等教育质量工资回报率十分接近,由此看出,对高等教育质量的评估指标选取是合理的,对高等教育质量回报率的估计有一定的稳健性。

比较工具变量 2SLS 回归和 OLS 回归的估计结果,高等教育质量工资回报率的两阶段估计值大大高于普通最小二乘估计,说明通过工具变量的两阶段最小二乘法回归有效降低了测量误差对估计结果的影响。此外,高等教育质量的内生性问题通过采取 Yulized residuals 的计量方法得到了有效的解决。

(三)结果讨论

在前面的研究结果分析中,本节已经估计出高等教育质量回报率在 2.79%—17.3%的范围内,接下来进一步解释其具体含义。

首先,这个回报率可以理解为,当考察一个衡量高等教育质量的指标对高校毕业生工资的影响时,估计结果显示,这个指标每变动 1 标准差,毕业生的工资平均会变化 16.1%—32.2%。该结果可以与美国的数据形成对比,Black 和 Smith 基于美国 NLSY 调研数据,对 1979 年出生的人口进行追踪数据分析,工具变量 2SLS 方法估计出的美国高等教育质量回报率在 6.9% 至 10.7%。[1] 由此可见,提升中国高等教育质量带来的毕业生收入跟

---

① 参见 Black,Dan A.,and Jeffrey A.Smith,"Estimating the Returns to College Quality with Multiple Proxies for Quality",*Journal of labor Economics*,2006,24(3),pp.701-728。

美国是相当的,说明当前中国高等教育工作以质量提升为重是十分必要的,并且有较大的提升空间。

其次,以指标选取为例,这五个指标各自的工资回报率大小可以通过将估计系数与标准差相除的方式来比较,数据来源于 OLS 回归结果:大学综合排名每前进 1 名,毕业生工资平均提高 0.002%;师生比每提高 0.01,毕业生工资平均增长 0.15%;国家一级学科数每增加 1 个,毕业生工资平均提高 0.8%;博士—硕士点比率每增长 0.01,毕业生工资平均增长 0.09%;学科评估排名每前进 1 名,毕业生工资平均提高 2.4%。

此外,我们发现高等教育质量回报率对不同层次的大学来说存在差异。将大学按照综合排名分为全国排名前 50 名和全国排名 50 名之后的两组后,表 1-5 汇报了前 50% 大学和综合排名后 50% 高校的高等教育质量回报率的估计结果,包含大学排名和学科评估排名两种衡量方式,以及 OLS 和 2SLS 两种回归方法。2SLS 回归结果显示,对于前 50% 高校来说,高等教育质量回报率为 5.44%—14.32%,而排名在百名以后的高校的教育质量回报率为 3%—12.6%。由此说明,高等教育质量绝对水平更高的大学,其教育质量反映在毕业生工资上的回报率也更高。进而说明,高等教育质量有自身加乘的作用,一所高校通过提高教育质量,一方面可以提高学校的办学水平,另一方面能进一步提高教育质量带来的边际回报。

表 1-5　排名前 50% 与后 50% 的高校教育质量回报率差异

自变量	因变量:工资的对数值			
	（1）	（2）	（3）	（4）
	OLS	2SLS	OLS	2SLS
大学排名	0.0116 ** (0.00540)	−0.0318 *** (0.00804)		
大学排名×大学排名前 50%	−0.0609 *** (0.0138)	−0.0226 * (0.0131)		
学科评估排名			−0.0562 *** (0.00968)	−0.126 *** (0.0373)
学科评估排名×大学排名前 50%			−0.0216 (0.0151)	−0.0172 (0.0533)

自变量	因变量:工资的对数值			
	(1)	(2)	(3)	(4)
	OLS	2SLS	OLS	2SLS
大学排名前50%	−0.0431*** (0.0104)	−0.0339*** (0.00702)	0.0669*** (0.00876)	0.0462*** (0.00996)
观测值	14729	14729	7317	7317

注:***、**、*分别表示回归系数在1%、5%、10%的置信水平下显著,括号中为稳健标准差(Robust Standard Error)。

细化到各个指标的比较,排名较差的高校相对于前50%高校来说,学科评估排名指标估计出的高等教育质量回报率最高,说明学科评估排名作为当下重要的"指挥棒",其指标更为综合,考察的维度更广,也更科学,对于当前大学质量处于中下游的高校来说,学科评估排名的提高带来的收益是相对更大的。

六、小结

本节基于国内某双一流高校2003年、2005年、2007年、2009年、2013年中的八次全国高校毕业生就业状况调查数据,结合中国高等教育发展特点,选取大学综合排名、师生比、国家一级学科数、博士—硕士点比、学科评估排名作为评估高等教育质量的相关指标,采用Yulized residuals和工具变量的方法,定量估计了高等教育质量的回报率,有效解决了其中的测量误差和内生性问题。研究发现,中国高等教育质量的提升对于毕业生起薪有显著的促进作用:中国高等教育质量每提高1标准差,高校毕业生起薪平均增加2.79%—17.3%;同时,通过对大学排名百名之内和百名之后的大学分别进行分析,发现高等教育质量绝对水平更高的大学,其教育质量反映在毕业生工资上的教育质量回报率也更高,即高等教育质量对教育质量回报率有加乘作用。

高等教育承担着培养高级专门人才、发展科学技术文化、促进现代化建设的重大任务。本节的分析结果从理论上阐明了中国高校提升高等教育质量对于提高毕业生就业质量的必要性。基于实证结论,本节针对各级政府部门、不同层级的高校和学生群体提出如下思考：

各级政府部门按照《国家中长期教育改革和发展规划纲要（2010—2020年）》和"双一流"建设的战略部署，牢固树立以提高质量为核心的高等教育发展观，将提升高等教育质量作为高等教育改革发展事业的中心工作。一方面，应当重视目前高等教育质量建设存在的身份固化、竞争缺失、重复交叉等问题，加强资源整合，创新实施方式，统筹推进世界一流大学和一流学科建设；另一方面，应当基于中国高等教育实际，认真吸收全球先进的办学治学经验，借鉴国际高等教育质量评估的先进经验，遵循教育规律，扎根中国大地办大学，进一步建立和完善具有中国特色的高等教育质量评估指标体系，引导高等教育资源分配更加优化、结构更加合理、发展更加科学，不断增强我国高等教育的综合办学实力和国际竞争力，实现中国高等教育由"量的扩散"到"质的飞跃"的跨越式发展。

对于教育质量较高的高校，建议从提升综合办学实力方面着手提升教育质量。通过借鉴优质的教育资源和办学方式、提升教师团队科研攻坚能力、优化基础设施软硬件建设等一系列方式，培养一批批高素质毕业生，促进人才培养、科学研究和社会服务整体水平全面提升，向构建世界一流大学体系的目标不断迈进。

对于教育质量暂时处于中下游的高校，建议根据自身实际，从提升教育资源的充裕度（比如增强师资数量和优化师资水平）、优化学校学位设置（选择就业为导向的实用型人才培养模式）、提升学校科研实力（积极申请发展博士、硕士点）等方面加大工作力度，努力提升办学水平，提升自身教育质量，为学生提供尽可能优质的就业服务。

此外，对广大高校在读生和即将进入高校就读的学子们而言，为了谋求更高的教育回报率，除了关注提升学历水平、延长受教育年限以外，还应在学校和专业选择上尽力提升自己所接受高等教育的质量，发展自身的就业技能，培育综合素养，实现全面发展。

本节虽然估计出了高等教育质量回报率，但是由于数据限制，在评估高等教育质量的指标选取上仍有欠缺。一方面，衡量高等教育质量的指标并不完备,缺少衡量大学学科设置方面的指标。例如,国家重点学科占学校学科总数的比例是衡量高校学科质量的一项重要数据,但目前该指标难以收集,数据缺失较多。同样,在高校科研能力方面的指标选取上,本节仅用博士点与硕士点数量的比值作为间接的评估指标,可能不够完善。另一方面,缺乏评估高校学生学习能力和高中阶段教育质量的指标,缺少高考成绩的单项分数。文中将学生高考成绩所处的分数线作为代理变量,不足以全面反映学生的学科能力和表达能力。因此,后续的研究可以在获取更为详尽数据的基础上进一步完善指标选取,以实现对高等教育质量回报率更为准确的量化估计。

第二节 大学专业与职业发展异质性研究

一、问题概述

教育是国计,也是民生,受教育阶段的专业选择关乎毕业生未来的职业生涯和人生发展方向,选择不同的专业意味着个人学到的知识结构和职业技能的不同,进而影响着后续的职业类型和薪酬水平,甚至会影响一个人的社会地位和代际间的社会流动性。[①] 正因为如此,在选择和报考 STEM、

---

① 参见 Arcidiaconio Peter, "Ability Sorting and the Returns to College Major", *Journal of Econometrics*, 2004, 121, pp. 343 – 375; Machin, Stephen, and Patrick A. Puhani, "Subject of Degree and the Gender Wage Differential: Evidence from the UK and Germany", *Economics Letters*, 2003, 79(3), pp. 393–400; Chevalier, Arnaud. "Subject Choice and Earnings of UK Graduates", *Economics of Education Review*, 2011, 30, pp. 1187 – 1201; Long, Mark C., Dan Goldhaber, and Nick Huntington – Klein, "Do Completed College Majors Respond to Changes in Wages?", *Economics of Education Review*, 2015, 49, pp. 1 – 14; Lindley, Joanne, and Steven McIntosh, "Growth within Graduate Wage Inequality: The Role of Subjects, Cognitive Skill Dispersion and Occupational Concentration", *Labor Economics*, 2015, 37, pp. 101 – 111; Lucas, Samuel R., "Effectively Maintained Inequality: Education Transitions, Track Mobility, and Social Background Effects", *American Journal of Sociology*, 2001, 106(6), pp. 1642 – 1690。

LEM 及其他专业时,学生及其家庭都是十分慎重的,而理性的选择需要建立在对学生自身特长和大学不同专业特点的了解之上,其中,不同专业的未来职业发展是专业选择决策的重要参考信息。由此可见,深入研究不同专业的职业发展差异,对于个体的教育决策有着重要的现实意义。此外,从劳动力市场的角度来看,专业差异导致的劳动者就业行为差异是不容忽视的。对不同专业的就业行为差异进行深入研究,能够为政府制定就业政策、企业制订人事计划、毕业生实现更高质量的就业提供有益的参考。

国际上,关于不同专业劳动者在劳动力市场上表现的研究主要集中于不同专业和专业内部的薪酬差异。一部分文献探讨了不同专业之间的薪酬差异,并试图解释这些差异的来源。Arcidiacono 利用美国 1972 年至 1974 年进入大学的个体数据分析表明,自然科学和商科的毕业生有显著更高的薪酬,他考虑了两个共存的影响机制:能力直接影响薪酬、能力通过影响专业选择来间接影响薪酬,而后,基于模型进行结构估计发现,薪酬差异能被不同专业之间能力差异所解释的部分很小。[1] Long 等所用的 2007—2012 年美国华盛顿州数据显示,信息技术和医学健康专业的毕业生薪酬最高,商科、工程类和数学统计类专业次之,研究发现大学新生的专业选择显著受到劳动力市场中的薪酬信息影响。另有一部分研究探讨了不同专业内部的薪酬差异。[2] Chevalier 利用英国数据研究发现,专业内部的薪酬差距比专业之间的薪酬差距更大。[3] Lindley 和 McIntosh 在对 1994 年至 2010 年的调研数据研究,提出专业内部的薪酬差异与学生基础教育阶段的数学、阅读等能力差异以及不同专业的就业集中度有关,其中,医学、教育学和信息科学的就业集中度持续最高,而经济和人文艺术专业的就业集中度最低,本节也是

---

① 参见 Arcidiaconio Peter, "Ability Sorting and the Returns to College Major", *Journal of Econometrics*, 2004, 121, pp.343−375。

② 参见 Long, Mark C., Dan Goldhaber, and Nick Huntington-Klein, "Do Completed College Majors Respond to Changes in Wages?", *Economics of Education Review*, 2015, 49, pp.1−14。

③ 参见 Chevalier, Arnaud. "Subject Choice and Earnings of UK Graduates", *Economics of Education Review*, 2011, 30, pp.1187−1201。

基于 Lindley 和 McIntosh 的文章,用中国的猎头公司职业流动数据来验证专业集中度与薪酬差异问题。[①]

国内文献中,由于数据的缺乏,关于不同专业劳动者在劳动力市场的薪酬、职业流动等表现的研究较少,现有文献表明专业之间的薪酬差异存在且不容忽视,例如钱诚和王建民对 2012 年全国企事业单位新进毕业生调查数据显示不同专业的毕业生之间的起点薪酬差异较大,本科毕业生中法学和理学的平均起薪最高,分别为每月 2744 元和 2705 元,历史学和哲学的平均起薪最低,分别仅为每月 1250 元和 1400 元,在研究生中,工学的平均起薪最高,达到 5746 元,而历史学仅为 3000 元。[②] 吴秋翔使用"中国教育追踪调查"数据研究发现:高中文理分科是通过影响大学专业选择进而产生薪酬差异的,同一专业中的文理科毕业生薪酬没有显著差异,而不同专业间的文理科毕业生薪酬存在显著差异。[③] 胡艳婷和蒋承基于 2015 年全国高校毕业生就业调查数据研究指出,不同专业之间的薪资水平有较大差异,同时专业匹配对毕业生的工资起薪影响在不同专业间也具有异质性。专业匹配对经济学专业的毕业生工资起薪有较大的正影响,但对工学等专业的学生影响不大。[④] 除了薪酬之外,不同专业毕业生的就业行为也存在一定差异。赵晓航和田志鹏利用 2013 年北京两所高水平大学的抽样数据进行多项 Logistic 回归分析发现,不同专业的毕业生进入某一就业部门的概率存在差异,相比于人文社科类专业,理工医科和经济商科毕业生会更少地进入机关事业单位。[⑤]

---

① 参见 Lindley, Joanne, and Steven McIntosh, "Growth within Graduate Wage Inequality: The Role of Subjects, Cognitive Skill Dispersion and Occupational Concentration", *Labor Economics*, 2015, 37, pp.101–111。

② 参见钱诚、王建民:《2012 年我国不同学历毕业生起点薪酬盘点与分析——基于全国企事业单位新进毕业生起点薪酬调查数据》,《中国大学生就业》2013 年第 12 期。

③ 参见吴秋翔:《专业匹配、学业成绩与就业薪酬——基于高中文理分科与大学人文社会类专业匹配的研究》,《教育发展研究》2018 年第 21 期。

④ 参见胡艳婷、蒋承:《专业匹配对高校毕业生工资起薪的影响——基于倾向得分匹配法的实证研究》,《华东师范大学学报(教育科学版)》2021 年第 4 期。

⑤ 参见赵晓航、田志鹏:《劳动力市场部门分割与高校学生就业选择》,《中国人力资本开发》2014 年第 9 期。

黄楠等利用某高校 2012—2014 届的毕业生调查数据进一步发现,不同专业内部存在就业性别差异,法学和经济学专业毕业生中女性进入国有部门的概率显著低于男性。[①] 中国人民大学中国就业研究所联合智联招聘公司对 2020 年毕业生就业情况的调查则指出,超半数的毕业生认为 2020 年第一季度的就业形势严峻,其中社会科学、人文科学、法学及经管类专业的毕业生认为就业形势"非常难"的人数比例大于平均值。李涛等对我国高校毕业生就业情况的综合调查发现,毕业生调研样本中有 69.1%人遭遇过就业歧视,其中专业歧视(31.6%)是日常发生率排名前三的就业歧视之一。[②]

现有文献尚缺乏关于不同专业的劳动者在职业流动和职业发展上的研究,本节试图利用独特的追踪数据对该领域研究进行有益补充。本节首先构造了一个在岗寻职的搜索与匹配模型,阐述不同专业间职业流动差异的产生机制,并利用猎头公司的人才库数据,通过实证分析探讨了不同专业劳动者的职业选择和职业流动的动态变化过程,研究发现:STEM 类专业(基础科学、技术、工程、数学)的劳动者更倾向于在高科技生产类企业工作,在入职初期流动性较高,但在后期职业趋于稳定;LEM 类专业(法律、经济、管理)的劳动者在各个领域的就业分布相近,随着工作经验的积累,LEM 类专业的劳动者会先于 STEM 类专业的劳动者进入职业稳定阶段;而其他文科类专业的劳动者更多在服务类企业工作,职业流动较为频繁。本节第二部分构建搜索与匹配模型框架,分析不同专业劳动者的职业流动差异的产生机制,第三部分介绍独特的数据来源和相关实证结果,第四部分探讨不同专业劳动者在行业选择和职业流动行为方面的差异并进行总结。

二、不同专业的职业流动机制

本节采用 Pissarides 在岗寻职搜索匹配模型的分析框架,进一步引入劳

---

① 　参见黄楠、谭娅、封世蓝:《高校毕业生就业状况及性别差异——基于某高校就业数据的实证研究》,《经济科学》2015 年第 4 期。

② 　参见李涛、孙嫒、邬志辉、单娜:《新冠疫情冲击下我国高校应届毕业生就业现状实证研究》,《华东师范大学学报(教育科学版)》2020 年第 10 期。

动者的异质性和岗位的异质性,对不同专业劳动者的职业流动行为差异进行了分析。本节在 Pissarides 的基础上进行了两方面的理论创新:一是假设劳动者搜索岗位时根据岗位与自身专业的匹配程度进行求职决策,劳动者和岗位初次匹配时不一定完全匹配,可能出现劳动者专业和岗位要求不对口的情况;二是假设劳动者的专业类型存在异质性,包括理科类专业和文科类专业,两类专业的劳动者面对的岗位分布和岗位生产率存在差异。[①]

假设劳动力市场中有 L 名理科类专业的劳动者和 L 名文科类专业的劳动者,简化假设这两类劳动者分别在两个子劳动力市场中求职,他们当中失业劳动者的比例分别为 u_S 和 u_{LA} ,在岗寻职的劳动者比例分别为 e_S 和 e_{LA} 。失业劳动者和在岗寻职的劳动者共同在 V 个企业中求职,每个企业分别创造一个理科岗位和一个文科岗位,令 v 表示岗位—劳动者比,则空置岗位数为 $v_S L + v_{LA} L$ 。假设每一期失业劳动者与空置岗位接触总数由匹配方程决定:

$$M = m((u + e) L, vL) \tag{1-4}$$

其中,等式左边的 M 表示每一期子劳动市场中劳动者与岗位接触的数量,等式右边 $m(\cdot)$ 是匹配方程,匹配方程的变量包括求职劳动者的总数,在两个子市场中分别为 $(u_S + e_S) L$ 和 $(u_{LA} + e_{LA}) L$,以及空置岗位的总数,在两个子市场中分别为 $v_S L$ 和 $v_{LA} L$,该方程是一次齐次方程,因此,每个劳动者与岗位发生接触的平均数量为 $m = M/L = m(u + e, v)$ 。

由于从厂商角度来看,市场紧度表示为 $\theta = v/(u + e)$,该值越大表示厂商之间争取劳动者的竞争越激烈,那么,每个厂商与劳动者接触的平均概率可以用市场紧度 θ 表示为:

$$q(\theta) = m/v = m(1/\theta, 1) \tag{1-5}$$

式(1-5)说明对于厂商而言市场紧度越大,单个厂商与劳动者发生接触的概率 $q(\theta)$ 就越小。同样的,每个劳动者与厂商发生接触的平均概率可以

---

① 参见 Pissarides, Christopher A., "Search Unemployment with On – the – job Search", *The Review of Economic Studies*, 1994, 61(3), pp.457–475。

表示成 $\theta q(\theta)$ 。

接着,在模型中引入专业与岗位之间相关程度的异质性,假设劳动者的专业与各个岗位之间有不同的相关度 $x \in [0,1]$,当专业—职业相关度为 1 时,表示劳动者的专业与职业完全相关;为 0 时,表示专业与职业完全不相关。劳动者求职的过程中,他的专业与所接触的岗位的相关度是从一个特定分布中的随机取值,我们假设理科类专业与岗位的相关度服从分布 $F_S(x)$,文科类专业与岗位的相关度服从分布 $F_{LA}(x)$ 。

从厂商的角度看,所聘用劳动者的专业和岗位之间的相关度会影响岗位的产出 $y(x)$,假设 $y' > 0$,即专业—职业相关度越高,生产率则越高。相应的,对于劳动者来说,专业—职业相关度会影响他们得到的工资水平 $\omega(x)$ 。因此,劳动者在心里会有两个作为行动参考的保留专业—职业相关度:一个是接受工作的保留专业-职业相关度 R_i ($i \in \{S, LA\}$),只有当自身专业与接触到的岗位的相关度高于该保留相关度,劳动者才会接受这份工作,否则会拒绝;第二个是进行在岗寻职的保留专业—职业相关度 C_i ($i \in \{S, LA\}$),当自身专业与当前岗位的相关度低于该保留相关度时,他会一边工作一边寻找更好的岗位,反之,他会停止在岗寻职行为。接下来,我们对厂商决策和劳动者决策进行描述。

（一）厂商决策

设 J 表示一个满置岗位期望利润的折现值, V 表示一个空置岗位期望利润的折现值,假设所有岗位都是在最高的专业—职业相关度($x = 1$)条件下被创造出来,并假设存在一个完善的资本市场,经济运行无限期,并且不存在动态参数变化,则一个新岗位的期望利润满足以下 Bellman 方程:

$$rV = -pn + q(\theta)(J^{ns}(1) - V) \tag{1-6}$$

其中, p 是专业—岗位匹配度最高时的产出,它的 n 倍($n \in (0,1)$)是创造新岗位的成本。

对于一个满置岗位来说,劳动者会在两种情况下离职:一是如果发生外生冲击 λ ,劳动者会离职并进入失业状态;二是如果该岗位上的劳动者在进行在岗寻职,那么他会以一定的概率找到新的工作,离开当前岗位。当劳

动者进行在岗寻职时,一个满置岗位的期望利润满足:

$$r(J^{se}(x) = px - c + [c + \theta q(\theta)(1 - F(x))](V - J^{se}(x)) \quad (1-7)$$

其中, $\omega^{se}(x)$ 是支付给有在岗寻职行为的劳动者的工资。

而当劳动者不进行在岗寻职时,一个满置岗位的期望利润满足以下 Bellman 方程:

$$r(J^{ns}(x) = px - \omega^{ns}(x) + \lambda(V - J^{ns}(x)) \quad (1-8)$$

其中, $\omega^{ns}(x)$ 是支付给不进行在岗寻职的劳动者的工资。

(二)劳动者决策

设 U 为失业状态带给劳动者的期望收入的贴现值, W 为就业状态带给劳动者的期望收入的贴现值。失业状态的期望收入的贴现值可以表示成以下 Bellman 方程:

$$rU = z + \theta q(\theta)[W^{ns}(1) - U] \quad (1-9)$$

在岗劳动者不寻职的期望回报满足:

$$r W^{ns}(x) = C + \lambda(U - W^{ns}(x)) \quad (1-10)$$

在岗劳动者寻职时的期望回报满足:

$$r W^{se}(x) = \omega^{se}(x) + \lambda U + \theta q(\theta) \int_x^1 \max\{W^{se}(s), W^{ns}(x)\} d F_i(s)$$
$$- [\lambda + \theta q(\theta)(1 - F_i(x))] W^{se}(x) \quad (1-11)$$

第一,我们考虑关系着是否接受工作的保留专业—职业相关度 R_i ($i \in \{S, LA\}$),它满足当 $x_i = R_i$ 时, $W_i^{ns}(R_i) = U$,将(1-9)式和(1-10)式代入得到

$$\omega^{ns}(R_i) = rU \quad (1-12)$$

第二,考虑关系着是否在岗寻职的保留专业-职业相关度 C_i ($i \in \{S, LA\}$),它满足当 $x_i = C_i$ 时, $W_i^{ns}(C_i) = W_i^{se}(C_i) \; W_i^{ns}(C_i) = W_i^{se}(C_i)$,将(1-10)式和(1-11)式代入得到

$$\omega^{ns}(C_i) - \omega^{se}(C_i) = \theta q(\theta) \int_{C_i}^1 W^{se}(s)\} d F_i(s) - \theta q(\theta)(1 - F_i(C_i))] W^{se}(C_i)$$

$$(1-13)$$

（三）市场均衡与数值模拟

劳动力市场达成均衡时,假设岗位匹配收益通过纳什工资谈判在厂商和劳动者之间分配: $\max_W [W - U]^\beta [J - V]^{1-\beta}$,求解出劳动者在岗寻职的保留专业—职业相关度 C_i 满足:

$$\beta p\, C_i + (1 - \beta)\,\beta r U F(C_i) - (1 - \beta)\,\beta p F(C_i)\, C_i + \beta^2 p \int_{C_i}^{1} F(s)\, ds + A \leqslant 0$$

$$(1-14)$$

其中, $A = -\beta^2 p - (1 - \beta)\,\beta r U$ 是与 C_i 无关的常数。该式说明劳动者决策是否进行在岗寻职受到专业—职业相关度的分布 $F(\cdot)$ 和劳动者工资谈判的能力 β 的影响。

利用这个框架可以模拟理科类专业和文科类专业劳动者的职业流动行为。理科类专业劳动者职业技能的针对性较强,在应用与其专业相关技术的行业中才能充分发挥其专业知识,而文科类专业职业技能的普遍性较强,在多种行业的任职都能发挥其专业优势,这样的差异在 Robst、李锋亮等中有所阐述。我们考虑一个特殊的分布情况,假设理科专业和文科专业与职业的相关度分布分别如图 1-2 所示(左图为理科,右图为文科),理科的专业—职业相关度的分布离散性更大,处于低相关水平的人数比例相比于文科生更高。

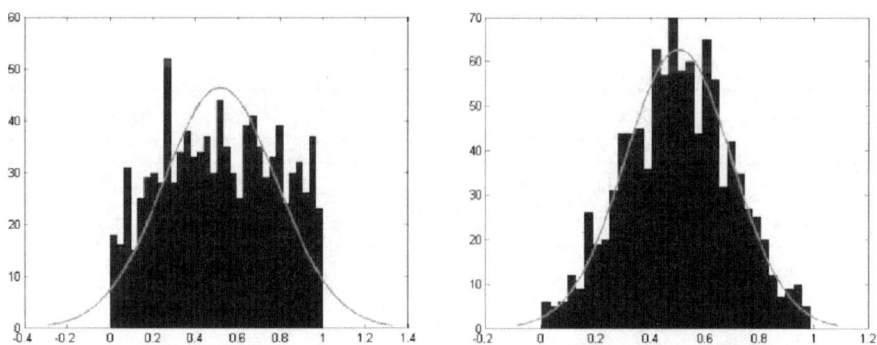

图1-2 理科劳动者(左)和文科劳动者(右)的岗位匹配度分布

在该分布下,我们对其他变量进行设定,参考现有文献中估算的中国劳动收入份额,设定工资分配比例系数 $\beta = 0.4$,参考 Shi 设定产出 $p = 10$,利

率 $r = 0.06$，创造新岗位的成本占产出的比率 $n = 0.6$。[1]

计算得到文科劳动者进行在岗寻职的保留相关性为 0.72，占接受工作的文科劳动者总人数的 83.54%，理科劳动者进行在岗寻职的保留相关性为 0.86，在岗寻职的理科劳动者占接受工作的理科劳动者总人数的 58.44%。这说明在图 1-2 的分布下，理科劳动者进行在岗寻职的保留专业—职业相关度更高，不过在岗寻职的比例低于文科劳动者。

其次，专业—职业匹配带来的生产率提高程度影响职业流动行为。假设不同类型的专业在完全匹配的岗位上的产出是不一样的，理科劳动者在完全匹配的岗位上的产出是文科劳动者的 κ 倍，表 1-6 汇报了 κ 取不同值时的保留相关性模拟结果。可以观察到，随着理科劳动者与文科劳动者产出能力的差别增大，理科劳动者接受工作的保留相关性逐渐降低。这是由于人岗匹配带来的产出增加了，部分抵消了匹配度低对工资带来的负面效果，进而愿意接受工作的理科劳动者数量增加。同时，由于生产能力较高，更换成更高匹配程度的工作带来的预期工资收益也越高，导致理科劳动者决策是否进行在岗寻职的保留相关性增加，使得在岗寻职的人数比例增加。可以看到，在这样的设定下，不仅理科劳动者进行在岗寻职的保留相关性大于文科劳动者，理科劳动者在岗寻职的比例也大于文科劳动者了。

表 1-6　理科劳动者的求职情况随参数 κ 的变化

κ 取值	接受工作的保留相关性	工作的比例	在岗寻职的保留相关性	在岗寻职的比例
0.8	0.8500	13.80%	0.8122	0%
0.9	0.7556	23.90%	0.8368	37.66%
1	0.6800	32.00%	0.8566	58.44%

---

[1]　参见翁杰、周礼:《中国工业部门劳动收入份额的变动研究:1997~2008 年》，《中国人口科学》2010 年第 4 期;魏下海、董志强、刘愿:《政治关系、制度环境与劳动收入份额——基于全国民营企业调查数据的实证研究》，《管理世界》2013 年第 5 期;Shi, S., "A Directed Search Model of Inequality with Heterogeneous Skills and Skill-biased Technology", *The Review of Economic Studies*, 2002, 69(2), pp.467-491。

κ 取值	接受工作的保留相关性	工作的比例	在岗寻职的保留相关性	在岗寻职的比例
1.2	0.5667	43.90%	0.8821	75.17%
1.5	0.4533	57.30%	0.9037	84.99%
对照文科	0.6800	45.50%	0.7228	83.54%

（四）相关预测

根据理论分析,不同学科的职业发展不同,体现为在职业初期,理科类专业的劳动者求职成本更高,职业流动倾向更高,导致岗位流动行为更为频繁,不过在停止在岗寻职之后,对应的岗位匹配度也高于文科劳动者,这在长期来看,会给理科类专业劳动者带来更高的职业稳定性。这些差异可能来自不同学科的岗位匹配度分布存在差异,这一点可以通过不同学科的行业分布来验证;不同学科从岗位匹配中得到的产出提高程度存在差异,间接体现为理科类专业的劳动者工资平均高于文科类专业;工资谈判能力存在差异。

如果将学科分为理工类、经管法类及其他文科三类,我们预期在数据中观察到:

（1）理工类专业的劳动者就业集中度更高,在职业前期有显著高于文科类专业的职业流动,随着时间推移,职业流动逐渐减少,职业趋于稳定。（不同学科从岗位匹配中得到的产出提高程度存在差异,间接体现为理科类专业的劳动者工资平均高于文科类专业。）

（2）相比于理工类专业,经管法类专业的劳动者就业集中度更低,并且能更快进入职业稳定期。

三、数据来源和实证方法

（一）数据来源

本节数据来自诚通人力资源有限公司[①],涵盖诚通人力 2014—2015 年

---

① 诚通人力资源有限公司是中国诚通控股集团旗下的独资企业,系仅次于中智的全国第二大人力资源综合服务公司,目前公司的主要业务包括人力资源外包、高级人才寻访（猎头）、人力资源咨询、人才招聘、人才测评、教育培训等全方位的人力资源服务。

度人力资源外包和高级人才寻访两大主力业务中的所有电子简历,总计2019 份。在剔除了简历信息严重不全的个体以及样本数量非常少的教育学和军事学专业的个体后,得到有效样本量1648 个。

样本数据包括26 个细分专业和34 个行业,为了更为直观地体现不同专业的就业规律,我们将同类型的细分专业和具备相似特征的行业进行合并,得到三个专业大类和四个行业大类,以便于后续的分析。

首先,我们将大学专业参照相关研究划分为三类:STEM 专业、LEM 类专业、文科类专业。STEM 是西方教育领域中常用的专业划分概念,囊括基础科学(Science)、技术(Technology)、工程(Engineering)、数学(Mathematics)四个专业大类。美国等西方国家对于 STEM 教育非常重视,认为其是高科技类工作岗位的根基。该专业划分参考了 Montmarquette 等教育领域的相关文献。[①] LEM 类专业包括法学(Law)、经济(Economics)、管理(Management),该专业划分参考了 Chevalier(2011)等文献。我们将其他文科类专业划为一类,包括社会学/政治学、历史、文学、新闻传播/编辑出版、艺术及哲学/宗教。

其次,根据产业和所需技能将行业划分为四类:低技术生产类行业、高技术生产类行业、非专业服务类行业、专业服务类行业。其中,低技术生产类行业主要是传统的制造业[②],高技术生产类行业主要是高新科技产业[③],非专业服务类行业是传统的服务业,对从业人员的专业技能要求较低或服务附加值较低[④],专业服务类行业是现代服务行业,对从业人员的专业技能

---

① 参见 Montmarquette,Claude,Kathy Cannings,and Sophie Mahseredjian,"How Do Young People Choose College Majors?", *Economics of Education Review*, 2002, 21(6), pp.543-556。

② 低技术生产类行业包括农业/渔业/林业、办公用品及设备、出版/印刷/包装、房地产开发/建筑工程/装潢/设计、服装/纺织/皮革、家具/工艺品/玩具等。

③ 高技术生产类行业包括 IT/软硬件/电子商务/因特网运营、电子技术/半导体/集成电路、航天/航空/能源/化工、机械/设备/重工、汽车及配件、通信、仪器仪表/工业自动化、制药/生物工程/医疗设备等。

④ 非专业服务类行业包括交通/运输/物流、餐饮/娱乐/旅游/酒店/生活服务、公共管理/社会保障/社会组织、快速消费品、贸易/进出口、物业管理/商业中心等。

要求较高或服务附加值较高①。

（二）计量模型

在职业流动行为的研究中，本节采用泊松计数模型。泊松回归模型假设因变量 Y_i 在给定自变量 X_i 时是泊松分布，密度函数为

$$f(y_i \mid X_i) = \frac{e^{-\lambda_i} \lambda_i^{y_i}}{y_i!} \tag{1-15}$$

其中，$y_i = 0,1,2,\cdots$ 表示离职次数，是计数的因变量，$\lambda_i = \exp(X_i'\beta)$ 是均值参数，可以表示成个体特征变量 X_i 的对数线性函数。需要注意的是，泊松模型需要因变量满足等离散性条件，即均值与方差相等，样本满足该条件，适用泊松计数模型。此外，我们用负二项模型进行了验证，回归结果与泊松模型一致。

关于不同专业劳动者对不同行业的选择，由于同时在两个生产类和两个服务类行业当中做出就业选择，本节采用刻画多值选择的多项 Probit（Multinomial Probit）模型来分析，因变量是观测到的行业选择变量，该变量的赋值为低技术生产行业＝1、高技术生产行业＝2、非专业服务行业＝3、专业服务行业＝4，隐变量是无法观察到的进入各个行业的实际概率。

本节核心关注的解释变量是 STEM 专业和 LEM 专业，其回归系数分别代表了 STEM 专业、LEM 专业劳动者相比于其他文科类专业劳动者在职业发展方面的差异。控制变量包括影响职业发展的各个因素，本节考虑了劳动者的基本信息、教育信息和职业信息。

基本信息包括性别、年龄、政治面貌、户口所在地。性别方面，男性和女性因职业观念不同、就业竞争力不同可能在职业流动上存在差异。年龄方面，不同代际的观念不同、所经历的经济发展阶段不同，导致在职业流动上存在差异。此外，由于不同地区的文化、观念差异也会导致职业流动决策产

① 专业服务类行业包括医疗/护理/保健/卫生、中介/咨询/猎头/认证、广告/公关/媒体/艺术、教育/培训/科研/院校、银行/保险/证券/投资银行/风险基金等。

生差异,我们还需要对劳动者户口所在地加以控制。

教育信息包括教育年限、学历水平、所学专业。根据劳动力市场分割理论(Segmented Labor Market Theory),低学历群体和高学历群体在就业市场上被自然分割,且获得的人力资本回报的差异难以弥合。教育对职业流动的影响是两方面的,一方面高学历的劳动者因为更强的谈判力和学习能力而更容易找到新工作;另一方面,高学历的劳动者更容易找到适合的工作而降低了变更工作的必要性。[1]

职业信息包括工作部门和工作行业。从工作部门来看,国有部门的工作相比于非国有部门更为稳定。从工作行业来看,不同工作行业的职业习惯、晋升模式存在差异,例如 IT 行业有时需要通过"跳槽"来提高薪资水平,因此,需要对劳动者工作的行业加以控制。

四、职业发展的专业差异

接下来,本节结合统计分析和计量结果,进一步探讨职业发展的专业差异,通过实证分析来验证第二部分的理论预测。

(一)行业选择的专业差异

不同专业的劳动者在选择工作行业时各有侧重,并且在求职过程中考虑的因素存在差异。表 1-7 的描述统计展示了不同专业的劳动者在行业选择上的差异,STEM 类专业最多的选择高技术生产行业,人数占比达69%,而在服务业工作的人数不到 20%。LEM 类专业的劳动者在四类行业中的分布比较平均,其中高技术生产行业和专业服务行业的人数最多,分别占到该专业总人数的 32% 和 30%,而其他文科类专业的劳动者最多的选择专业服务行业,占该专业总人数的 41%,次之是高技术生产行业(27%)。该分布特征与模型中的预测一致:理工科类专业劳动者的职业分布比较集中,而人文社科类专业劳动者的职业分布相对比较均匀。

---

① 参见 Dickens,William T. ,and Kevin Lang,"Test of Dual Labor Market Theory", *American Economic Review* ,1985,75(4),pp.792-805。

表 1-7　不同专业选择行业的分布

专业类型	低技术生产		高技术生产		非专业服务		专业服务	
	人数	百分比	人数	百分比	人数	百分比	人数	百分比
STEM 类	87	13.12%	456	68.78%	36	5.43%	84	12.67%
LEM 类	129	17.67%	230	31.51%	151	20.68%	220	30.14%
其他文科类	32	12.55%	69	27.06%	49	19.22%	105	41.18%

　　为了更为准确地度量不同专业在行业间的分布情况,本节分别计算 STEM 类专业、LEM 类专业和其他文科类专业的两个集中度指标,结果见表 1-7。两个指标分别为:前三个行业的就业比例,它衡量了在就业人数最多的前三个行业中的人数占该专业总人数的比例,该比例越高说明就业的行业分布集中程度越高;Hirschman-Herfindahl 指数,其计算公式为 $HHI = \sum_i (100 s_i)^2$, s_i 为行业 i 中就业的人数占该专业总人数的比例,该计算公式赋予就业比例高的行业以更高的权重,该指数越大,说明就业的行业分布集中程度越高。

　　表 1-8 的第一个集中程度指标显示了 STEM 类专业的行业集中程度较高,LEM 类次之,其他文科类专业的行业集中程度最低,支持了理论模型中关于专业—职业匹配度的假设。具体来说,STEM 类专业的劳动者就业前三的行业为 IT/软硬件服务/电子商务/因特网运营、房地产开发/建筑工程/装潢/设计、制药/生物工程/医疗设备/器械,在这三个行业就业的人数分别占 STEM 类专业人数的 46.5%、10.7% 和 9.0%,合计 66.2%;LEM 类专业的劳动者就业前三的行业为银行/保险/证券/投资银行/风险基金、IT/软硬件服务/电子商务/因特网运营、房地产开发/建筑工程/装潢/设计,在这三个行业中就业的人数分别占 LEM 类专业人数的 12.6%、12.6% 和 11.5%,合计 36.7%;其他文科类专业的劳动者就业前三的行业为广告/公关/媒体/艺术、教育/培训/科研/院校、中介/咨询/猎头/认证,在这三个行业就业的人数分别占其他文科类专业人数的 12.94%、10.59% 和 10.59%,合计 34.1%。

表 1-8 不同专业的行业集中度指标

专业类型	前三个行业的就业比例	Hirschman-Herfindahl 指数
STEM 类	66.2%	2430.9
LEM 类	36.7%	706.3
其他文科类	34.1%	715.1

Hirschman-Herfindahl 指数同样表明 STEM 类专业的行业集中度远高于其他两类专业。不过,LEM 类和其他文科类专业的 Hirschman-Herfindahl 指数相近,其他文科类的该指数值甚至更高。①

此外,不同专业的行业选择特征在表 1-9 的多项 Probit 模型回归结果中也有所体现,该结果以低技术生产类行业作为基准,第(1)至(3)列汇报了高技术生产、非专业服务、专业服务三个行业的结果。在控制了个人特征(包括性别、政治面貌、工作经验、户口特征、教育特征)和职业特征(企业所有制)后,从表示 STEM 类专业和 LEM 类专业的虚拟变量的系数可以看出,相较于其他文科类专业,STEM 类专业的劳动者会更倾向选择高技术生产行业,更少选择服务行业,边际效应的结果显示,STEM 类专业的劳动者相较于其他文科类专业选择高技术生产行业的概率高出 41.2%。同时,LEM 类专业劳动者的行业选择与其他文科类专业并没有显著差异。

表 1-9 行业选择的 multinomial probit 回归结果

解释变量	基准:低技术生产					
	(1)		(2)		(3)	
	高技术生产	边际效应	非专业服务	边际效应	专业服务	边际效应
STEM 类专业	0.958*** (0.181)	0.412*** (0.036)	-0.578*** (0.205)	-0.139*** (0.022)	-0.581*** (0.186)	-0.232*** (0.028)
LEM 类专业	0.139 (0.174)	0.064 (0.040)	0.050 (0.183)	0.006 (0.024)	-0.172 (0.171)	-0.065** (0.031)
性别	-0.328*** (0.122)	0.022 (0.028)	-0.587*** (0.135)	-0.047** (0.019)	-0.528*** (0.126)	-0.055** (0.024)

---

① 主要是由于数据限制,部分行业中没有其他文科类专业的就业数据,致使 Hirschman-Herfindahl 指数在计算中存在一定的偏误。

解释变量	基准:低技术生产					
	(1)		(2)		(3)	
	高技术生产	边际效应	非专业服务	边际效应	专业服务	边际效应
政治面貌	-0.065 (0.119)	-0.016 (0.028)	-0.163 (0.137)	-0.026 (0.018)	0.064 (0.126)	0.034 (0.024)
工作经验	-0.064** (0.029)	-0.005 (0.008)	-0.098*** (0.030)	-0.009** (0.005)	-0.048 (0.034)	0.002 (0.007)
工作经验的平方	0.000 (0.000)	0.000 (0.000)	0.002** (0.000)	0.0004** (0.000)	-0.000 (0.001)	-0.000 (0.000)
户口:一线城市	0.009 (0.148)	-0.042 (0.037)	-0.012 (0.170)	-0.021 (0.026)	0.358** (0.165)	0.083*** (0.028)
户口:本地户籍	0.013 (0.120)	0.000 (0.029)	-0.022 (0.136)	-0.007 (0.019)	0.040 (0.126)	0.009 (0.024)
受教育年限	0.180 (0.359)	0.107 (0.088)	0.037 (0.405)	0.011 (0.057)	-0.378 (0.372)	-0.122* (0.072)
受教育年限平方	-0.005 (0.010)	-0.003 (0.002)	-0.001 (0.011)	-0.000 (0.002)	0.010 (0.010)	0.003 (0.002)
所有制	-0.350*** (0.131)	-0.105*** (0.032)	0.052 (0.147)	0.044* (0.023)	-0.074 (0.138)	0.026 (0.028)
行业	控制	控制	控制	控制	控制	控制
户口所在地	控制	控制	控制	控制	控制	控制
观测值	1648	1648	1648	1648	1648	1648

注:括号里的数字为稳健标准误差;*、**、***分别代表在10%、5%、1%的显著性水平下显著。

　　从控制变量来看,男性以更高的概率选择低技术生产类行业,工作资历更久的劳动者更多的来自低技术生产类行业,拥有一线城市户口的劳动者更多选择专业服务类行业,进入国有体制的劳动者以更小的概率在高技术生产类行业就业。

　　(二)职业流动的专业差异

　　关于专业差异对职业流动行为的影响,表1-10汇报了对第一年是否换工作、前三年换工作的次数及前五年换工作的次数进行的实证结果,其中,第(1)列采用的是Probit概率模型,第(2)—(3)列采用的是泊松计数模型。其他文科类专业劳动者的职业流动频率在入职的前五年内持续较高,以他们为参照,STEM 类专业劳动者在入职的第一年和入职的前三年有与文科类专业劳动者无差异的较高频次的职业流动,而入职前五年的职业流动次数相较于其他文科专业劳动者显著降低,这说明 STEM 类专业劳动者在入职前期倾向于频繁更换工作,当工作经验积累到一定水平,职业流动大幅减少,工作趋于稳定。LEM 类专业劳动者则更早地进入职业稳定期,在入职的前三年职业流动频次就显著低于其他文科类专业劳动者,到入职的前五年,职业流动频次降低得更为明显,该结果与理论分析中的预测一致。从控制变量来看,进入国有体制就业对劳动者在职业初期的职业流动性上有显著的负向影响。此外,为了排除不同行业的职业流动惯例对实证结果的影响,本节选取了三类专业就业量均较大的金融行业样本进行了稳健性检验,与基准回归结论一致。

表 1-10　职业流动次数的回归结果

解释变量	(1)	(2)	(3)
	第一年更换工作	前三年更换工作次数	前五年更换工作次数
STEM 类专业	0.005 (0.122)	-0.062 (0.115)	-0.382 *** (0.125)
LEM 类专业	-0.047 (0.113)	-0.279 *** (0.108)	-0.556 *** (0.111)
性别	0.038 (0.080)	0.042 (0.078)	0.013 (0.080)
政治面貌	0.068 (0.080)	0.106 (0.074)	0.157 * (0.083)
工作经验	0.074 *** (0.028)	-0.002 (0.033)	0.015 (0.040)
工作经验的平方	-0.004 *** (0.001)	-0.002 * (0.001)	-0.003 ** (0.001)
户口:一线城市	0.015 (0.164)	0.396 (0.537)	0.807 (0.623)
户口:本地户籍	0.041 (0.177)	-0.131 (0.150)	-0.013 (0.165)
受教育年限	0.200 (0.238)	0.201 (0.235)	-0.149 (0.166)

续表

解释变量	（1）	（2）	（3）
	第一年更换工作	前三年更换工作次数	前五年更换工作次数
受教育年限的平方	-0.005 (0.007)	-0.006 (0.007)	0.004 (0.004)
所有制	-0.182* (0.095)	-0.014 (0.090)	-0.070 (0.101)
常数项	-2.214 (2.358)	-0.903 (2.125)	1.767 (1.763)
行业	控制	控制	控制
户口所在地	控制	控制	控制
LR chi2	115.08	214.79	214.32
观测值	1631	974	564

注:括号里的数字为稳健标准误差;*、**、***分别代表在10%、5%、1%的显著性水平下显著。

五、小结

本节通过理论模型和实证分析探讨了不同专业的劳动者在劳动力市场中的职业发展差异,并提出了一种该差异的产生机制。在理论模型中,本节发现不同专业劳动者的职业发展差异来源于:(1)不同类型的专业面临的岗位分布不同,和理工科专业匹配度低的岗位相对于文科类专业更多,和理工科匹配度高的岗位也相对更多;(2)不同类型专业的劳动者存在工资差异,理工科专业劳动者在匹配度高的工作岗位中的工资显著高于文科类专业;(3)不同类专业劳动者的谈判能力可能存在差异。

在经验分析中,我们利用独特的猎头公司人才库数据,通过描述统计和计量方法,支持了模型的假设,即STEM类专业就业的行业集中程度最高,LEM类专业次之,并且验证了理论模型的预测:(1)入职初期,STEM类专业的劳动者相比于LEM类和其他文科类专业更频繁地更换工作;(2)随着工作时间的推移,其他文科类专业的职业流动性一直保持比较高的水平,LEM类专业的劳动者会先于STEM类专业劳动者进入职业稳定期。

正因为不同专业类型的劳动者在劳动力市场中的职业发展存在差异,

劳动者在选择专业时,一方面需要考虑自身能力和兴趣,另一方面应将未来的职业发展预期纳入考量,包括预期进入的行业、预期的就业难度、预期的职业流动行为、预期的薪酬等,从而在专业选择和学习期间更有目标,以期在求职时找到更能发挥专业优势的工作,更好地实现专业技能向职业技能的转换。当然,无论劳动者选择哪种类型的专业,其自身专业技能必须足够优秀才能在就业市场中脱颖而出。政府应该引导和支持高等院校优化学科结构,凝练学科发展方向,突出学科建设重点,建设高水平学科,帮助学生强化就业市场竞争力。我们国家于 2018 年 5 月 8 日正式开始推行《国务院关于推行终身职业技能培训制度的意见》,该意见旨在全面提升劳动者就业创业能力、缓解技能人才短缺的结构性矛盾、提高就业质量①,也为劳动者更好地适应劳动力市场发展方向,促进劳动者实现更高质量的就业,实现劳动者的全面发展提供了强大助力。

---

① 《国务院关于推行终身职业技能培训制度的意见》,中华人民共和国国务院,2018 年 5 月 8 日。

第二章　户籍制度与就业

第一节　户籍制度视角下的高校毕业生专业与就业行业匹配度的异质性

一、问题概述

随着中国经济步入"新常态",以及人口结构的自然变化,经济结构不断调整,人口数量的红利不断消减,中国的劳动力就业和人力资本战略正面临前所未有的挑战,加快建设人力资源强国成为形势必然、发展所需、国运所系。党的十八大指出,我国要加快确立人才优先发展战略布局,建设规模宏大、素质优良的人才队伍,推动我国由人才大国迈向人才强国。党的十九大继续强调坚定实施人才强国战略,培养造就一大批具有国际水平的战略科技人才、科技领军人才、青年科技人才和高水平创新团队,实行更加积极、更加开放、更加有效的人才政策,加快建设人才强国。在科教兴国与人才强国两大战略的指导下,我国人才培养成果显著,人力资源和社会保障部的数据显示,中国劳动力供给绝对数量从 2013 年开始减少,而高教育层次人才供给数量快速增加,2017 年,进入劳动力市场的高校毕业生为 795 万人①,

---

① 数据来源:《2017 年度人力资源和社会保障事业发展统计公报》,中华人民共和国人力资源和社会保障部,2018 年 5 月。

相比于 2008 年增加了近 5 倍,2020 年高校毕业生更是高达 874 万人,这一数据在 2021 年达到 909 万。源源不断的高教育层次人才的供给为中国产业结构调整和升级提供了重要的人力保障,成为我国创新驱动发展的关键动力之一。与此同时,我国人才建设依然面临着将人才输出总量优势转化为质量优势的考验,劳动力市场中高教育层次人才的配置效率关乎中国经济的未来发展。在高教育层次人力资本的初次配置过程中,毕业生将户口、薪酬、工作环境、未来职业发展等诸多因素纳入择业考量,导致"专业不对口"现象频发。这种现象一方面可能影响毕业生专业技能的发挥,另一方面会导致人才配置效率的降低,造成专业教育资源的浪费,也不利于行业效率的提高。《2022 年中国大学生就业报告》显示,毕业生选择与专业无关工作的最主要原因是"专业工作不符合自己的职业期待"(33%),其次为"迫于现实先就业再择业"(25%)。[①] 为适应中国的人才发展战略,提高劳动力初次配置的效率至关重要,关于高校毕业生就业"高教育层次、低配置效率"现象产生机制的研究有利于深入挖掘劳动力市场低效率配置的产生原因,据此有针对性地提出相关改进建议,从完善相关政策制度方面助力我国向人才强国迈进。

从新结构经济学的角度来看,将劳动力、土地、资本等生产要素配置到附加值更高的部门有利于经济的良好发展。但由于存在政策扭曲以及进入壁垒,资源要素出现了部门间的低效配置,微观层面的要素错配会导致中观层面的经济结构失衡,并进一步对宏观层面的经济增长和技术进步产生影响。[②] 近年来要素错配领域的研究日渐丰富。例如,Hsieh & Klenow 利用中国和

---

① 数据来源:《2022 年中国大学生就业报告》,麦可思研究院。

② 参见 Brandt,Loren,Trevor Tombe,and Xiaodong Zhu,"Factor Market Distortions Across Time,Space and Sectors in China",*Review of Economic Dynamics*,2013,16(1),pp.39-58;龚六堂、谢丹阳:《我国省份之间的要素流动和边际生产率的差异分析》,《经济研究》2004 年第 1 期;王弟海、龚六堂:《经济发展过程中的人力资本分布与工资不平等》,《世界经济》2009 年第 8 期;郭凯明、余靖雯、龚六堂:《人口政策、劳动力结构与经济增长》,《世界经济》2013 年第 11 期;张建华、邹凤鸣:《资源错配对经济增长的影响及其机制研究进展》,《经济学动态》2015 年第 1 期;曲玥:《中国工业企业的生产率差异和配置效率损失》,《世界经济》2016 年第 12 期。

印度的制造业企业数据表明了资源要素的错配对于总体 TFP 有负向影响。[1] Restuccia 等利用跨国数据表明,劳动力市场的壁垒导致了劳动力的错配,从而造成了国家间巨大的 TFP 差异。[2] Restuccia & Rogerson 表明政府的扭曲政策导致了资本的错配,从而造成了不同国家人均 GDP 的差异。[3] Brandt 等衡量了中国各个省份由于劳动力和资本的错配导致的非农部门 TFP 损失,估算结果表明要素错配造成 TFP 平均下降了 20%。[4]

　　具体到劳动力配置效率的研究,目前主要集中于实际教育年限与岗位要求教育年限之间的错配问题,即过度教育或教育不足。郭睿等运用中国雇主—雇员匹配调查数据发现,学历错配对高校毕业生的薪酬和满意程度都有显著负面影响,女性的学历错配高于男性,人文艺术类毕业生的专业错配率最高。[5] 关于教育程度不匹配的产生原因,部分文献解释为由于雇佣更高教育程度的员工会降低监督、培训等一系列成本,使企业倾向于雇用比岗位需求的教育程度更高的员工,还有一部分文献从信号理论做出解释,高的教育程度是高生产力的信号,雇主通过利用学历信号来筛选求职者。[6] 此外,Che-

---

① 参见 Hsieh,Chang-Tai,and Peter J.Klenow,"Misallocation and Manufacturing TFP in China and India",*The Quarterly Journal of Economics*,2009,124,pp.1403-1448。

② 参见 Restuccia,Diego,Dennis Tao Yang,and Xiaodong Zhu,"Agriculture and Aggregate Productivity:A Quantitative Cross-country Analysis". *Journal of Monetary Economics*,2008,55(2),pp.234-250。

③ 参见 Restuccia,Diego,and Richard Rogerson,"Policy Distortions and Aggregate Productivity with Heterogeneous Establishments". *Review of Economic Dynamics*,2008,11(4),pp.707-720。

④ 参见 Brandt,Loren,Trevor Tombe,and Xiaodong Zhu,"Factor Market Distortions Across Time,Space and Sectors in China",*Review of Economic Dynamics*,2013,16(1),pp.39-58。

⑤ 参见郭睿、周灵灵、苏亚琴、杨伟国:《学历、专业错配与高校毕业生就业质量》,《劳动经济研究》2019 年第 7 期。

⑥ 参见武向荣、赖德胜:《过度教育发生率及其影响因素——基于北京市数据的分析》,《教育发展研究》2010 年第 19 期;李锋亮、岳昌君、侯龙龙:《过度教育与教育的信号功能》,《经济学(季刊)》2009 年第 1 期;郑志刚、陶尹斌:《外部竞争对信号传递有效性的影响:以某高校毕业生就业为例》,《世界经济》2011 年第 10 期;李彬、白岩:《学历的信号机制:来自简历投递实验的证据》,《经济研究》2020 年第 10 期。

valier 提出高等教育的个体异质性特征也是导致过度教育和教育不足的重要原因,比如难以观察到的个人能力、人力资本质量、人力资本类型(学科基础、适用行业和职业及其包含的各项技能)。①

劳动力配置效率的影响因素有多个方面,大部分文献探讨的是劳动力市场内部的因素。从劳动力需求方的角度来看,就业职业、就业部门以及薪酬待遇方面的性别歧视是导致劳动力低效率配置的因素之一。② 不过,相关研究表明,随着教育程度的提高,女性在市场中受到的歧视程度逐渐降低,使女性的教育回报率甚至有机会超过男性,性别造成的工资差异随时间推移呈减小趋势,杨钋研究发现本科生的收入差距主要来源于专业内的性别歧视,硕士生主要来源于性别间的个人特征差异。③ 从劳动力供给方的角度来看,与生产率无关的劳动力个人条件可能影响劳动力的配置效率。赖德胜等认为高校毕业生就业是人力资本和社会资本联合作用的结果,在获取就业机会和决定起薪时两者存在替代关系,在进入国有部门工作时两者存在较强的互补关系。④ 刘精明验证了"能力主导"和"高校层级越高,

① 参见 Chevalier, Arnaud. "Measuring Over-education", *Economica*, 2003, 70, pp.509-531。

② 参见 Gustafsson, Björn, and Shi Li, "Economic Transformation and the Gender Earnings Gap in Urban China", *Journal of Population Economics*, 2000, 13, pp.305-329; Lin, Eric S., "Gender Wage Gaps by College Major in Taiwan: Empirical Evidence from the 1997-2003 Manpower Utilization Survey", *Economics of Education Review*, 2010, 29, pp.156-164;卿石松、郑加梅:《专业选择还是性别歧视?——男女大学生起薪差距成因解析》,《经济学(季刊)》2013 年第 3 期;黄楠、谭娅、封世蓝:《高校毕业生就业状况及性别差异——基于某高校就业数据的实证研究》,《经济科学》2015 年第 4 期;许琪:《从父职工资溢价到母职工资惩罚——生育对我国男女工资收入的影响及其变动趋势研究(1989—2015)》,《社会学研究》2021 年第 5 期。

③ 参见黄志岭、姚先国:《教育回报率的性别差异研究》,《世界经济》2009 年第 7 期;Mari, G., "Is There a Fatherhood Wage Premium? A Reassessment in Societies with Strong Male-Breadwinner Legacies", *Journal of Marriage and Family*, 2019, 81 (5), pp.1033-1052;杨钋:《教育、行业分割与性别收入差异——基于中国大学生就业调查的分析》,《北大教育评论》2012 年第 3 期。

④ 参见赖德胜、孟大虎、苏丽锋:《替代还是互补——大学生就业中的人力资本和社会资本联合作用机制研究》,《北京大学教育评论》2012 年第 1 期。

家庭优势作用越强"两个假设,支持了家庭背景带来的社会资本优势将会积极影响高校毕业生就业的观点。[①]

　　总的来说,当前关于劳动力配置效率的文献集中于教育年限角度,主要探讨劳动力市场内部的影响因素。本节首先旨在关注中国劳动力市场的专业错配问题,目前国内的相关研究还很缺乏;其次则是从微观角度探讨了劳动力错配的产生机制,鉴于中国特殊的户籍制度,本节的研究视角具有创新性;最后,本节结合中国劳动力市场的实际情况探讨了劳动力市场的外部环境对应届毕业生求职决策产生的影响,具有现实意义。与本节最为相近的研究是 Robst,该研究利用问卷调查获取个体对专业和行业的相关性的主观判断,研究了不同专业学生的专业行业匹配度的差异,并进一步探讨了专业行业匹配度差异对收入的影响。与 Robst 有所不同,本节利用搜索匹配模型与实证分析相结合的方法,研究毕业生专业行业匹配度的异质性问题,说明了劳动力市场的外部环境如何通过影响劳动力对专业与行业匹配差异的容忍程度来影响劳动力配置效率。[②]

　　本节第二部分建立了一个简单的搜索与匹配模型,引入劳动力对专业与行业匹配差异的容忍程度,分析了公共部门和非公共部门就业差异的产生机制;第三部分描述所使用的就业数据,并建立计量模型;第四部分汇报了主要的实证结果和稳健性检验结果;第五部分从劳动力供给方、需求方和创新三个角度探讨产生专业行业匹配度差异的其他原因,使研究内容更具现实意义。

二、搜索匹配模型

　　本节基于 Pissarides 提出的搜索与匹配框架,引入了专业与行业匹配程度,从劳动力个体对专业与行业之间匹配程度差异的容忍度入手,分析了公

---

　　① 　参见刘精明:《能力与出身:高等教育入学机会分配的机制分析》,《中国社会科学》2014 年第 8 期。

　　② 　参见 Robst,J.,"Education and Job Match:The Relatedness of College Major and Work",*Economics of Education Review*,2007,26(4),pp.397-407。

共部门和非公共部门的专业匹配程度差异。[①] 模型中,企业分为公共部门和非公共部门,差异在于两个部门的岗位稳定性不同,两个部门提供给职工的福利也有所不同。工人之间的异质性在于与岗位的匹配程度,不同的工人与同一个岗位的匹配程度是不同的。劳动力市场的摩擦由搜索过程刻画,每个失业工人每一期只能与一个空缺岗位接触,为简化考虑,假设工作的第一期岗位与工人形成匹配后匹配程度为最高水平。后续,在岗位冲击下,岗位匹配度发生改变,由于专业与岗位匹配程度会影响工人的生产力,进而影响工资水平,因此,工人会决定一个保留匹配程度,当岗位匹配度低于该保留匹配度时,他们将离开这个岗位,回到失业状态。

(一)劳动力市场

假设劳动力市场中一直有 L 个工人,其中失业的工人数占总工人数的比例是 u,因此,处于失业状态的总人数是 uL。假设厂商分为公共和非公共两个部门,这两个部门的空缺岗位数量与工人总数的比值分别为 v_p 和 v_n(p 和 n 分别代表 public 和 non-public)。因此,公共部门和非公共部门的空缺岗位数量分别为 v_pL 和 v_nL,假设公共部门岗位数量的比例为 α,即 $\alpha = v_p/(v_p + v_n)$。

为了衡量市场摩擦,每个失业工人每一期只能搜索一次,如果没有搜索到任何岗位,则该名工人在这一期都保持失业状态,如果工人搜索到一个岗位并接受该岗位,那么空缺岗位将成为生产岗位。失业工人与空缺岗位发生接触的数量由失业工人和空缺岗位总数共同决定。

$$mL = m(uL,(v_p + v_n)L) \tag{2-1}$$

其中,等式左边的 m 表示每个工人平均发生岗位接触的数量,L 是社会总人口,mL 即为失业工人与空缺岗位发生接触的数量,等式右边的 $m(\cdot)$ 是匹配方程,将失业人数 uL 和空岗数量 $(v_p + v_n)L$ 代入这个方程,就可得到发生接触的数量。随着失业人数或岗位数量的增加,失业工人与空缺岗位

---

① 参见 Pissarides, Christopher A., "Search Unemployment with On - the - job Search", *The Review of Economic Studies*,1994,61(3),pp.457-475。

接触的数量也会增加,即 $\partial m/\partial u > 0$。进一步,因为 $m(\cdot)$ 是一次齐次方程,因此,(1)式也可以写作 $m = m(u, v_p + v_n)$。

从厂商角度看,市场紧度 $\theta = (v_p + v_n)/u$ 衡量了空缺岗位与失业工人的比例,这个比值越大,表示厂商之间争取工人的竞争越激烈,平均每个厂商与工人接触的概率表示为

$$q(\theta) = m/(v_p + v_n) \tag{2-2}$$

将(1)式代入(2)式可以得到 $q(\theta) = m(1/\theta, 1)$,即说市场紧度 θ 越大,单个厂商与工人发生接触的概率 θ 就越小。同样,单个工人与厂商发生接触的概率表示为(3)式。

$$\theta q(\theta) = m/u \tag{2-3}$$

将(1)式代入(3)式中可以得到 $\theta q(\theta) = m(1, \theta)$,市场紧度 θ 越大,每个工人与厂商发生接触的概率 $\theta q(\theta)$ 越大。

(二)专业与岗位匹配程度

工人与每个岗位之间并非完全匹配,工人的专业与不同的岗位存在一个匹配程度 x,x 的取值在 0 和 1 之间,当 $x = 1$ 时,专业与行业完全匹配,当 $x = 0$ 时,专业和行业完全不匹配。假设这个专业与岗位匹配程度服从分布 $G(x)$,当工人与一个岗位发生接触时,他们完全匹配,但是开始生产后,在岗位冲击下,工人专业与岗位匹配程度随机变化,服从分布 $G(x)$。

从厂商的角度看,匹配程度会影响生产岗位的产出 $y(x)$,其中 $y'(x) > 0$,匹配程度越高产出越多,这个可以看作匹配度高的工人能够更好地发挥出岗位潜在的生产力,相应地,如果厂商雇用了专业与岗位匹配度低的工人,需要付出一定的成本来对其进行培训。因此,从工人的角度看,匹配程度会影响工人的工资 $w(x)$。

由于不同匹配程度对应着不同的工资水平,工人会有一个保留匹配程度,当岗位的匹配程度低于这个保留匹配程度时,他将离开这份工作,因为这份工作带来的收益还没有失业状态带来的收益高。只有当匹配程度高于保留匹配度时,工人才会继续从事这份工作。假设工人在公共部门的保留

匹配度为 R_p ,而在非公共部门的保留匹配度为 R_n 。

(三)厂商

两个部门的岗位创造都是在完全匹配的条件下进行的。空岗位的贴现价值表示为(2-4)式。

$$r V_i = - cy(1) + q(\theta) [J_i(1) - V_i] , i = \{p, n\} \tag{2-4}$$

其中, V 是空缺岗位带给企业的价值,它一方面取决于岗位未来有 $q(\theta)$ 的概率招聘到完全匹配的工人并开始生产带来的收益 $J_i(1)$,另一方面还会产生一个岗位创造成本 $cy(1)$ 。那么,(2-4)式就衡量了空缺岗位带给企业的流量价值等于未来可能转换为生产岗位带来的价值提高减去创造这个空缺岗位付出的成本之差。

在岗位创造之后,岗位与工人以一定概率发生接触并开始生产。不过,在生产过程中,两个部门存在岗位的外生冲击,使得岗位和工人之间的匹配程度发生变化,假设两个部门的岗位冲击分布服从均值为 λ_p 和 λ_n 的泊松分布。

首先,本节考虑公共部门的岗位,当这个岗位招聘到一个工人时,生产岗位价值是匹配度的函数,见(2-5)式。

$$r J_p(x) = y(x) - rb - w_p(x) + \lambda_p \int_0^{R_p} [V_p - J_p(x)] dG(s) + \lambda_p \int_{R_p}^1 [J_p(s) - J_p(x)] dG(s)$$

$$\text{for } x \geq R_p \tag{2-5}$$

其中, $r J_p(x)$ 衡量了公共部门中匹配度为 x 的生产岗位带给企业的流量价值,它等于产出 $y(x)$ 减去支付给工人的工资 $w_p(x)$ 以及给工人的一次性福利的流量 rb ,此外当外生冲击 λ_p 导致匹配程度低于 R_p 时,工人离开该岗位,而当冲击导致匹配程度高于 R_p 时,岗位对于企业的价值转化为新的匹配程度对应的水平。

其次,非公共部门的生产岗位价值可以表示为(2-6)式。

$$r J_n(x) = y(x) - w_n(x) + \lambda_n \int_0^{R_n} [V_n - J_n(x)] dG(s) + \lambda_n \int_{R_n}^1 [J_n(s) - J_n(x)] dG(s)$$

$$\text{for } x \geq R_n \tag{2-6}$$

同样地，$rJ_n(x)$ 衡量了非公共部门中匹配度为 x 的生产岗位带给企业的流量价值，$w_n(x)$ 是非公共部门支付给工人的工资，λ_n 是非公共部门的离职冲击，冲击后如果匹配程度低于 R_n，岗位价值从 $J_n(x)$ 变为空缺岗位的价值 V_n，如果冲击后匹配程度高于 R_n，岗位对于企业的价值即转化为新的匹配程度对应的水平。

（四）工人

工人失业状态的价值流量为未来就业可能带来的价值提升减去失业状态下搜索新岗位带来的成本。

$$rU = -z + \theta q(\theta)\left[\alpha W_p(1) + (1 - \alpha) W_n(1) - U\right] \qquad (2\text{-}7)$$

其中，rU 是失业状态带给工人的流量价值，工人在失业求职过程中，有 $\theta q(\theta)$ 的概率会与一个岗位接触，这个岗位有 α 的概率是公共部门的岗位，完全匹配下带给工人 $W_p(1)$ 的就业状态价值，有另外 $(1 - \alpha)$ 的概率是非公共部门的岗位，完全匹配下带给工人 $W_n(1)$ 的就业状态价值。

工人找到一个公共部门工作带来的价值可以表示为(2-8)式。

$$rW_p(x) = rb + W_p(x) + \lambda_p\int_0^{R_p}\left[U - W_p(x)\right] dG(s) + \lambda_p\int_{R_p}^1\left[W_p(s) - W_p(x)\right] dG(s)$$

$$\text{for } x \geqslant R_p \qquad (2\text{-}8)$$

其中，$rW_p(x)$ 是在公共部门就业的状态带给工人的流量价值，等于工人在公共部门获得的工资 $W_p(x)$，加上在冲击 λ_p 下岗位匹配程度变化带来的就业状态的价值变化，以及在冲击 λ_p 下可能造成岗位匹配程度低于工人的保留匹配程度，进而离职导致的价值变化。

类似的，工人找到一个非公共部门工作带来的价值表示为(2-9)式。

$$rW_n(x) = W_n(x) + \lambda_n\int_0^{R_n}\left[U - W_n(x)\right] dG(s) + \lambda_n\int_{R_n}^1\left[W_n(s) - W_n(x)\right] dG(s)$$

$$\text{for } x \geqslant R_n \qquad (2\text{-}9)$$

工人在两个部门求职的保留匹配度满足：在保留匹配度下，在岗工人的价值与失业工人的价值相等：$W_i(R_i) = U$，那么，两个部门的保留匹配度下

的工资分别表示为:

$$w_p(R_p) = [r + \lambda_p(1 - G(R_p))] U - rb - \lambda_p\int_{R_p}^1 W_p(s)\, dG(s) \quad (2\text{-}10)$$

$$w_n(R_n) = [r + \lambda_n(1 - G(R_n))] U - \lambda_n\int_{R_n}^1 W_n(s)\, dG(s) \quad (2\text{-}11)$$

将(10)式和(11)式对保留匹配度求偏导,可以得到 $w'(R_i)_i = \lambda_i G'(R_i)(W_i(R_i) - U) = 0$,因此,保留工资的相对大小仅仅由公共部门的一次性福利 b 和冲击 λ_i 决定。

(五)劳动力市场均衡与工资决定

劳动力市场均衡需要满足两个条件:一是失业工人数量稳定,也就是流入量和流出量持平;二是没有新的岗位会被创造,也就是空缺岗位的价值 $V_i = 0(i = p, n)$。

失业率的动态方程表示为(12)式,失业的流入量包括两个部门中因离职事件冲击失去工作的工人,流出量是和岗位最终匹配并开始生产的那部分工人。

$$\dot{u} = [\lambda_p G(R_p)\alpha + \lambda_n G(R_n)(1 - \alpha)](1 - u) - \theta q(\theta)u \quad (2\text{-}12)$$

失业率稳定的条件是 $\dot{u} = 0$,解出均衡的失业率为:

$$u = [\lambda_p G(R_p)\alpha + \lambda_n G(R_n)(1 - \alpha)] / [\lambda_p G(R_p)\alpha + \lambda_n G(R_n)(1 - \alpha) + \theta q(\theta)]$$
$$(2\text{-}13)$$

接下来考虑岗位创造均衡,根据岗位创造零利润条件 $V_i = 0(i = p, n)$ 以及(2-4)式,得到(2-14)式的岗位创造条件:

$$J_i(1) = cy(1)/q(\theta), i = \{p, n\} \quad (2\text{-}14)$$

(2-13)式和(2-14)式代表的均衡条件共同决定均衡状态下的失业率 u 和岗位—工人比 θ。

最后,本节来探讨两个部门的保留匹配度的关系,在本节中,简化假设工资 $w(x)$(包括福利 b)是企业总产出的固定份额 $\beta(\beta \in (0, 1))$

$$w_p(x) = \beta(y(x) - rb) \quad (2\text{-}15)$$

$$w_n(x) = \beta y(x) \tag{2-16}$$

推论 1：当两个部门的工作稳定性相同（ $\lambda_n = \lambda_p$ ）时，公共部门的保留匹配度小于非公共部门的保留匹配度，即 $R_p < R_n$ 。

当 $\lambda_n = \lambda_p$ 时，（10）式和（11）式相减得到

$$w_p(R_p) - w_n(R_n) = -rb$$

同时，由（15）式和（16）式相减得到

$$w_p(R_p) - w_n(R_n) = \beta(y(R_p) - y(R_n)) - \beta rb$$

由此推出

$$y(R_p) - y(R_n) = -(1 - \beta) rb < 0$$

由于 $y'(\cdot) > 0$ ，本节得到 $R_p < R_n$ 。且当公共部门的一次性福利越大时，$(R_p - R_n)$ 越小；劳动份额 β 越小时，$(R_p - R_n)$ 越小。

推论 2：当非公共部门与公共部门的工作稳定性差异增加，即（ $\lambda_p - \lambda_n$ ）增加时，非公共部门与公共部门保留匹配度之差将进一步加强，即（ $R_n - R_p$ ）增加。

令常数 $A = (1 - G(R_i)) U - \int_{R_i}^{1} W_i(s) dG(s)$ ，由于当 $s > R_i$ 时，$W_i(s) > U$ ，常数 $A < 0$ ，（10）式和（11）式相减得到

$$w_p(R_p) - w_n(R_n) = A(\lambda_p - \lambda_n) - rb$$

由此推出

$$y(R_p) - y(R_n) = ((\lambda_p - \lambda_n) A - (1 - \beta)rb)/\beta$$

当 $\lambda_n - \lambda_p$ 增大时，$y(R_p) - y(R_n)$ 减小，也就是 $(R_p - R_n)$ 减小。

如果本节的理论成立，即劳动力对专业行业匹配程度的容忍是导致劳动市场低效率配置的原因之一，那么，我们预期在实证检验中看到以下两个现象。

第一，平均来看，公共部门中的专业与行业匹配程度低于非公共部门。

根据推论 1，工人在公共部门的保留匹配程度 R_p 小于在非公共部门的保留匹配程度 R_n ，因此，在均衡状态下，公共部门中有更多匹配度较低的工人存在，使得公共部门中的平均匹配程度低于非公共部门。

本节选取代表专业匹配程度的指标是专业行业匹配度,在该指标选取下,假设 1 的结论很难被基准计量结果完全验证,其主要原因是:专业行业匹配度指标受到企业规模的影响。如果公共部门企业的平均规模高于非公共部门,且企业内部的部门划分更明确清晰,那么,由于公共部门内部分工更明确,专业需求更多样化,造成企业招聘的专业类别更丰富,从而导致本节选取的专业行业匹配度指标会低估公共部门的专业匹配度。因此,我们将提供更多的证据来支持模型结论。

第二,在存在户口指标配额的城市,如果公共部门能够更多地为外地生源提供户口,那么对在公共部门就业的毕业生来说,外地生源专业与岗位的匹配程度将低于不需要户口的本地生源。

户口指标的配额增加无疑能够使公共部门提供更大的福利,使得需要户口指标的外地生源在进入公共部门时比不需要户口指标的本地生源能够更大程度地容忍工作和专业的不匹配。假设不同生源在公共部门中进入不同规模企业的概率相同,那么,将同在公共部门的外地生源和本地生源进行比较,可以避免由企业规模和企业分工引起的专业行业匹配度指标对匹配程度的度量偏差,并更有力地支撑模型理论。此外,本节还对实施积分制落户的上海市进行检验,考虑到在积分制下公共部门不提供直接的户籍福利,预期上海的公共部门中本地生源和外地生源在专业行业匹配度上的差异更小。

三、国内某双一流高校毕业生专业行业匹配度的实证研究

(一)数据描述

1. 数据来源

本节所用到的数据来源于国内某双一流高校统计的 2008—2014 届毕业生就业信息数据,包括于 2008—2014 年毕业并签订三方就业协议的 19524 名毕业生(含本科、硕士和博士),本节统计了性别、民族、最高学历、生源地、政治面貌、院系、专业等个人信息,以及就业单位、就业单位所在地、就业单位性质、就业单位行业等就业信息。作为高校毕业生就业数据,本数

据库涵盖内容全面、历时较长,既可做横向因素分析也可以用于纵向的趋势比较,又依托于国内某双一流高校自身建设水平、综合全面的专业设置,样本涵盖各个学历水平、各个专业领域的毕业生,能够很好地代表高教育层次人才这一群体,对该数据库的深入挖掘能够为整个高教育层次人才就业现状与趋势预测提供参考。相比于整个高教育层次人才供给,国内某双一流高校的毕业生更多进入高收入行业和公共部门就业,这为下文进行户籍制度对高校毕业生就业匹配程度的研究提供了很好的样本。①

如表 2-1 所示,本文的数据以硕士生为主,其中本科生、硕士生、博士生占总样本比例分别为 9.85%、72.62%、17.53%。可以看到,依据就业单位性质划分,毕业生平均进入公共部门的比例最大,为 65.86%,并且,具有更高教育水平的毕业生会更多地进入公共部门就业,其中,本科生58.58%、硕士生 65.72%、博士生 70.55%。依据就业单位所在地和生源地划分,有 24.97%的毕业生是在北京就业的外地生源,在生源地就业的毕业生比例为 48.68%,在非北京非生源地就业的比例为 26.35%。

表 2-1　毕业生数据描述

相关指标	本科	硕士	博士	总体
观测值	1922	14179	3423	19524
观测值占样本比例(%)	9.85	72.62	17.53	100
男性比例(%)	56.24	55.58	65.41	57.37
少数民族比例(%)	9.89	5.92	5.20	6.18
党员比例(%)	15.82	54.47	60.53	51.73
公共部门就业的比例(%)	58.58	65.72	70.55	65.86
民营部门就业的比例(%)	28.05	25.84	26.27	26.14
外资部门就业的比例(%)	13.37	8.44	3.18	8.00

① 参照"全国高校毕业生就业状况调查"数据结果显示,2009 年、2011 年、2013年、2015 年、2017 年在金融业就业的比例为 9.31%,在信息传输/计算机服务/软件业就业的比例为 11.73%,在国有部门(包括国家机关、国有企业、事业单位)就业的比例为 46%,而国内该双一流高校毕业生进入公共部门的比例高达 65.86%。

相关指标	本科	硕士	博士	总体
在生源地就业的比例(%)	38.45	49.81	49.75	48.68
外地生源在北京就业的比例(%)	34.96	23.30	26.30	24.97

2. 指标构建

本小节需要构造专业行业匹配度,构造该指标的主要思想是:对于一个行业的企业来说,最相关的专业在招聘过程中会以更高的比例录用,同时,同一个专业的毕业生会更多地搜索与自己专业相关的行业应聘。因此,要构造一个能够在序数上表示匹配程度的指标。首先,计算在每个行业中不同专业毕业生所占的比例,就业比例高于20%的专业与行业匹配度取值3,10%—20%的专业与行业匹配度取值2.5%—10%的专业与行业匹配度取值1,低于5%的专业与行业匹配度取值0。[1] 其次,计算每个专业中选择不同行业的毕业生所占的比例,将比例位于前两位的行业与专业匹配度取值3,位于第三、四位的行业与专业匹配度取值2,位于第五、六位的行业与专业匹配度取值1,其他行业匹配度取值0。最后,将两种衡量方法得到的相关程度取较低的一个作为专业行业匹配度的衡量指标。

不过,仅仅根据国内某双一流高校的毕业生就业数据来划分的话,难免受到整个学校就业环境、就业偏好的影响,因此,本节进一步咨询教育领域的相关专家意见,对专业行业匹配度的设置进行了修正。[2] 该指标分年份的描述统计见表2-2。

---

[1] 划分门槛的选择主要基于整体样本在不同行业的就业集中程度,一个专业在1—2个行业的就业比例超过20%,这些行业往往是与该专业明显对口的,依此类推,制定出相应的划分门槛。

[2] 修正过程包括基于实际情况调高一部分专业与行业的匹配程度,同时调低一部分专业与行业的匹配程度,例如,样本中进入金融行业的毕业生较多,在金融行业的学生比例在若干个专业中均居高,咨询教育领域及就业指导部门的相关专家,指出经济学、管理学与金融行业的相关性较大,需要调低其他专业与金融行业的匹配程度等。

表 2-2　专业行业匹配度指标的描述统计

年份	样本数	均值	标准差
全样本	19524	2.230	1.003
2008	2460	2.255	1.039
2009	2887	2.251	1.070
2010	2659	2.289	1.005
2011	2674	2.283	1.032
2012	2753	2.309	0.977
2013	3073	2.303	0.988
2014	3018	2.395	0.910

3. 描述统计

从毕业生的专业分布来看(详见表 2-3),工科和法学人数居多,文史哲专业的人数较少。从不同专业的内部结构来看,理工科男性比例较高,均在 60% 以上,文学和教育学中男性比例较低,在 30% 附近,其他学科在 50% 到 60% 之间。管理学、经济学、教育学、法学、文学中北京生源的比例较高,在 10% 以上,从就业来看,管理学、经济学、文学的毕业生在北京就业的比例也相对较高,在 60% 以上。历史和哲学的毕业生在公共部门就业的比例最高,超过 80%,法学、教育学、经济学、文学中有 70%—80% 的毕业生在公共部门就业,理工类和管理类去公共部门就业的比例则相对较低。从专业行业匹配度来看,管理类匹配度最高,法学次之,经济和理工类的匹配度较高,而文、史、哲类毕业生的匹配度较低。

表 2-3　毕业生分专业的就业情况统计

专业大类	人数	百分比(%)	男性比例(%)	党员比例(%)	公共部门比例(%)	北京生源比例(%)	北京就业比例(%)	专业行业匹配度
理学	3044	15.79	61.79	47.53	61.14	7.56	55.52	2.179
工学	5841	30.30	68.34	46.84	57.71	6.73	60.16	2.266
经济	2354	12.21	51.95	51.15	73.19	14.23	63.34	2.388
管理	1893	9.82	54.62	56.15	60.91	29.37	71.37	2.846
法学	3829	19.86	51.01	60.17	75.45	11.36	56.20	2.509

专业大类	人数	百分比（%）	男性比例（%）	党员比例（%）	公共部门比例（%）	北京生源比例（%）	北京就业比例（%）	专业行业匹配度
文学	977	5.07	29.58	46.37	74.10	19.04	69.81	1.766
历史	333	1.73	58.86	50.75	87.09	8.71	51.4	2.099
哲学	386	2.00	57.25	58.55	82.64	7.51	51.04	2.052
教育	619	3.22	34.25	59.61	75.44	14.70	57.84	1.937

从行业分布来看（详见表2-4），金融业的就业比例尤其高，信息产业、公共管理和教育次之。在剔除参军入伍后的19个行业中，男性比例超过60%的行业包括IT业、制造业、能源业、商业服务、采矿业和农林牧渔业；男性比例低于45%的行业包括文娱业、房地产业、零售业、居民服务业、水利环境和公共设施管理业。在这些行业的招聘单位中，教育、公共管理、能源供应、交通运输和仓储邮政、采矿业、金融业中公共单位占绝大多数，比例超过80%，而IT行业、技术服务、批发零售、居民服务等行业中则以非公共单位为主，非公共单位占比超过60%。从专业行业匹配度来看，在教育行业就业的毕业生匹配度最高，达到3，在金融业、水利环境和公共设施业就业的毕业生匹配度次之。

表2-4　毕业生分行业的就业情况统计

行业	人数	百分比（%）	男性比例（%）	党员比例（%）	公共部门比例（%）	理学工学就业比例（%）	经管法学就业比例（%）	匹配度
金融业	4544	23.28	56.32	53.92	80.24	34.90	60.81	2.576
信息传输、软件和信息技术服务业	2701	13.83	67.57	46.43	29.91	75.16	18.33	2.404
公共管理、社会保障和社会组织	2818	14.43	58.37	59.33	87.93	32.90	53.94	2.156
教育	2505	12.83	52.65	57.56	93.49	38.28	35.13	3
科学研究和技术服务业	1775	9.09	59.04	52.39	37.13	72.90	20.34	2.384
文化、体育和娱乐业	768	3.93	40.63	50.39	81.64	18.88	31.25	1.882
制造业	457	2.34	62.80	45.30	56.67	48.58	40.48	1.993

行业	人数	百分比（%）	男性比例（%）	党员比例（%）	公共部门比例（%）	理学工学就业比例（%）	经管法学就业比例（%）	匹配度
房地产业	376	1.93	58.78	59.31	45.21	34.04	50.80	2.069
电力、热力、燃气及水生产和供应业	269	1.38	62.45	51.30	83.27	51.67	39.03	1.840
建筑业	225	1.15	43.11	40.00	70.67	44.44	45.78	2.071
交通运输、仓储和邮政业	312	1.60	58.33	48.72	83.33	38.46	47.12	2.215
批发和零售业	205	1.05	40.98	40.00	25.85	37.07	47.80	0.922
居民服务、修理和其他服务业	636	3.26	41.67	33.81	15.72	21.70	67.92	2.343
租赁和商务服务业	958	4.91	60.54	37.47	54.38	67.43	27.66	1.233
卫生和社会工作	186	0.95	45.16	48.39	57.53	48.92	10.93	1.016
采矿业	313	1.60	66.77	51.44	82.43	43.45	43.01	1.949
农、林、牧、渔业	73	0.37	63.01	43.84	60.27	42.47	45.37	1.315
水利、环境和公共设施管理业	111	0.57	44.14	55.86	54.95	89.19	50.69	2.820
住宿和餐饮业	44	0.23	47.73	56.82	47.73	40.91	9.01	0.477

（二）计量方法

由于因变量毕业生专业行业匹配度的取值为 0—3 的 4 个等级，指标值的序数有意义，而非具体数值有意义，因此，本节主要使用 Ordered Probit 模型（顺序概率单位回归模型），对男、女毕业生分别回归，进而比较北京和上海的就业情况，以验证模型预测。

首先，分男女毕业生分别考量专业行业匹配度的影响因素，因变量 $match_k^*$ 与自变量的关系为：

$$match_k^* = \beta_0 + \beta_1 master_k + \beta_2 doctor_k + \beta_3 party_k + \beta_4 minority_k + \beta_5 soe_k$$
$$+ \beta_6 gov_k + \beta_7 other_{BJ,k} + \beta_8 other_{other,k} + WorkProv + HomeProv$$
$$+ \lambda_i + \gamma_j + \varepsilon_k \qquad (2\text{-}17)$$

其中，$match_k^*$ 为毕业生 k 真实的专业行业匹配度，$master_k$ 取值为 1 时表示毕业生 k 为硕士，$doctor_k$ 取值为 1 时表示毕业生 k 为博士，$party_k$ 取值为 1

时表示党员（包括预备），$minority_k$ 取值为 1 时表示少数民族，soe_k 取值为 1 时表示毕业生 k 在国有部门就业，gov_k 取值为 1 时表示在党政机关就业，$other_{BJ,k}$ 取值为 1 时表示毕业生 k 为外地生源在北京就业，$other_{other,k}$ 取值为 1 时表示外地生源在非北京非生源地就业，此外，控制变量包括：$WorkProv$ 为一组控制工作省份的虚拟变量，$HomeProv$ 为一组控制生源省份的虚拟变量，λ_i 为专业固定效应，γ_j 为行业固定效应，ε_k 为误差项。

但是，实际的专业行业匹配度在此处是观察不到并且无法准确度量的，仅按照程度排序出 4 个等级，可观察到的专业行业匹配度指标为

$$match = \begin{cases} 0, & match^* \leqslant 0 \\ 1, & 0 < match^* \leqslant \mu_1 \\ 2, & \mu_1 < match^* \leqslant \mu_2 \\ 3, & match^* \geqslant \mu_2 \end{cases} \quad (2-18)$$

假设 (2-17) 式中 ε_k 服从正态分布，可以利用构造的专业行业匹配度指标 $match$ 进行极大似然估计，来得到对 (2-17) 式中的系数 β 的估计结果。

其次，考查在北京、上海就业的毕业生其专业行业匹配度的影响因素。自变量和控制变量在与 (2-17) 式保持一致的基础上，增加了一系列与外地生源相关的交叉项，用以考察具备同等条件的外地生源在北京、上海就业与本地生源的差异。

（三）实证结果

表 2-5 中的第 (1) 列和第 (2) 列分别汇报了男性和女性毕业生专业行业匹配度的影响因素。

表 2-5　毕业生专业行业匹配度的回归结果

解释变量	专业行业匹配度	
	（1）	（2）
	男性	女性
硕士	0.0333 （0.0460）	0.0744 （0.0530）

续表

解释变量	专业行业匹配度	
	（1）	（2）
	男性	女性
博士	−0.0364 (0.0562)	0.0484 (0.0746)
党员	−0.0383 (0.0259)	0.0583* (0.0307)
少数民族	0.0511 (0.0577)	−0.0633 (0.0580)
国有企业就业	−0.186*** (0.0320)	−0.121*** (0.0370)
党政机关就业	0.00372 (0.0466)	0.106** (0.0517)
外地生源在北京就业	0.211 (0.183)	−0.128 (0.233)
外地生源在非生源地非北京就业	0.151*** (0.0523)	−0.0424 (0.0689)
观察值	19001	13275
Pseudo R^2	0.1887	0.2009

注:括号中为标准误差,*、**、***分别代表10%、5%、1%的显著性水平,回归控制了32个生源省份、9个专业大类和20个工作行业。

从在不同所有制企业的就业来看,对于男性而言,在国有企业就业相比于在民营企业就业的专业行业匹配度显著更低,这与模型的第一个预测一致,可解释为为了进入国有部门,毕业生愿意接受与自己专业匹配程度较低的工作。对于女性而言,在国有企业就业的结果与男性毕业生一致,均是专业行业匹配度相对于民营企业显著降低,而进入党政机关就业相比于民营企业就业,其专业行业匹配度显著升高。虽然党政机关和国有企业同属于公共部门,但是两个变量的回归系数方向不同,主要原因是用人机制的不同,国有企业通过校园招聘和社会招聘吸纳人才,对毕业生专业的选择自由度更大;而党政机关中一部分单位招聘通过公务员招考实现,在报考阶段对专业有严格限制。这一差异在女性毕业生当中体现了出来,原因之一是样本中女性毕业生相比于男性毕业生更多地选择在党政机关就业。

从不同生源地的毕业生就业来看,男性外地生源在非生源地非北京就业相比于在生源地就业,专业行业匹配度显著提高,导致这种情况的原因是多方面的:一方面,毕业生远离自己熟悉的地方,选择在非北京、非生源地就业,其专业与工作的对口程度可能是吸引毕业生的重要因素;另一方面,相比于北京等大城市以大型企业居多,中小城市以中小企业为主,其岗位门类与大型企业相比更为单一,对专业行业匹配度要求更高。

需要指出的是,在表2-5的结果中,不同所有制企业的规模差异可能导致本节的错配指标存在度量误差,这个度量误差来自国有企业规模往往大于民营企业,大企业的内部分工更加细致精准,能够为多种专业提供工作机会;而小企业内部分工单一,专业需求集中,这种企业规模效应在本节构造专业行业匹配度指标时无法剔除,导致表2-5的结果可能存在估计偏误。本小节试图通过探讨本地生源和外地生源在相同所有制企业中的专业行业匹配度差异来减少该度量误差导致的估计偏误。表2-6结果能够避免这一问题是基于一定的假设:本地生源和外地生源在进入国有部门和非国有部门就业时,进入不同规模的企业的概率是相同的。其中,表2-6的第(1)、(2)列汇报了在北京就业的毕业生样本的计量结果,第(3)、(4)列汇报了在上海就业的毕业生样本的计量结果。

表2-6　在北京和上海就业的毕业生专业行业匹配度的回归结果

Ordered probit 回归:专业行业的匹配程度	(1)	(2)	(3)	(4)
	北京	北京	上海	上海
硕士	−0.111 (0.0813)	−0.107 (0.0811)	0.205 (0.236)	0.237 (0.235)
博士	−0.251** (0.110)	−0.213* (0.109)	0.765 (0.526)	0.808 (0.515)
党员	0.0252 (0.0251)	0.0246 (0.0251)	−0.0411 (0.0846)	−0.0403 (0.0841)
少数民族	0.222*** (0.0626)	0.208*** (0.0625)	0.0395 (0.225)	0.0346 (0.224)
国有企业就业	0.0941 (0.116)	0.0807 (0.116)	0.0443 (0.600)	0.0118 (0.600)

续表

Ordered probit 回归:专业行业的匹配程度	（1） 北京	（2） 北京	（3） 上海	（4） 上海
党政机关就业	−0.0858 (0.0634)		−0.0924 (0.226)	
公共部门就业		0.00822 (0.0590)		0.0150 (0.209)
外地生源（非北京）	0.0463 (0.114)	0.0383 (0.113)		
外地生源（非上海）			0.133 (0.449)	0.233 (0.448)
外地生源＊硕士	0.197 ** (0.0983)	0.203 ** (0.0981)	0.298 (0.432)	0.196 (0.431)
外地生源＊博士	0.292 ** (0.127)	0.284 ** (0.126)	0.184 (0.650)	0.0693 (0.643)
外地生源＊党员	−0.225 *** (0.0680)	−0.208 *** (0.0679)	−0.0988 (0.240)	−0.1000 (0.239)
外地生源＊少数民族	−0.0644 (0.131)	−0.0442 (0.131)	−0.703 (0.635)	−0.670 (0.635)
外地生源＊国有企业就业	−0.0902 (0.0698)		−0.211 (0.240)	
外地生源＊党政机关就业	−0.227 ** (0.0975)		−0.187 (0.364)	
外地生源＊公共部门就业		−0.125 * (0.0652)		−0.273 (0.233)
观察值	11606	11606	1272	1272
Pseudo R²	0.1854	0.1837	0.3017	0.2986

注:括号中为标准误差,*、**、*** 分别代表 10%、5%、1% 的显著性水平,回归控制了 30 个生源省份、9 个专业大类和 20 个工作行业。

在引入外地生源相关的一系列交叉项后可以发现,从在不同所有制企业的就业结果来看,在北京就业的毕业生中,在公共部门就业的外地生源相对于本地生源,其专业行业匹配度是显著更低的,而在上海,这一影响是不显著的。整体而言,在北京,公共部门就业的外地生源相对于本地生源其专业行业匹配度也是显著更低的,而这种变化在上海也是不成立的。北京和上海同样是一线城市,该差异存在的主要原因是落户机制不同:在北京,符合规定的应届毕业生能够通过户口指标落户,公共部门的户口指标更为充裕,而在上海,应届毕业生主要通过户口积分制度来落户,公共部门在应届生落户方面并没有优势。该结果与模型得到的预测一致。

在各项福利政策尚未完善的当下,拥有北京户口的毕业生,其购房、医保、社保、子女教育等各项权益相对都能够得到保障。所以,从个人特征来看,依旧可以发现在北京就业的本地生源相较于外地生源的天然优势,以学历为例,外地硕士毕业生相较于本地硕士的专业行业匹配度显著更高,博士亦然。

户籍限制对劳动力决策的影响程度有多大呢? 通过对样本数据和表2-6中回归(2)边际效应进行分析,我们发现,本地生源选择匹配度为0的工作的人数比例为9.84%,外地生源出于户籍限制的原因而选择一份匹配度为0的工作的概率比本地生源显著高0.2%。北京本地生源选择一份匹配度为1的工作的人数比例为21.12%,外地生源为户口考虑而选择一份匹配度为1的工作的概率比本地生源显著高出1.1%。由此看来,户籍制度对劳动力配置效率的影响是不容忽视的。由于本节使用的是国内某双一流高校样本,毕业生就业时学校声誉与专业领域之间存在一定互补性,导致国内某双一流高校毕业生进入国有部门就业的比例较高,更容易以降低就业匹配程度作为获得户口的代偿,因此,本节在一定程度上高估了户籍限制对劳动力就业匹配程度的影响程度。

(四)稳健性

目前的回归结果可能存在一定的内生性问题:教育水平和性别特征在影响专业选择和行业选择的同时,可能对就业部门的选择也产生一定的影响。在这里,本节通过两种方法对结论的稳健性进行检验。

第一种方法通过只考虑本科男生这个特定群体的就业,来排除教育水平和性别差异对计量结果可能产生的影响。由于上海样本数量过少,表2-7中仅汇报了在北京就业的结果,可以发现,外地生源在党政机关就业时的专业行业匹配度依然显著低于北京本地生源,与前文的结论一致。

表 2-7　稳定性检验:在北京就业的本科男生样本

解释变量	专业行业匹配度	
	（1）	（2）
党员	1.235* (0.681)	1.173* (0.672)
少数民族	-0.317 (0.416)	-0.370 (0.409)
国有企业就业	0.0592 (0.251)	
党政机关就业	0.962** (0.466)	
公共部门就业		0.203 (0.241)
外地生源(非北京)	1.071* (0.560)	1.011* (0.559)
外地生源*党员	-1.538** (0.723)	-1.450** (0.713)
外地生源*少数民族	0.547 (0.562)	0.609 (0.557)
外地生源*国有企业就业	-0.258 (0.309)	
外地生源*党政机关就业	-0.950* (0.491)	
外地生源*公共部门就业		-0.347 (0.292)
观测值	545	545
Pseudo R^2	0.3390	0.3355

注:括号中为标准误差,*、**、*** 分别代表 10%、5%、1% 的显著性水平,回归控制了 31 个生源省份、9 个专业大类和 20 个工作行业。

　　第二种方法是通过两阶段的回归来控制教育的内生性问题,首先,在第一阶段回归中,利用多元 Probit 模型将教育水平(本科、硕士、博士)对生源地进行回归,并预测出选择各个教育水平的概率,该预测概率与自身的就业部门选择无关;其次,用个体达到硕士水平和博士水平的预测概率替代其实际教育水平,代入表 2-6 第(2)列和第(4)列的回归方程中,得到第二阶段回归结果,详见表 2-8。相关结论依然成立:在北京就业的毕业生中,外地

生源在公共部门就业的专业行业匹配度平均小于本地生源,而在上海,外地
生源和本地生源在公共部门的专业行业匹配度没有显著差异。

表 2-8　稳定性检验:工具变量两阶段回归

解释变量	专业行业匹配度	
	（1）	（2）
	北京	上海
硕士的预测概率	-0.064 (0.333)	0.071 (1.265)
博士的预测概率	-0.338 (0.484)	-0.868 (1.882)
男性	0.024 (0.025)	-0.015 (0.081)
党员	0.175*** (0.059)	0.168 (0.208)
少数民族	0.089 (0.116)	-0.069 (0.589)
公共部门就业	0.007 (0.059)	-0.012 (0.204)
外地生源(非北京)	0.187*** (0.063)	
外地生源(非上海)		0.307 (0.288)
外地生源 * 党员	-0.169*** (0.064)	-0.193 (0.224)
外地生源 * 少数民族	-0.081 (0.130)	-0.579 (0.621)
外地生源 * 公共部门就业	-0.126* (0.065)	-0.281 (0.218)
观测值	11606	1272
Pseudo R^2	0.1822	0.2850

注:括号中为标准误差,*、**、***分别代表10%、5%、1%的显著性水平,回归控制了9个专业大类
和20个工作行业。

四、关于劳动力市场中专业匹配的一些探讨

本节从劳动力对匹配程度的容忍度入手探讨了劳动力市场的外部环境

对专业行业匹配度的影响,即劳动力个体出于落户福利的考虑会优先选择在公共部门就业,即使该部门的专业需求与自身所学并不相符。下面本节将探讨导致专业行业匹配差异的其他原因。

(一)劳动力供给方的市场力量

除了本节讨论的劳动力对就业匹配程度的容忍以外,劳动供给方的其他条件也会影响劳动力配置效率,例如,劳动力的就业选择很大程度上依赖于自身在劳动力市场上的议价能力,具备高议价能力的劳动力会寻求更为匹配的岗位以更好地实现自身价值。而教育水平作为用人单位甄别劳动力生产能力的主要信号,在一定程度上决定了劳动力的议价能力,高教育层次人才更能传达出自身生产力较高的信号,在求职过程中对岗位的选择权更大。

(二)劳动力需求方对专业匹配的要求

本节的就业数据并没有涵盖劳动力需求和供给双方的完整信息,只能观察到就业既成状态,但是,专业行业的匹配是供给方和需求方共同作用的结果,如果劳动力一厢情愿地接受不匹配的岗位安排,而用人单位希望招到专业更为匹配的人才,那么,专业不匹配也就不会频繁发生。对于一部分用人单位来说,其岗位需求并非技术性很强、进入壁垒很高,因此,只要保证雇用人员有足够强的学习能力,就能乐观地预期通过学习可以在短期内达到人员的技能与岗位的需求完全匹配的状态;对于另一部分用人单位来说,他们相较于岗位匹配,可能更在乎应聘者的受教育水平、是否来自"双一流"等名牌院校,名校背景可能比专业行业匹配度更具吸引力,这也就解释了国内某双一流高校毕业生数据中如此多低匹配度就业的现象。

(三)专业匹配与创新

除此之外,专业与行业的不匹配并不一定是坏事,跨学科的思想碰撞往往能够激发创新,专业的不匹配可能会导致一定时期内生产力的下降,但是在长期来看也可能增进创新。依据 Granovetter 关于"弱联系"的阐述,相同领域的强联系交流,沟通的信息往往都是自身熟悉并且容易获取的,然而通过自身领域之外的弱联系交流,学习到的知识是仅凭自身获取或是与同领域的交流很难实现的。[①] 在完全匹配的工作中,工作方式和思考往往落于常规,而在不完全匹配的工作中更容易习得新的知识,实现知识体系的交叉建构、激发创新。

五、小结

本节运用理论模型与实证研究相结合的方法,探究了国内某双一流高校2008—2014届不同专业毕业生就业选择和自身专业的匹配问题。基于搜索与匹配模型,本节从劳动力供给方对自身专业行业匹配程度的容忍角度入手,分析了产生专业行业匹配程度差异的机制。公共部门因其能够提供一系列政策性福利(例如户口),使得毕业生能够更大程度地容忍其中匹配度较低的岗位,并且在户口限制更为严格的城市,外地生源在公共部门的专业错配现象要高于本地生源。

尽管本节讨论了一定程度上的专业行业错配可能激发创新,但这并不是一个普遍且有实证支撑的严谨论证。广泛出现的专业行业错配将会影响人力资本的配置效率与行业的生产效率,这也是对教育资源的浪费。因此,结合研究成果和具体实际,本节从高校和用人单位两方面出发,提出一系列针对性的政策建议:

(一)深化改革高等教育人才培养模式

高校作为高教育层次人才培养和输出的主体,需要不断优化自身培养模式。一方面要积极引导学生到关键领域、重点行业就业,实现人才输送的精准化与价值贡献最大化。首先,合理化专业设置,按专业大类招生,采取"通识+专业"的培养模式,实现专业取向自主化,这样可以大大提升学生择业中的专业匹配度;其次,采用学分制考核模式,学生可以在不同专业间自由选择课程进行学习,不受专业院系的限制,从而提升毕业生的综合素质,

---

① 参见 Granovetter, Mark S., "The Strength of Weak Ties", *The American Journal of Sociology*, 1973, 78, pp.1360–1380。

为其在就业后提供更大的发展空间。

另一方面,高校要紧密对接社会和市场的人才需求,加强毕业生对外部环境的适应能力。高校应通过提供见习机会、搭建用人单位与学生交流平台、建立创业工坊、举办行业素养提升训练营等一系列活动,帮助毕业生形成清晰的职业认知,明确自我的职业定位,有的放矢,尽可能减少因信息不充分、认知不清晰导致的职业错配。

(二)推动劳动力市场聘用机制改革

用人单位应积极消除劳动力流动壁垒,逐渐弱化户口、性别等诸多对就业选择的影响。招聘主体应变革招聘理念,更多从本单位的实际发展需求出发,关注个体的综合素质与发展潜能,而不是一味以毕业院校、学历层级作为衡量标准。这也需要政府积极推动劳动力市场聘用机制改革,制定更加科学合理的户籍政策和就业政策,引导招聘主体从学历本位转向素质本位,帮助提升劳动者的专业行业匹配度,进而提高就业质量和行业效率。

第二节　就业满意度、专业匹配、过度教育与户籍管制

一、问题概述

"就业优先"作为国家"十三五"时期经济发展的政策保障,是关乎民生的头等大事。2016年10月,人力资源和社会保障部发布了《关于实施高效毕业生就业创业促进计划的通知》[①],旨在更好地推动高校毕业生就业创业,使高校毕业生就业创业能力全面提升,创新创业活力进一步增强,市场供需匹配效率进一步提高,高校毕业生就业权益得到有效保障,努力实现高校毕业生高水平高质量就业。应届毕业生就业作为劳动经济学中的重要议

---

① 《人力资源社会保障部教育部关于实施高校毕业生就业创业促进计划的通知》,人社部发(2016)100号。

题,事关经济转型、民生改善和社会稳定大局,能否更多更好地就业牵动着社会各界的心。基于教育部网站公布的历年"教育统计数据"和相应年份《中国教育报》的汇报数据,本节计算了 2003—2021 年(隔年)大学毕业生人数和就业状况,如表 2-9 所示,总体来看,高等教育毕业生供给规模迅速扩大,从 2003 年的 212.2 万人到 2015 年的 749 万人,增加到 3.5 倍,就业率在 2011 年达到 77.2% 的高点后稳定在 71% 的水平上,同时未就业学生规模也在 2011 年后持续扩大。伴随着 2009 年扩招步伐放缓,2011 年毕业生规模增速降低,但就业率仍维持在 71% 左右,未就业人数持续扩大,毕业生就业困难问题不容小觑。

表 2-9　2003—2021 年中国大学毕业生人数和就业状况

年份	毕业生数(万人)	就业率(%)	未就业人数(万人)
2003	212.2	70.0	56.3
2005	338.0	72.6	84.1
2007	495	70.0	134.3
2009	611	68.0	195.5
2011	651.2	77.2	148.5
2013	704.1	71.9	197.8
2015	749	71.0	217.2
2017	795	/	/
2019	834	/	/
2021	909	/	/

数据来源:历年《中国教育统计年鉴》和《中国教育报》。

　　然而,在政府和高校集中注意力保证就业率的同时,就业配置效率的问题逐渐凸显。吸引毕业生就业的因素包括户口、薪酬待遇、住房和发展空间等,在一些户籍限制严格的大型城市,户口作为毕业生迁移性就业过程中最为重要的考量,与就业配置效率紧密联系在一起。与户籍制度配套的劳动就业制度、城市偏向的社会保障制度、排他性的城市福利体制,显著阻碍了劳动力在部门间、地域间和所有制间的流动。① 没有本地户口的劳动力在就业岗位、工资和社会保障待遇等方面,都与本地劳动力存在很大差距,对于一线城市,其户口的"含金量"更是不言而喻,对毕业生的吸引力巨大。② 相比而言,这些城市有更多的就业机会,更完善的社会保障体系;更好的公共资源和服务,依靠拥有这些城市户口而获得的资源能够满足很多外地毕业生的追求。一直以来,北京、上海、广州三市的户籍制度相比于全国其他省市更为严格,毕业生为了进入一线城市就业使出浑身解数。一方面,大型城市多样化的培育功能,为毕业生提供了更好的学习平台,更有利于后续的职业发展;另一方面,毕业生想在大型城市生存发展,不得不承受更为严格的户籍制度,为了获得户口,毕业生愿意牺牲自身专业与工作的匹配程度和就业满意度,接受与自己专业不太对口的工作,接受更低的薪水和更差的工作环境,这在一定程度上对毕业生的就业配置效率造成了扭曲。

关于户籍制度的研究重点关注城乡二元体制,农民为了获得城市户口放弃在农村的土地,这种制度上的障碍限制了劳动力迁移,造成了城乡收入差距、农村劳动力富集,并降低了产业集聚带来的生产率,且户籍歧视和地域歧视对农民工工资有显著负向影响。③ 而一个人的户口有两种定义方式,

---

① 参见蔡昉、都阳、王美艳:《户籍制度与劳动力市场保护》,《经济研究》2001 年第 12 期;王美艳、蔡昉:《户籍制度改革的历程与展望》,《广东社会科学》2008 年第 6 期;杨谱、刘军、常维:《户籍制度扭曲及放松对经济的影响:理论与实证》,《财经研究》2018 年第 2 期。

② 参见王美艳:《城市劳动力市场上的就业机会与工资差异——外来劳动力就业与报酬研究》,《中国社会科学》2005 年第 5 期;封世蓝、谭娅、黄楠、龚六堂:《户籍制度视角下的大学生专业与就业行业匹配度异质性研究——基于北京大学 2008—2014 届毕业生就业数据的分析》,《经济科学》2017 年第 5 期;邹一南:《"体制内改革"还是"体制外发展"?——大城市户籍制度改革的路径选择》,《当代经济研究》2020 年第 1 期。

③ 参见蔡昉、王德文、都阳:《劳动力市场扭曲对区域差距的影响》,《中国社会科学》2001 年第 2 期;Au, Chun-Chung and J. Vernon Henderson, "How Migration Restrictions Limit Agglomeration and Productivity in China", *Journal of Development Economics*, 2006, 80 (2), pp. 350 – 388; Ngai, L. Rachel, Christopher A. Pissarides, and Jin Wang, "China's Mobility Barriers and Employment Allocations", *Journal of the European Economic Association*, 2019, 17(5), pp.1617-1653; 曾永明、张利国:《户籍歧视、地域歧视

一种是经济社会地位(农户和非农户),另一种是注册居住地(本地户和外地户)。[1] 在新一轮户籍制度改革的背景下,农业和非农业的户籍属性将会逐步减弱,与此同时,本地户和外来户的户籍差异将日益突出。[2] 越来越多的研究开始关注城市内部本地人和外地人间的不平等待遇,制度歧视减少了外地人的就业机会和换工作的可能,增加了他们的求职和失去工作的成本,外地人会接受本地人不会做的工作。[3] Luo & Xing 发现外地人相对于本地人对于劳动力市场需求变化的反应更为敏感。[4] Xing & Zhang 发现从农村到城市的移民更倾向往大城市迁移,他们为了迁移到大城市愿意接受更低的薪水。[5] Zhou & Xu 发现户籍制度造成的城市内部隔离对下一代的影响依然显著,本地人和外地人的子女在校表现存在差异,相比于本地人,外地父母受教育程度对子女在校表现的正边际效应更低。[6]

本节关注的是户籍限制对初次就业的本地生源和外地生源在就业配置效率上的影响。与本节相关的对毕业生就业的研究主要有迁移性就业、就业匹配度和就业满意度方面的研究。李锋亮和何光喜发现相比于中西部等

与农民工工资减损——来自 2015 年全国流动人口动态监测调查的新证据》,《中南财经政法大学学报》2018 年第 5 期;Ma,X.,"Labor Market Segmentation by Industry Sectors and Wage Gaps between Migrants and Local Urban Residents in Urban China",*China Economic Review*,2018,47,pp.96-115。

[1] 参见 Chan,Kam Wing,and Will Buckingham,"Is China Abolishing the Hukou System?",*China Quarterly*,2008,195,pp.582-606。

[2] 参见鄢姣、许敏波、孟大虎:《地域歧视、补偿性溢价与户籍工资差距》,《人口与经济》2021 年第 4 期。

[3] 参见 Zhang,H.,"The Hukou System's Constraints on Migrant Workers' Job Mobility in Chinese Cities",*China Economic Review*,2010,21(1),pp.51-64。

[4] 参见 Luo,Dongdong,and Chunbing Xing,"Population Adjustments in Response to Local Demand Shifts in China",*Journal of Housing Economics*,2016,33,pp.101-114。

[5] 参见 Xing,Chunbing,and Junfu Zhang,"The Preference for Larger Cities in China:Evidence from Rural-urban Migrants",*China Economic Review*,2017,43,pp.72-90。

[6] 参见 Zhou,Dong,and Junling,Xu,"Heterogeneity in the Intergenerational Transmission of Education and Second Generation Rural-urban Migrants",*International Review of Economics & Finance*,2017,52,pp.330-344。

欠发达地区,毕业生更愿意在"北上广"就业,并利用预期工资("拉力")和保留工资("推力")来解释毕业生的迁移性就业。① 李锋亮等发现迁移性就业能够显著提高硕士毕业生非经济性方面的工作满意度,而对经济性满意度的影响不显著。于洪霞和丁小浩研究了就业专业结构匹配对就业满意度的影响,发现专业对口,就业满意度高。本节在前人研究的基础上,以高校毕业生为研究对象,在大城市户籍管制的大背景下,探讨劳动力市场的外部环境和毕业生个人特征对其求职决策——就业配置效率的影响,是对毕业生就业问题的有益补充和丰富。② 与本节最为相近的研究是 Robst,其利用问卷调查获取个体对专业和行业的相关性的主观判断,研究了不同专业学生的专业行业匹配度的差异,并进一步探讨了专业行业匹配度差异对收入的影响。③

本节使用了与 Robst 相似的自评专业和工作的匹配程度,并引入了自评专业与工作的匹配程度及就业满意度共同作为就业配置效率的代理变量,采用国内某双一流高校教育学院的 2003—2015 年"全国高校毕业生就业状况调查"数据,选取毕业生自评专业与工作的匹配程度和就业满意度作为衡量就业配置效率的变量,在 Ordered Probit 模型中利用 DID 的研究思路,将 2011 年 1 月 26 日由国务院推出的八条房地产市场调控措施(下称新"国八条")④作为影响应届毕业生就业的政策冲击,选取北京、上海、广州三个一线城市与全国其他省市对比,研究在严格的户籍管制下,户籍价值变化对毕业生就业配置效率的影响,发现严格的户籍制度使毕业生为了拿到高价值的本地户口而愿意承担更低的专业与工作匹配程度和就业满意度。

---

① 参见李锋亮、何光喜:《"拉力"与"推力"硕士毕业生迁移就业的双重驱动》,《高等教育研究》2011 年第 4 期。

② 参见于洪霞、丁小浩:《高校毕业生就业专业结构匹配情况及其影响因素探析》,《教育学术月刊》2011 年第 8 期。

③ 参见 Robst,J.,"Education and Job Match:The Relatedness of College Major and Work",*Economics of Education Review*,2007,26(4),pp.397–407。

④ 国务院办公厅:《国务院办公厅关于进一步做好房地产市场调控工作有关问题的通知》[国发(2011)1 号],2011 年 1 月 26 日。

进一步,本节选取在北京、上海就业的毕业生为子样本,进一步分析不同类型户籍管制对就业配置效率的影响,发现在配额落户的北京,毕业生在公共部门就业能够接受更低的专业与工作的匹配程度和就业满意度,这是对就业配置效率的扭曲,而在积分落户的上海,并不存在这种扭曲。

本节的剩余部分安排如下:基于新"国八条"的政策背景和北、上、广三市户籍政策的历史沿革,提出研究设计;描述所使用的就业数据,建立计量模型并对实证结果进行汇报并加以总结。

二、研究设计

我国现有的户籍制度按照不同城市规模可以归纳为三种模式:以"最低条件,全面放开"为特点的小城镇户籍制度改革模式;以"取消限额,条件准入"为特点的一般大、中城市模式;以"筑高门槛,开大城门"为特点的北京、上海、广州等特大城市模式,即大型城市和特大型城市严格控制,中小型城市灵活放开。① 在特大型城市户籍逐渐紧缩的进程中,2011 年出台的房地产调控政策新"国八条"增加了本地户口的内在价值,强化了留在特大型城市工作的应届毕业生对当地户口的需求,进而增加了户籍制度对应届毕业生就业决策的约束程度。

具体来说,新"国八条"中的第六项规定:合理引导住房需求。各直辖市、计划单列市、省会城市和房价过高、上涨过快的城市,在一定时期内,要从严制定和执行住房限购措施。原则上对已有 1 套住房的当地户籍居民家庭、能够提供当地一定年限纳税证明或社会保险缴纳证明的非当地户籍居民家庭,限购 1 套住房;对已拥有 2 套及以上住房的当地户籍居民家庭、拥有 1 套及以上住房的非当地户籍居民家庭、无法提供一定年限当地纳税证明或社会保险缴纳证明的非当地户籍居民家庭,暂停在本行政区域内向其售房。相比于之前的限购政策,新"国八条"更为严格。一方面,相比于

---

① 参见王美艳、蔡昉:《户籍制度改革的历程与展望》,《广东社会科学》2008 年第 6 期。

2010年"国十条"①中规定的"每个家庭只能新购一套商品房",新"国八条"进一步强化差别化住房信贷政策;另一方面,以北京为例,约有1/3的商品房被无北京户口且不在北京工作的外地人购买②,新"国八条"使得非本市户籍或无社保的外地人无法购房,这无形中增加了北京的户口价值。当然,对于"限购"同样严格的上海和广州,伴随着外地人无法购房的禁令,本市户口价值同样水涨船高。

围绕着新"国八条",北京、上海、广州都推行了相应的细化措施。国八条中的第六项分别对应:2011年2月15日,北京市委通过《关于贯彻国办发【2011】1号文件精神　进一步加强本市房地产市场调控工作的通知》(京府办发〔2011〕8号)(简称"京十五条")中的第十项规定③;2011年2月1日,上海市委通过《关于本市贯彻落实〈国务院办公厅关于进一步做好房地产市场调控工作有关问题的通知〉的实施意见》(沪府办发〔2011〕6号)中的第七项规定④;2011年2月24日,广州市委通过《关于贯彻〈国务院办公厅关于进一步做好房地产市场调控工作有关问题的通知〉的实施意见》

---

① 国务院办公厅:《国务院关于坚决遏制部分城市房价过快上涨的通知》[国发(2010)10号],2010年4月17日。

② 参见《新国八条引发的产业震荡》,《中国青年报》2011年1月28日。

③ 北京第十项规定:继续巩固限购政策成果。自本通知发布次日起,对已拥有1套住房的本市户籍居民家庭(含驻京部队现役军人和现役武警家庭、持有有效《北京市工作居住证》的家庭,下同)、持有本市有效暂住证在本市没拥有住房且连续5年(含)以上在本市缴纳社会保险或个人所得税的非本市户籍居民家庭,限购1套住房(含新建商品住房和二手住房);对已拥有2套及以上住房的本市户籍居民家庭、拥有1套及以上住房的非本市户籍居民家庭、无法提供本市有效暂住证和连续5年(含)以上在本市缴纳社会保险或个人所得税缴纳证明的非本市户籍居民家庭,暂停在本市向其售房。

④ 上海第七项规定:自本意见发布之日起,暂定在本市已有1套住房的本市户籍居民家庭、能提供自购房之日起算的前2年内在本市累计缴纳1年以上个人所得税缴纳证明或社会保险(城镇社会保险)缴纳证明的非本市户籍居民家庭,限购1套住房(含新建商品住房和二手住房)。对在本市已拥有2套及以上住房的本市户籍居民家庭、拥有1套及以上住房的非本市户籍居民家庭、不能提供2年内在本市累计缴纳1年以上个人所得税缴纳证明或社会保险(城镇社会保险)缴纳证明的非本市户籍居民家庭,暂停在本市向其售房。违反规定购房的,不予办理房地产登记。

(穗府办发〔2011〕3号)中的第一项规定①。对在上述城市工作的非本市户籍家庭,北京市规定需要提供有效暂住证和连续5年个人所得税或社会保险的缴纳证明,上海②和广州需要提供2年内累计缴纳1年以上的个人所得税或社会保险的缴纳证明。基于北上广的"限购政策",对于即将进入社会的高校毕业生而言,获得户口显得更为重要,没有拿到户口就在当地工作,毕业生需要努力2年或者5年才能获得购房资格,这无形中就要承担数年内额外的房价涨幅,面对日益高企的房价,户口的价值不言而喻。

如表2-10所示,结合本节的数据时限,将时间节点选取为2002—2021年,在中国咨询行数据库(China InfoBank)中查找与北京、上海、广州三市户籍政策相关的历史事件,进行归纳整理。

表2-10　北京、上海、广州三市的户籍制度沿革

年份	北京	上海	广州
2002	丰台某地买房落户	为人才提供居住证;引进外地生源进沪落户	
2004	无户口可参加高考	给所有境内人员提供居住证	
2005		毕业生创业可申请户口	居住证七年落户
2006	四类人才可申请北京户口		
2007	夫妻单方户口子女可免借读费		
2009		居住证七年落户(试行)	
2011	2月16日"京十五条";5月留京指标大幅缩减③	2月1日新"国八条"	2月24日新"国八条"

① 广州第一项规定:对在本市已拥有1套住房的本市户籍居民家庭(包括购房人、配偶及未成年子女,下同)、能够提供自购房之日起算的前2年内在本市累计缴纳1年以上个人所得税缴纳证明或社会保险缴纳证明的非本市户籍居民家庭,限购1套住房(含新建商品住房和二手住房,下同);对在本市已拥有2套及以上住房的本市户籍居民家庭、拥有1套及以上住房的非本市户籍居民家庭、不能提供2年内在本市累计缴纳1年以上个人所得税缴纳证明或社会保险缴纳证明的非本市户籍居民家庭,不得购买住房。

② 2011年7月2日,上海市出台四项新举限购,其中一条为禁止补缴社会保险。

③ 北京市给予非京生源的留京指标名额6000个(不含中央部委单位),比前一年下降2/3。同时,大幅缩减外地户口进京的户籍指标。

续表

年份	北京	上海	广州
2013	年龄限制红线		
2014			
2015		居住证七年落户;积分落户	
2016	实施积分落户制度;建立城乡统一的户口登记制度,取消农业户口和非农业户口性质区分,统一登记为居民户口,实施居住证制度①	优化特殊人才引进通道。完善居住证、居住证转办常住户口、直接落户政策,逐步建立积分落户;取消农业户口与非农业户口性质区分,统一登记为居民户口②	积分落户;高技能人才落户;公共集体户
2018			引进人才入户③
2020	积分落户	优化居住证转办常住户口政策,实行更为宽松的居转户标准④	户籍迁入分为引进人才入户、积分制入户、政策性入户三个类别⑤
2021	提高紧缺人才落户规模。在户籍派出所设立"公共户",解决"空挂户"问题。		

可以看到,北、上、广三市不仅对国家的新"国八条"政策迅速做出反应,依据自身情况出台相应的细则,而且它们自身的户籍政策在 2011 年前后也有着从宽松转向管制的过程。北京从 2002 年的买房落户到 2004 年的无户口可高考再到 2006 年的人才申请落户,这一系列政策都体现出北京以吸纳高素质人才为宗旨的宽松户籍政策。但作为首都,控制人口规模的任务极为艰巨,2011 年北京开始严控留京指标,同年,新"国八条"出台,不仅留京难度加大,

---

① 《北京市人民政府关于进一步推进户籍制度改革的实施意见》,2016 年 9 月 8 日。

② 《上海市人民政府关于进一步推进本市户籍制度改革的若干意见》,2016 年 4 月 15 日。

③ 《广州市人民政府办公厅关于印发广州市引进人才入户管理办法的通知》,2018 年 12 月 29 日。

④ 《关于优化本市居住证转办常住户口政策的通知》,2020 年 11 月 13 日。

⑤ 《广州市人民政府关于印发广州市户籍迁入管理规定的通知》,2020 年 6 月 29 日。

而且购房也与户口捆绑起来，自此，毕业生获得户口的需求更为强烈。上海则经历了四次户籍制度改革，从 1994 年取消蓝印户口开始，2002 年为人才提供居住证，2004 年为境内所有人提供居住证，直到 2009 年提出了居住证满七年落户，在 2011 年之前，毕业生在上海工作满七年或者通过积分还是能够拿到户口，并享受与之配套的一系列福利，但在 2011 年后，购房被先行限制了。广州早在 2005 年就提出居住证满七年落户的优惠政策，2011 年楼市新"国八条"的冲击，也使得毕业生更可能优先考虑获得户口。

　　国务院于 2014 年正式颁发了《国务院关于进一步推进户籍制度改革的意见》，作出全面放开建制镇和小城市落户限制、有序放开中等城市落户限制、合理确定大城市落户条件、严格控制特大城市人口规模等指示①，这一全国性政策的公布使得各个一线及新一线城市纷纷将户籍制度改革再度提上了日程。其中，北京于 2016 年开始实施积分落户制度（试行），有序推进长期在京稳定就业和生活的常住人口落户工作，完善人才落户政策，实施更加开放的人才引进政策，吸引海内外高层次人才在京创新创业②，并依法为北京市无户口人员登记户口③，于 2020 年贯彻落实《北京市积分落户管理办法》和《北京市积分落户操作管理细则》，并于 2021 年适度扩大人才和积分落户规模，提高急需紧缺专业应届毕业生落户占比④；上海于 2015 年发布新政，宣布持上海居住证满七年可申办户口，同时实施积分制落户，并于 2016 年发布户籍制度改革意见，要求优化特殊人才引进通道，完善居住证、居住证转办常住户口、直接落户政策⑤，又于 2020 年发布《上海市引进人才

---

① 《国务院关于进一步推进户籍制度改革的意见》，人民出版社 2014 年版。

② 《北京市人民政府关于进一步推进户籍制度改革的实施意见》，北京市人民政府公报，2016(41)：5。

③ 《北京市人民政府办公厅关于解决本市无户口人员登记户口问题的实施意见》，北京市人民政府公报，2016(40)：7。

④ 北京市人民政府关于印发《北京市"十四五"时期优化营商环境规划》的通知（京政发[2021]24 号），北京市人民政府公报，2021(37)：65。

⑤ 《上海市人民政府关于进一步推进本市户籍制度改革的若干意见》，上海市人民政府公报，2016(9)：2。

申办本市常住户口办法》,宣布高层次人才、重点机构紧缺急需人才、高技能人才等可直接申办上海户口;广州也于 2016 年发布户籍制度改革意见,要求优化人口结构,重点吸纳我市社会经济发展急需的高层次人才和技术技能型人才落户,进一步完善积分落户规则,并积极推进设立公共集体户①,总的来说,广州市户籍迁入分为引进人才入户、积分制入户、政策性入户三个类别,在近几年里入户条件分别在《广州市引进人才入户管理办法》《广州市积分制入户管理办法》《广州市政策性入户管理办法》中有稍许变化。

在户籍制度改革推进期间,国务院于 2016 年 2 月还印发了《国务院关于深入推进新型城镇化建设的若干意见》,要求进一步拓宽落户通道,省会及以下城市要全面放开对高校毕业生、技术工人、职业院校毕业生、留学归国人员的落户限制,超大城市和特大城市区分城市的主城区、郊区、新区等区域,分类制定落户政策,重点解决符合条件的普通劳动者落户问题,大中城市均不得采取购买房屋、投资纳税等方式设置落户限制,城区常住人口 300 万以下的城市不得采取积分落户方式,大城市落户条件中对参加城镇社会保险的年限要求不得超过 5 年,中等城市不得超过 3 年②。这一意见对于各个一线城市和新一线城市的户籍制度改革也起到了有效助推作用。

值得一提的是,同样跻身一线城市的深圳,自 2005 年以来一直是按照《深圳市户籍迁入若干规定(试行)》所规定的户籍制度进行人口迁入的,以引进高素质人才为核心,以在深圳有稳定工作和居所的暂住人口优先为原则,户籍迁入划分为技术技能迁户、投资纳税迁户和政策性迁户三个类别③。深圳市在 2014 年国务院公布《国务院关于进一步推进户籍制度改革

---

① 《广州市人民政府关于进一步推进户籍制度改革的实施意见》,广州市人民政府公报,2016(2):22。

② 《国务院关于深入推进新型城镇化建设的若干意见》,中华人民共和国国务院公报,2016(6):7。

③ 王见敏:《深圳市户籍迁移制度改革经验与成效研究》,《西北人口》2011 年第 5 期。

的意见》之前并没有像北上广一般始终推行户籍制度改革,而是在意见发布之后,深圳市光明新区、南山区、龙岗区等才相继响应中央号召将户籍制度改革提上日程,并落实放宽户口迁移政策,合理引导农业人口有序向城镇转移,有序推进农业转移人口市民化。具体措施体现在深圳市各区开始建立城乡统一的户口登记制度,建立居住证制度、积分落户制度等,重点解决进城时间长、就业能力强、可以适应城镇产业转型升级和市场竞争环境的人员落户问题。不断提高高校毕业生、技术工人、职业院校毕业生、留学回国人员等常住人口的城镇落户率。深圳在2016年发布了《深圳市人民政府关于进一步加强和完善人口服务管理的若干意见》,对户籍迁入开始进行宏观调控,规定户籍迁入划分为人才引进迁户、纳税迁户、政策性迁户和居住社保迁户四个类别,对于外省市人口迁入深圳开始进行较为严格的管控。

有些新一线城市诸如成都、西安、天津等,户籍制度改革的情况与深圳大同小异,均是在2014年《国务院关于进一步推进户籍制度改革的意见》和《国务院关于深入推进新型城镇化建设的若干意见》的发布之后,相继开始并进一步推行户籍制度改革。成都于2017年创建了建立条件入户和积分入户双轨并行的入户政策体系,并落实人才优先战略[1];西安于2016年发布《西安市进一步推进户籍制度改革实施意见》,对西安市市辖区落户政策进行改革,完善居住证制度和积分落户制度。而另外几个新一线城市如沈阳、武汉、郑州等最近相继放宽了落户政策。2019年12月,新一线城市再一次集中放宽了落户政策;4日,沈阳宣布下放户籍审批权;6日,武汉提出取消积分落户年度数量限制;11日,郑州宣布将在2017年户籍制度改革的基础上放宽两项,增加一项户口迁入郑州市落户条件[2]。

本节之所以选取2009—2019年的北京、上海、广州三市就业的应届毕业

---

① 《成都市人民政府关于推进户籍制度改革的实施意见》,成都市人民政府公报,2017(12)。

② 刘美琳:《新一线城市:2020年能否"零门槛"落户》,宁波经济:财经视点,2020(1):2。

生作为研究对象与在全国其他省市就业的毕业生来对比,有如下三方面考量:首先,如上文所述,北京、上海、广州这三个城市的户籍管理相比于全国其他省市更为严格,户口承载的社会功能更好、内在价值更高,城市越发达,户口捆绑的福利和资源就越丰富,其涉及住房公积金、医疗保障、养老保险、子女教育等一系列问题;其次,选取应届毕业生作为研究对象是因为,其落户相比于人才引进和随家属迁入更易控制,当户籍政策收紧时其是最先反应和最为敏感的群体;最后,2009—2019 年恰好刻画了户籍制度由宽松转向管制的过程,以 2011 年新"国八条"作为政策冲击,对比前后毕业生就业决策会产生一系列的变化。

本节以 2011 年新"国八条"作为政策冲击,采用双重差分(DID)的思想进行定量分析,用以检验户籍管制对就业配置效率的影响。结合数据实际,本节选取自评的专业职业匹配程度和就业满意度作为衡量就业配置效率的代理变量。

基于上述理论背景,本节提出如下假设:

假设:在 2011 年新"国八条"政策冲击后,特大型城市的户口价值增加,户籍管制政策对毕业生就业的影响增大,那么,相比于在户籍管制宽松省市就业的毕业生,在户籍管制严格城市就业的外地户籍应届毕业生会为了拿到该城市户口而愿意承担更低的就业满意度和专业匹配程度,以及更严重的过度教育。

三、计量模型和数据分析

(一)数据与变量描述

本节采用"全国高校毕业生就业状况调查"数据,在删除了相关指标不全的个体后,数据涵盖 2009 年、2011 年、2013 年、2015、2017、2019 年调查的全国 29 个省和直辖市的 209 所高校中的 40005 名毕业生,涉及专业包含 13 个一级学科[①]、

---

① 数据来源:2011 年,国务院学位委员会、教育部颁布的《学位授予和人才培养学科目录(2011 年)》设置的 13 个一级学科门类,包括哲学、经济学、法学、教育学、文学、历史学、理学、工学、农学、医学、管理学、军事学、艺术学。

就业地为全国 33 个省和直辖市[①]。其中,2009 年 5983 人,2011 年 8844 人,2013 年 8101 人,2015 年 5216 人,2017 年 5966 人,2019 年 5895 人,各年份占总样本的比重分别为 14.96%、22.11%、20.25%、13.04%、14.91%、14.74%,各年份分布比较平均。

结合经典文献和问卷实际情况,如表 2-11 所示,本节将变量汇报如下。本节模型中的因变量 $match_k$ 为毕业生 k 自评的专业与工作的匹配程度,$match_k$ 为程度变量,汇报结果中 1—4 级专业与工作的匹配程度逐级提高,总样本的平均水平为 3.538,即汇报结果介于基本对口和非常对口之间。第二个因变量 $overedu_k$ 为毕业生 k 的过度教育程度,是毕业生 k 自身的受教育程度与工作要求的最低受教育程度之差,总样本的平均水平为 0.061,即平均水平是介于正好匹配和过度教育之间,更接近于正好匹配。第三个因变量是毕业生 k 自评的工作满意程度,$satisfy_k$ 也是一个程度变量,从 1—5 级代表满意度逐渐提高,总样本的平均水平为 3.816,即汇报结果介于一般和满意之间。

本节将自变量分为基本特征和教育特征变量分别进行汇报。自变量中的基本特征包括性别($gender$)、党员($party$)和民族($minority$)。总样本中女性占比为 47.8%,男性为 52.2%,男女毕业生人数较为平均。党员占比为 35%,综合素质更高的毕业生更容易获得党员身份,党员对社会地位的获得有积极影响。样本中少数民族占比为 6.38%,汉族毕业生在样本中占有较大比重。

自变量中的教育特征包括衡量受教育程度的本科生(edu_benke)、硕士生($edu\_shuoshi$)和博士生(edu_boshi),以及专业与兴趣匹配程度($interest$)、衡量院校或专业层次的"一流"高校或"一流"专业($shuangyi$)。如表 2-11 所示,在 40005 个观测值中,本科生最多为 20390 人,占到总样本的 50.97%,

---

① 数据中包含的 33 个省和直辖市为上海、云南、内蒙古自治区、北京、吉林、四川、天津、宁夏回族自治区、安徽、山东、山西、广东、广西壮族自治区、新疆维吾尔自治区、江苏、江西、河北、河南、浙江、海南、湖北、湖南、甘肃、福建、西藏自治区、贵州、辽宁、重庆、陕西、青海,以及香港、澳门特别行政区和台湾省。

专科生次之为 14421 人,占到总样本的 36.05%,在本节中专科生是基准的受教育程度。硕士生为 4940 人,占到总样本的 12.35%,博士生为 254 人,占到总样本的 0.63%。专业与兴趣匹配程度(interest)是一个程度变量,从 1—5 级代表专业兴趣吻合度逐渐提高。为了更为清楚地研究匹配程度、过度教育程度和满意度的影响因素,本节通过哑变量将 150 所高校划分是否是为"一流"高校或"一流"专业,在总样本中有 47 所高校是"一流"高校或拥有"一流"专业,约占总样本的 31.38%,"双一流"高校毕业生在就业选择上,相比于其他高校的毕业生来说有更大的自主性,良好的教育背景使其在就业市场上更能释放高能力的"信号"。同时,因为不同地区、不同专业和就业行业会产生不用的匹配机制,本节对其分别加以控制,回归控制了 6 个毕业年份、33 个就业地区(含直辖市、自治区和港澳台)、13 个一级学科和 20 个行业[1]门类。

在计量模型中会进一步加以介绍, $treat_k$ 为时间截点变量,将样本按照 2011 年前后划分, $pop\_control_k$ 为就业地甄别变量,将就业地按照北上广和其他省市加以区分。用以研究新"国八条"政策冲击对户口管制城市的就业配置效率的影响。

表 2-11　变量含义及基本统计

变量性质	变量名称	含义	观测值	均值	标准差	最大值	最小值
因变量	match	专业与工作的匹配程度	40005	3.538	1.167	1	5
	overedu	过度教育程度	40005	0.061	0.747	−3	5
	satisfy	工作的满意程度	40005	3.323	0.959	1	5

[1]　2011 年 11 月 1 日,经国家质量监督检验检疫总局、国家标准化管理委员会批准发布的《国民经济行业分类》(GB/T4754—2011)中规定的 20 个行业门类:农、林、牧、渔;采矿业;制造业;电力、煤气和水的生产和供应业;建筑业;交通运输、仓储和邮政;信息传输、计算机服务、软件业;批发零售;住宿餐饮;金融业;房地产;租赁和商务服务业;科学研究、技术服务、地质勘察;水利环境公共设施管理;居民服务;教育;卫生、社会保障与福利;文化体育娱乐;公共管理与社会组织;其他。

变量性质	变量名称	含义	观测值	均值	标准差	最大值	最小值
自变量	教育特征						
	edu_benke	本科生(是1;否0)	40005	0.510	0.500	0	1
	edu_shuoshi	硕士生(是1;否0)	40005	0.124	0.329	0	1
	edu_boshi	博士生(是1;否0)	40005	0.006	0.079	0	1
	shuangyi	"一流"高校或"一流"学科(是1;否0)	40005	0.314	0.464	0	1
	interest	专业兴趣	40005	3.708	0.879	1	5
	基本特征						
	gender	性别(女1;男0)	40005	0.478	0.500	0	1
	party	党员(党员1;其他0)	40005	0.350	0.477	0	1
	minority	民族(少数民族:1;其他0)	40005	0.064	0.244	0	1

为了更为清晰地鉴别程度变量的选取及对应选项的意义,本节将程度变量相应的问题及答案汇报如下,详见表2-12。

表2-12　问卷中的程度变量

变量名称	对应问题	答　案
match	您找到这份工作与您所学专业的相关程度如何?	(1)毫不相关、(2)不太对口、(3)有一些关联、(4)基本对口、(5)非常对口
overedu	要胜任您找到的这份工作,您估计实际上需要的教育层次为:	(1)博士、(2)硕士、(3)本科、(4)专科、(5)高中或中专、(6)初中
satisfy	请您对这份工作的总体满意度进行评价:	(1)很不满意、(2)不太满意、(3)一般、(4)满意、(5)非常满意
interest	您所学专业与您的兴趣吻合状况?	(1)很不吻合、(2)不太吻合、(3)有些吻合、(4)基本吻合、(5)非常吻合

（二）计量模型

由于因变量毕业生专业与工作的匹配程度（ *match* ）、过度教育程度（ *overedu* ）和工作满意程度（ *satisfy* ）的取值均分别为1—5、–3—5和1—5的等级，程度由低到高逐级增长，指标值的序数有意义，而非具体数值有意义，因此，本节主要使用 Ordered Probit 模型（顺序概率单位回归模型），分析户口管制对就业配置效率三个维度产生的影响，以验证理论预测。

基于上文政策背景的论述，令 $treat_k$ 代表新"国八条"的政策冲击，当毕业生 k 的毕业年份处于或者晚于2011年时，$treat_k$ 取值为1，当毕业生 k 的毕业年份早于2011年时，$treat_k$ 取值为0，也就是说，新"国八条"仅对2011年及之后毕业的学生产生冲击。鉴于不同城市间户籍制度的差异，本节引入 $pop\_control_k$ 这一变量代表户籍管制严格的北京、上海和广州，如果毕业生 k 在上述三个城市之一就业则 $pop\_control_k$ 取值为1，如果毕业生 k 在其他的省市就业则 $pop\_control_k$ 取值为0。进一步，在回归中引入交叉项 $treat_k * pop\_control_k$ 来估计在户籍管制严格的城市就业相比于在户籍管制宽松的城市，专业与工作匹配程度、过度教育程度以及就业满意度在政策冲击前后的变化程度差异，$treat_k * pop\_control_k$ 为 $treat_k$ 和 $pop\_control_k$ 的交叉项，当毕业生 k 的毕业年份处于或者晚于2011年且在北上广三个城市之一就业，则 $treat_k * pop\_control_k$ 取值为1，其他情况则为0。

因此，专业匹配度 $match_k$ 与自变量的关系为：

$$
\begin{aligned}
match_k =\ & \beta_0 + \beta_1\, treat_k * pop\_control_k + \beta_2\, edu\_benke_k + \beta_3\, edu\_shuoshi_k \\
& + \beta_4\, edu\_boshi_k + \beta_5\, shuangyi_k + \beta_6\, interest_k + \beta_7\, gender_k \\
& + \beta_8\, party_k + \beta_{10}\, minority_k + Major + Industry + \lambda_P + \gamma_t + \varepsilon_k
\end{aligned}
$$

$$(2\text{-}19)$$

过度教育程度 $overedu_k$ 与自变量的关系为：

$$
\begin{aligned}
overedu_k =\ & \beta_0 + \beta_1\, treat_k * pop\_control_k + \beta_2\, edu\_benke_k + \beta_3\, edu\_shuoshi_k \\
& + \beta_4\, edu\_boshi_k + \beta_5\, shuangyi_k + \beta_6\, interest_k + \beta_7\, gender_k \\
& + \beta_8\, party_k + \beta_{10}\, minority_k + Major + Industry + \lambda_P + \gamma_t + \varepsilon_k
\end{aligned}
$$

$$(2\text{-}20)$$

工作的满意程度 $satisfy_k$ 与自变量的关系为：

$$satisfy_k = \beta_0 + \beta_1 treat_k * pop\_control_k + \beta_2 edu\_benke_k + \beta_3 edu\_shuoshi_k$$

$$+ \beta_4 edu\_boshi_k + \beta_5 shuangyi_k + \beta_6 interest_k + \beta_7 gender_k$$

$$+ \beta_8 party_k + \beta_{10} minority_k + Major + Industry + \lambda_P + \gamma_t + \varepsilon_k$$

$$(2-21)$$

其中，$Major$ 为专业固定效应，$Industry$ 为行业固定效应，λ_P 为毕业省份的固定效应，γ_t 为毕业年份的固定效应，ε_k 为误差项。

四、实证发现

（一）户籍管制对专业匹配、过度教育和就业满意度的影响

将 2003—2019 年"全国高校毕业生就业状况调查"数据代入模型（2-1）—模型（2-3）进行 Ordered Probit 回归，相关结果见表 2-13，其中，第（1）列为专业与工作匹配程度影响因素的全样本回归，第（2）列为过度教育程度影响因素的全样本回归，第（3）列为就业满意度影响因素的全样本回归。

表 2-13　基准回归

变量	（1）	（2）	（3）
	全样本	全样本	全样本
	匹配度	过度教育	满意度
新"国八条" * 严格人口控制省份变量	−0.0745* (0.0391)	0.0646** (0.0264)	−0.119*** (0.0282)
性别	0.0223** (0.0113)	−0.0269*** (0.00760)	−0.0630*** (0.00812)
本科	0.246*** (0.0137)	0.416*** (0.00922)	0.0129 (0.00985)
硕士	0.420*** (0.0219)	0.835*** (0.0147)	0.0315** (0.0157)
博士	0.510*** (0.0688)	0.981*** (0.0464)	0.0413 (0.0495)

续表

变量	（1）	（2）	（3）
	全样本	全样本	全样本
	匹配度	过度教育	满意度
党员	0.00408 （0.0116）	−0.0626 *** （0.00784）	0.0541 *** （0.00837）
少数民族	−0.0516 ** （0.0222）	0.0289 * （0.0149）	0.0447 *** （0.0160）
兴趣	0.479 *** （0.00600）	−0.0678 *** （0.00404）	0.165 *** （0.00432）
双一流	0.0708 *** （0.0140）	−0.0874 *** （0.00945）	0.0433 *** （0.0101）
观测值	40005	40005	40005
R^2	0.207	0.122	0.141

注：*、**、*** 分别代表 10%、5%、1%的显著性水平,回归控制了 13 个专业大类、33 个毕业省份和 20 个就业行业。

本节关注的核心自变量是政策时间变量"国八条"（ $treat_k$ ）,"严格人口控制省份"变量（ $pop\_control_k$ ）的交叉项（ $treat_k * pop\_control_k$ ）。其中,政策时间变量（ $treat_k$ ）衡量的是新"国八条"政策冲击前后全国所有省市样本的平均专业和工作的匹配程度（下文"匹配度"）、过度教育程度（下文"过度教育"）和就业满意度（下文"满意度"）的变化程度,户籍管制严格的省份变量（ $pop\_control_k$ ）衡量的是存在严格户籍控制的特大型城市就业地（北上广）相比于不严格的省市在匹配度和满意度上的平均差异,这两变量构成的交叉项"国八条" * 严格人口控制省份变量（ $treat_k * pop\_control_k$ ）衡量户口管制严格省市与户口管制不严格省市受到政策冲击影响的差异,也就是户籍制度对就业配置效率的边际影响。

回归结果显示,在北上广三市之一就业的毕业生相比其他省市其更易受到新"国八条"政策冲击,冲击使他们的匹配度和满意度降低的程度相比于其他省市就业的毕业生降低的程度显著更高,冲击使他们过度教育的程度相比于其他省市就业的毕业生提升的程度显著更高,这能够很好地印证本节的理论预测,从此可以看到,户籍管制会降低就业匹配度和满意度,加剧过度教育问题。从交叉项的回归系数上看,在新"国八条"的冲击后,户籍管制严格的特大型城市的应届毕业生就业的专业匹配度下降程度相比于户籍管制宽松的城市而言要高出 0.0745 个单位,同时,就业满意度的下降程度要高出 0.119 个单位,相比于在户籍管制宽松城市就业的应届毕业生来说,在户籍管制严格的特大型城市就业的过度教育程度要高出 0.0646 个单位。政策影响的合理解释为新"国八条"中的限购政策使得外地人无法在北上广三市购房,政策冲击间接提高了户口价值,使户籍管制对毕业生决策产生的约束程度增加,导致户籍管制严格地区的毕业生为了获得户口愿意承受自身就业匹配度和满意度的降低,从而导致更严重的过度教育程度,也就是严格的户籍制度对就业配置效率造成了扭曲。鉴于特大型城市能够提供更富多样的就业机会,所以现实中的就业配置效率的扭曲程度是更加严重的。这是由这些特大型城市的自身特点带来的,可以从城市经济学中的 Nursery Cities 理论角度加以解释,Duranton and Puga 提出将城市按照产业结构划分为多样化和专业化两类,多样化的大城市由于其丰富的学习机会和多样的就业机会而承担着培养人才的角色,劳动力在多样化的大城市积累了人力资本后再转移到更专业化的中小城市就业。[1] 在北上广这样的超大型城市中,工作类型更多样,工作数量更丰富,毕业生更容易找到合适自己的工作,并有更多的发展空间。在这样的情况下,户籍管制将会更大加重了对就业配置效率的扭曲。当然,如果就业大环境整体得到改善,政府的政策引导、创业的培育和就业机会的丰富,使得毕业生的就业匹配度、满意度整体有所提高,过度教育情况就能够得到有效改善。

关于受教育情况,首先,受教育程度越高,匹配度和满意度都会随之升高,相比于专科生,从本科到博士,随着受教育程度的提升,在就业市场上的

---

① 参见 Duranton, Gilles, and Diego Puga, "Nursery Cities: Urban Diversity, Process Innovation, and the Life Cycle of Products", *American Economic Review*, 2001, 91 (5), pp.1454–1477。

优势逐渐显现出来。随着学历的提高,专业性更加明确,人力资本积累的提升也能更好地弥补自身劣势,从而提高就业配置效率。学校质量更好,声誉更高,能够有效地提升毕业生的就业质量,回归结果表明,来自"双一流"高校的毕业生其匹配度和满意度显著更高。高学历能够释放高能力的信号,这有助于缓解过度教育的问题,减少教育资源的浪费。

聚焦个人特征,党员身份作为进入公共部门的"敲门砖",党员毕业生的就业满意度显著提高、过度教育得到有效缓解,一个合理解释是党员身份更有利于职业流动和职业选择,满意度随之升高、过度教育有效缓解,这与陆益龙的结论相似。[1] 同时,对所学专业的兴趣越高,也越有利于毕业生就业配置效率的提高,回归结果表明,对所学专业的兴趣越高的毕业生,其就业匹配度和满意度都显著上升,过度教育程度显著下降。

(二)性别分样本分析

将男性和女性的分样本代入模型(2-1)—模型(2-3)中进行 Ordered Probit 回归,结果见表2-14,其中第(1)—(3)列和第(4)—(6)列分别为在男性和女性毕业生的就业配置效率影响因素的回归结果,详见表2-14。

表2-14　性别分样本回归

变量	(1)	(2)	(3)	(4)	(5)	(6)
	男性	男性	男性	女性	女性	女性
	匹配度	过度教育	满意度	匹配度	过度教育	满意度
新"国八条"＊严格人口控制省份变量	-0.0202 (0.0508)	0.118 *** (0.0376)	-0.0889 ** (0.0385)	-0.156 *** (0.0606)	-0.00258 (0.0370)	-0.162 *** (0.0416)
本科	0.247 *** (0.0182)	0.409 *** (0.0135)	0.00625 (0.0138)	0.242 *** (0.0209)	0.425 *** (0.0128)	0.0301 ** (0.0144)

---

[1]　参见陆益龙:《户口还起作用吗——户籍制度与社会分层和流动》,《中国社会科学》2008年第1期。

续表

变量	(1) 男性 匹配度	(2) 男性 过度教育	(3) 男性 满意度	(4) 女性 匹配度	(5) 女性 过度教育	(6) 女性 满意度
硕士	0.391*** (0.0293)	0.812*** (0.0216)	0.0107 (0.0222)	0.454*** (0.0331)	0.859*** (0.0202)	0.0640*** (0.0227)
博士	0.498*** (0.0833)	0.985*** (0.0616)	0.0131 (0.0631)	0.591*** (0.118)	0.984*** (0.0720)	0.0875 (0.0811)
党员	-0.000396 (0.0154)	-0.0623*** (0.0113)	0.0598*** (0.0116)	0.0175 (0.0176)	-0.0641*** (0.0108)	0.0475*** (0.0121)
少数民族	-0.00812 (0.0295)	0.0127 (0.0218)	0.0313 (0.0224)	-0.101*** (0.0333)	0.0479** (0.0203)	0.0558** (0.0229)
兴趣	0.457*** (0.00771)	-0.0771*** (0.00570)	0.171*** (0.00584)	0.500*** (0.00938)	-0.0559*** (0.00572)	0.157*** (0.00644)
双一流	0.0826*** (0.0183)	-0.0863*** (0.0135)	0.0637*** (0.0138)	0.0519** (0.0218)	-0.0899*** (0.0133)	0.0148 (0.0150)
观测值	20886	20886	20886	19119	19119	19119
R^2	0.225	0.111	0.139	0.203	0.139	0.146

注：*、**、***分别代表10%、5%、1%的显著性水平,回归控制了13个专业大类、33个毕业省份和20个就业行业。

分样本的回归结果跟基准回归一致,在将男、女性毕业生分样本进行回归后,可以看到:在受到户籍管制的城市中,受新"国八条"的影响,女性毕业生的就业匹配度和满意度都显著低于男性毕业生,回归关注的核心变量交叉项显示,男性毕业生的就业满意度下降0.0889个单位,而女性毕业生的就业满意度下降的幅度更大,为0.162个单位。这与本书前期的研究一致,主要是由于女性毕业生在劳动力市场中存在一定的就业劣势,受到该政策冲击的影响更大。[①] 结果表明,相比于男性毕业生,女性毕业生的匹配度

---

① 参见封世蓝、谭娅、黄楠、龚六堂:《户籍制度视角下的大学生专业与就业行业匹配度异质性研究——基于北京大学2008—2014届毕业生就业数据的分析》,《经济科学》2017年第5期。

显著更高,发生过度教育的可能性更低,但这并不一定意味着女性的就业配置效率更高。对于女性毕业生而言,由于本身在进入就业市场时就可能要面临一定程度的性别歧视问题,这使得女性本身在工作获得上存在更大的困难,我们看到的是已经找到工作的女性毕业生的就业配置效率情况,如果从进入劳动力市场的时点考察,实际的性别差异可能比本节实证回归中显示的更大。同时,实证结果表明,"国八条"加剧了男性毕业生的过度教育,相比于女性,这个影响略小且不显著,但仍有不可忽视的问题,毕业生为了在一线城市找到解决户口的工作岗位,尤其是面对"国八条"的冲击,愿意牺牲自身的专业与就业岗位的匹配程度,这也能够解释实证结果中,男女性毕业生就业满意度的下降。

进一步,跟基准回归结果一致,来自"双一流"高校或专业的毕业生样本的结果依旧稳健,呈现出更高的匹配度和满意度,同时加剧了过度教育问题。相较于其他毕业生,党员和学习兴趣更高的毕业生的结果跟基准回归一致。此外,随着学历的提高,可以看到匹配程度的提高,这跟专业精细化程度有关。性别分样本结果显示,女性毕业生能够从学历的增长中,获得更高的就业满意度,这是因为,高学历释放的高能力信号,能够有效缓解劳动力市场中的性别歧视问题。[1]

(三)学历分样本分析

将专科生、本科生、研究生的分样本代入模型(2-1)—模型(2-3)中进行 Ordered Probit 回归,结果见表 2-15,其中第(1)—(3)列、第(4)—(6)和第(7)—(9)列分别为在专科、本科和研究生毕业生的就业配置效率影响因素的回归结果,详见表 2-15。

---

[1]　参见李锋亮、岳昌君、侯龙龙:《过度教育与教育的信号功能》,《经济学(季刊)》2009 年第 1 期;郑志刚、陶尹斌:《外部竞争对信号传递有效性的影响:以某高校毕业生就业为例》,《世界经济》2011 年第 10 期;李彬、白岩:《学历的信号机制:来自简历投递实验的证据》,《经济研究》2020 年第 10 期。

表 2-15 学历分样本回归

变量	(1) 专科生 匹配度	(2) 专科生 过度教育	(3) 专科生 满意度	(4) 本科生 匹配度	(5) 本科生 过度教育	(6) 本科生 满意度	(7) 研究生 匹配度	(8) 研究生 过度教育	(9) 研究生 满意度
"国人条"*严格人口控制省份变量	-0.507*** (0.152)	0.161 (0.103)	0.0692 (0.105)	0.00959 (0.0515)	0.159*** (0.0343)	-0.140*** (0.0379)	0.0397 (0.0699)	-0.0502 (0.0490)	-0.0424 (0.0550)
性别	-0.0150 (0.0200)	-0.0323** (0.0135)	-0.0601*** (0.0138)	0.0155 (0.0158)	-0.0268** (0.0105)	-0.0605*** (0.0116)	0.0778*** (0.0267)	-0.00851 (0.0188)	-0.0550*** (0.0210)
党员	0.0173 (0.0234)	-0.0883*** (0.0158)	0.0740*** (0.0161)	-0.00479 (0.0149)	-0.0554*** (0.00995)	0.0465*** (0.0110)	0.0269 (0.0276)	-0.0678*** (0.0194)	0.0552** (0.0217)
少数民族	-0.0701 (0.0452)	-0.0224 (0.0306)	0.0286 (0.0311)	-0.0437 (0.0279)	0.0396** (0.0186)	0.0336 (0.0206)	-0.0863 (0.0549)	0.0786** (0.0385)	0.0942** (0.0432)
兴趣	0.523*** (0.0105)	-0.0496*** (0.00711)	0.164*** (0.00722)	0.441*** (0.00807)	-0.0699*** (0.00538)	0.155*** (0.00595)	0.445*** (0.0165)	-0.128*** (0.0116)	0.214*** (0.0130)
双一流	0.0508 (0.0486)	-0.161*** (0.0329)	0.0306 (0.0334)	0.0780*** (0.0165)	-0.0820*** (0.0110)	0.0514*** (0.0122)	0.0290 (0.0337)	-0.117*** (0.0236)	-0.0266 (0.0265)
观测值	14416	14416	14416	20391	20391	20391	5198	5198	5198
R^2	0.198	0.055	0.148	0.184	0.062	0.140	0.189	0.108	0.134

注：*、**、*** 分别代表10%、5%、1%的显著性水平，回归控制了13个专业大类，33个毕业省份和20个就业行业。

　　学历分样本的实证分析可以看到一系列的差异化结果,核心变量交叉项的结果显示,专科生的匹配度更容易受到"国八条"的影响,因为学历水平,在劳动力市场上的议价能力有限,更可能为了找到解决户口的工作牺牲自身专业和工作的匹配程度。基准回归中过度教育的加剧主要是由本科生导致的,这与很多用人单位的选拔门槛有关,这也使得本科生的满意度会受到负向的影响。研究生因其更高的受教育水平,受"国八条"冲击的影响较小,自身释放的高能力的信号也使其免于户籍管制的约束,人力资本配置效率的扭曲程度更小。

　　此外,学历分样本的回归使得本书得以更清晰地分析"双一流"对不同学历层次毕业生的差异化影响。相较于本科生,在研究生阶段就读于"双一流高校"或者学习"双一流专业"的学生,其抵御户籍管制影响的能力会更强。

(四)学校等级分样本分析

　　受表2-15回归结果的启发,将"双一流"高校毕业生和非"双一流"高校毕业生的分样本代入模型(2-1)—模型(2-3)中进行 Ordered Probit 回归,结果见表2-16,其中第(1)—(3)列和第(4)—(6)列分别为在"双一流"和非"双一流"高校毕业生的就业配置效率影响因素的回归结果。

表2-16　学校等级分样本回归

变量	(1)	(2)	(3)	(4)	(5)	(6)
	"双"	"双"	"双"	非"双"	非"双"	非"双"
	匹配度	过度教育	满意度	匹配度	过度教育	满意度
"国八条"＊严格人口控制省份变量	0.0567 (0.0539)	0.0143 (0.0346)	−0.0821 ** (0.0396)	−0.106 * (0.0618)	0.114 *** (0.0425)	−0.0687 (0.0443)
性别	0.0306 (0.0193)	−0.0243 ** (0.0124)	−0.0832 *** (0.0142)	0.0171 (0.0138)	−0.0291 *** (0.00952)	−0.0533 *** (0.00993)
本科	0.149 *** (0.0409)	0.528 *** (0.0263)	0.0758 ** (0.0301)	0.256 *** (0.0156)	0.410 *** (0.0107)	0.00577 (0.0112)
硕士	0.264 *** (0.0449)	0.963 *** (0.0288)	0.0980 *** (0.0330)	0.490 *** (0.0344)	0.803 *** (0.0236)	0.0135 (0.0247)

续表

变量	(1) "双" 匹配度	(2) "双" 过度教育	(3) "双" 满意度	(4) 非"双" 匹配度	(5) 非"双" 过度教育	(6) 非"双" 满意度
博士	0.502*** (0.0805)	0.986*** (0.0517)	0.104* (0.0592)	-0.0529 (0.195)	2.040*** (0.134)	0.393*** (0.140)
党员	0.00874 (0.0189)	-0.0445*** (0.0122)	0.0512*** (0.0139)	0.00330 (0.0146)	-0.0738*** (0.0100)	0.0578*** (0.0105)
少数民族	-0.0286 (0.0339)	-0.00118 (0.0218)	0.0269 (0.0250)	-0.0728** (0.0288)	0.0419** (0.0198)	0.0543*** (0.0207)
兴趣	0.442*** (0.0103)	-0.0718*** (0.00661)	0.175*** (0.00757)	0.490*** (0.00734)	-0.0662*** (0.00504)	0.159*** (0.00526)
观测值	12554	12554	12554	27451	27451	27451
R^2	0.204	0.148	0.140	0.206	0.110	0.145

注：*、**、***分别代表10%、5%、1%的显著性水平，回归控制了13个专业大类、33个毕业省份和20个就业行业。

学校等级分样本回归结果表明，可以看到，"国八条"的冲击对于人力资本配置效率造成的扭曲，在双非高校毕业生中产生的影响更大，表现为更低的匹配程度和更严重的过度教育。核心变量交叉项的结果显示，在北、上、广就业的毕业生，受"国八条"的影响有着差异化的表现。从回归系数上来看，双非高校毕业生受"国八条"的影响，匹配度下降0.106个单位，满意度下降0.0687个单位，过度教育程度加剧了0.114个单位，而且结果非常显著。可见，户籍管制政策造成的就业配置效率上的扭曲，在一般高校是更严重的。严格的户籍管制政策使得毕业生更难留在大城市工作，这也对其专业和能力有了更高的要求，同时，大城市的购房和生活成本使得毕业生承受了额外的压力，这也能在很大程度上解释毕业生在大城市就业满意度不高的现象。

关注在北、上、广就业的高校毕业生样本，同样是考察户籍制度对就业配置效率的影响，通过不同的机制筛选（性别、学历、学校等级），与没有户籍管制的就业城市进行了对比，得到了差异化的结果。性别分样本回归表明，在受到户籍管制的城市中，受"国八条"的影响，女性毕业生的就业匹配度和满意度都显著低于男性毕业生;同时,学历分样本回归结果表明,受户籍管制的影响,专科生的匹配度降低得更多,本科生的过度教育问题更严重,满意度更低,研究生则因其更高的受教育水平受影响较小;进一步,学校等级的分样本回归表明,"国八条"的冲击对于人力资本配置效率造成的扭曲,在双非高校毕业生中产生的影响更大,表现为更低的匹配程度和更严重的过度教育。

五、小结

北、上、广等一线城市因具有更完善的社会保障体系、更优质的公共资源和服务、更丰富的就业机会和更广阔的发展空间,对高校毕业生更具就业吸引力。与户籍制度相配套的劳动就业制度、城市偏向的社会保障制度、排他性的城市福利体制在其就业吸引力中扮演重要角色,但严格的户籍制度对毕业生就业配置效率带来的扭曲也是值得深思的问题。

本节采用北京大学教育学院 2009—2019 年"全国高校毕业生就业状况"调查数据,选取毕业生自评专业与工作的匹配程度、就业满意度和过度教育程度作为衡量就业配置效率的代理变量,在 Ordered Probit 模型中采用 DID 的研究思路,研究新"国八条"政策通过影响户口价值增强户籍管制对毕业生的约束、进而影响毕业生就业配置效率的机制。本节选取北京、上海、广州三个户籍管制严格的一线城市与全国其他省市对比,发现严格的户籍制度使毕业生为了拿到有较高"价值"的北上广的户口而愿意承担更低的专业与工作匹配程度和就业满意度,以及更严重的过度教育,这刻画了户籍制度对就业配置效率的扭曲。进一步,本节通过性别、学历、高校等级的分样本回归,验证了基准回归的分析,同时也发现在受到户籍管制的城市中,受"国八条"的影响,毕业的人力资本配置效率呈现出一系列的差异化表现。首先,女性毕业生的就业匹配度和满意度都显著低于男性毕业生,性别歧视进一步放大;其次,专科生因其更低的劳动力市场议价能力,匹配度降低得更多,本科生的过度教育问题更严重,满意度更低,研究生则因其释放的高能力"信号"受影响较小;最后,双非高校毕业生受的影响更大,表现为更低的匹配程度和更严重的过度教育问题。

结合研究成果和具体实际,作者提出一系列针对性的政策建议:

第一,积极推动户籍制度改革,将户籍制度与其他一系列政策协同发挥作用,积极引导毕业生就业。比如,利用京津冀协同发展战略,引导北京的毕业生到天津、河北就业,到人才紧缺的地区就业,缓解高学历群体在主要劳动力市场中的就业竞争压力,同时最大化发挥高学历人才的价值,避免优质人力资源在主要劳动力市场中因就业挤压造成浪费。

第二,重视和加强就业市场供给侧制度改革,高校要积极开展启发式、探究式教学,培养更多的创新型人才,鼓励毕业生参与多种形式的创业就业,拓宽就业创业渠道,提高高层次人才的配置效率,从而更好地为经济发展服务。

第三,高校毕业生应该跳脱出原有的思维定式,正确认知自身的职业发展和人生规划,去追求未来更好的发展前景,避免盲目追求"北上广"。相比于北上广,其他地区的高端人才更为稀缺,在其他因素相同的条件下,如果选择去这些地区就业,事业成功的概率和教育的回报率反而有可能更高。当然,这也需要政府出台相关政策和高校就业培训的引导,帮助高校毕业生树立正确的就业观和择业观。

第三章　宏观经济形势与就业

第一节　中国宏观经济发展变化与就业

一、中国经济变化趋势

　　新时代的十年来,改革开放和社会主义现代化建设深入推进,书写了经济快速发展和社会长期稳定两大成就的新篇章。如图3-1所示,中国的 GDP 在2003—2022年始终保持总体增长态势,2021年人均国内生产总值达到80976元,突破8万元大关,按年平均汇率折算达1.25万美元,超过世界人均 GDP 水平。在2012年之前,我国经济始终保持高速增长,仅在2008年受金融危机的影响有所减缓;在2012年后,我国经济转向高质量发展,GDP 增速保持相对较为稳定的水平,面对世界经济的新形势、新挑战始终具有较强的经济韧性和竞争力,发展基础更牢、质量更优、动力更充沛。

　　我国的宏观经济变化趋势与就业机会之间存在着密切的关系。经济增长最直接的表现为国家或地区实际生产总值(GDP)的增加,它直接或间接地影响着就业水平的提高和就业机会的创造。随着我国经济的快速发展,国内外市场扩大、生产增加和企业投资增加为就业机会的增加创造了条件。经济增长可以激励企业扩大规模、增加生产,企业需要更多的劳动力来满足生产需求,从而提供更多的就业机会。另外,经济的发展和教育的普及是相

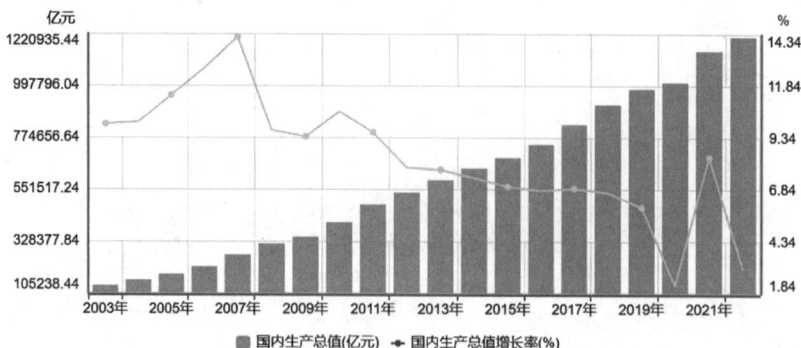

图 3-1　2003—2022 年国内生产总值与国内生产总值增长率

数据来源:国家统计局统计数据。

互促进的,人力资本的提升对经济增长和就业机会的创造具有重要影响。如图 3-2 所示,2020 年第七次人口普查中,除西藏自治区外,有数据的各省份平均受教育年限均已超过 7 年,其中北京、天津、上海等地区的平均受教育年限已超过 10 年,意味着当前我国的劳动力平均都受过小学教育,还有很大一部分受过高等教育。平均受教育年限的增长与经济的发展是相关的,经济发展创造出的新的就业机会需要更高素质的劳动力,而教育和培训的改善可以提高劳动力的技能水平和素质,适应就业增加和质量提升的需要,反过来促进经济的进一步增长。

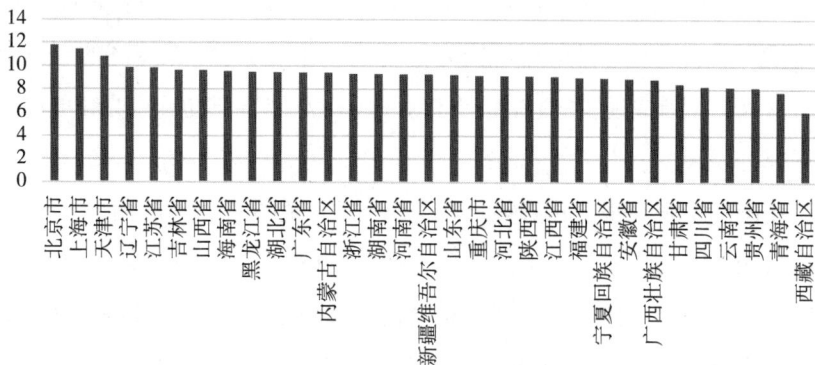

图 3-2　2020 年第七次人口普查中各省份平均受教育年限

数据来源:国家统计局统计数据。

宏观经济变化的另一个重要指标是通货膨胀率。通货膨胀对就业具有双重影响:积极影响是,适度的通货膨胀可能会增加企业的销售额和利润,促使企业扩大生产规模和雇佣新员工,刺激投资和创业活动,有助于促进经济活动,从而为就业市场带来新的机会。消极影响是,当通货膨胀率过高时,物价全面上涨速度过快会导致消费能力下降,从而对经济活动和企业利润产生负面影响,可能导致企业缩小生产规模、减少雇佣或停止扩大就业,从而对就业市场造成压力。此外,高通货膨胀率导致的生活成本提高还可能引发工资的上涨,进而增加企业的劳动力成本负担,导致企业裁员或减少新的雇佣。高度的通货膨胀可能导致经济不稳定和不确定性增加,这会对企业的决策和投资产生负面影响,进而影响就业市场。如图 3-3 所示,近十年来,我国的通货膨胀率始终保持在相对稳定的水平波动,农村居民和城市居民消费价格指数没有产生太大的差异,在刺激经济活动的同时,避免了严重通货膨胀和经济大起大落等情况的发生,保持了经济平稳较快发展。

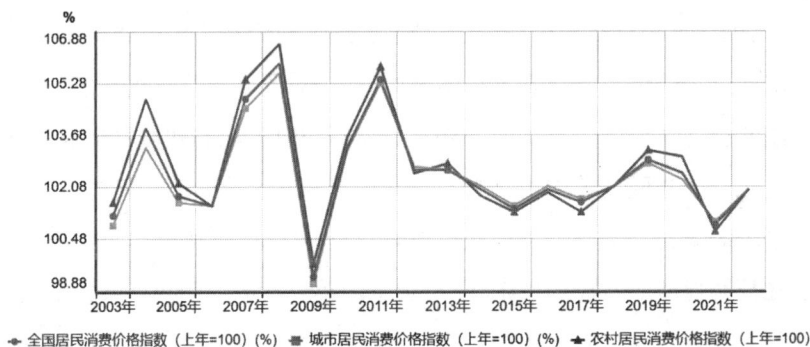

图 3-3　2003—2022 年居民消费价格指数

数据来源:国家统计局统计数据。

二、产业结构转型对就业的影响

近二十年来,我国的产业结构发生了十分广泛而深刻的变化。从三次产业对 GDP 的贡献率来看,如图 3-4 所示,第一产业的贡献率基本保持稳定;第二产业的贡献率在 2019 年及之前呈下降趋势,甚至一度到达了

32.6%的最低点,2020年以来稍有所回升;第三产业的贡献率则呈上升趋势,从2003年的39%上升到2019年的63.5%,但2020年以来稍有下降。而从三次产业对国内生产总值增长的拉动来看,如图3-5所示,第一产业对GDP的拉动作用基本保持稳定,第三产业对GDP的拉动作用在2013年之后渐渐超过第二产业,并保持了基本上升态势。产业结构的变化对就业市场的影响是多方面的。

第一,制造业就业人才短缺,面临"用工荒"问题。随着产业结构的转型,技术进步导致生产方式变革,需要更高技能水平的员工,随着劳动力成本的上升,一些低技能劳动力岗位变得不具吸引力,年轻一代进入传统制造业就业的意愿降低,导致劳动力供给不足,传统制造业面临着"用工荒"的挑战。制造业"用工荒"导致企业难以填补空缺的职位,迫使企业转向更高技能的生产方式,更多使用机器代替人力,进一步减少了制造业的就业机会,特别是那些需要低技能劳动力的岗位。这也促使传统企业进行产业结构调整,加强技术创新,提高智能化水平,向高附加值、高技术含量的产业转型,从而创造更多高技能水平的就业机会,这又对劳动力的素质提出了更高的要求。这一变化反映在教育和就业上,就是对职业教育重视程度的提高。随着职业教育学校的数量增加,招生规模的不断扩大,职业教育毕业生的就业问题也越来越受到关注。一方面,制造业"用工荒"对职业教育人才产生了大量的需求;另一方面,由于职业教育毕业生与普通高校毕业生在薪资、福利和社会保障等方面的差距,社会对于职业教育的评价仍然有待提高,这也限制了职业教育的生源和毕业生的就业去向。

第二,技术创新作为推动经济增长的重要因素,对就业产生着双重影响。一方面,技术创新可能会替代一些传统的劳动力需求,导致部分岗位的消失。例如,自动化生产线可以取代一部分繁重、重复性的工作,而机器学习和自然语言处理技术使得一些办公室工作可以由智能系统完成。这些替代性效应可能导致一些就业机会减少或转移。另一方面,技术创新也会创造新的就业机会,在新兴产业和高技术领域产生大量的新职业、新岗位。例如,自动化技术的开发和维护需要专业技能和专业人才,人工智能的应用也

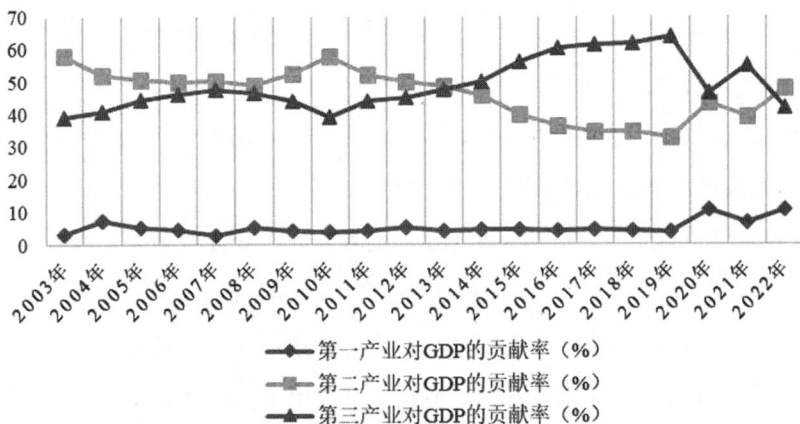

图 3-4　2003—2022 年三次产业对 GDP 的贡献率

数据来源:国家统计局统计数据。

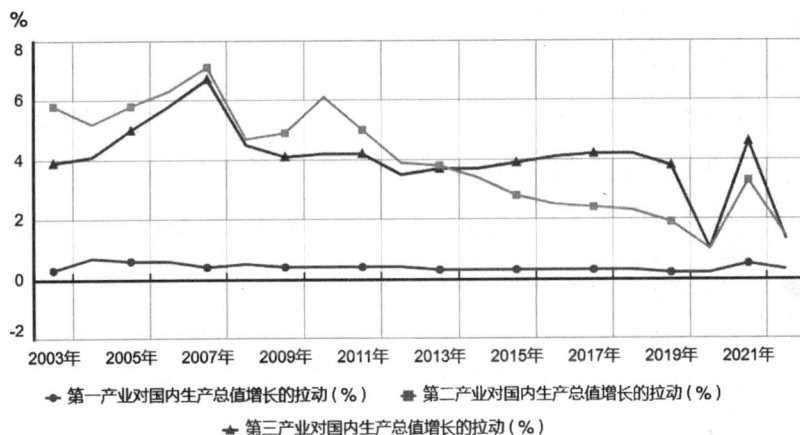

图 3-5　2003—2022 年三次产业对国内生产总值增长的拉动

数据来源:国家统计局统计数据。

催生了相关的就业领域,如机器学习工程师、数据科学家等。此外,新兴行业和创新领域的发展也为就业提供了新的机会。技术的发展对就业带来的影响是跨行业的,随着产业结构的变化,一些行业可能会因为技术进步而减少就业机会,而其他行业可能会因为技术的广泛应用而增加就业机会,带来就业结构的变迁。技术创新也使劳动力市场的需求发生了变化,劳动者需要适应新技术的就业需求,可能需要进行转型和再培训以获取新的技能和知识。这意味着在自动化和人工智能时代,终身学习和不断提升技能成为重要的就业策略。

第三,服务业的扩张和新就业形态的出现为就业提供了新的机会。近十年来,我国服务业飞速扩张,特别是在零售、餐饮、旅游、金融、医疗保健和教育等领域,创造了大量的就业机会。服务业的扩张还改变了就业结构,随着服务业就业机会的增加和薪资待遇的提高,传统制造业岗位的减少可能会被服务业的增长所抵消。此外,服务业扩张还可能促进创业和灵活就业。在许多服务领域,个体经营者和小型企业进入市场的门槛较低,服务业的扩张为有创业倾向或希望灵活就业的人提供了机会。随着经济和科技的发展,自由工作者、零工经济、平台经济、远程就业等新就业形态的出现也创造了大量新的就业岗位。2021 年,人力资源和社会保障部会同国家市场监督管理总局、国家统计局发布了集成电路工程技术人员、企业合规师等 18 个新职业信息,涵盖了制造业、餐饮、建筑、金融、环保、新兴服务业等多个行业,这是《中华人民共和国职业分类大典(2015 年版)》颁布以来发布的第四批新职业。这也是我国经济扎实推进高质量发展、满足人民日益增长的美好生活需要的体现,例如新职业中的"调饮师"就反映了随着生活方式改变及生活节奏加快,原先单一的饮品已难以满足消费者多样化需求,"调饮师"这一职业应运而生,将茶叶、奶、果蔬等融合制作新式可口健康饮品,不仅有利于促进灵活就业,还可以带动茶叶、奶类及果蔬等产业的发展。

三、宏观经济政策与高质量就业

宏观经济政策在实现高质量就业中扮演着不可或缺的重要角色。近年来,我国采取积极的财政政策和稳健的货币政策,通过鼓励市场需求刺激就业增长。此外,我国始终重视对劳动者的就业保障,自 2019 年的政府工作报告首次将就业优先政策置于宏观政策层面以来,劳动力市场政策和劳动法规体系不断健全完善。

财政政策通过调整政府支出和税收来影响经济活动和就业市场。如图 3-6 所示,2003—2022 年我国的财政收入和财政支出始终保持增长态势,并且财政支出渐渐超过财政收入,保持了一定的财政赤字,以刺激经济增长。当财政政策采取积极的扩张性措施时,例如增加公共投资有助于创造公共项目和基础设施建设的工作岗位,提高社会福利支出或降低个人和企业税负可以提高企业利润和居民可支配收入,鼓励企业增加投资和扩大规模,刺激经济增长,带动就业机会的增加。

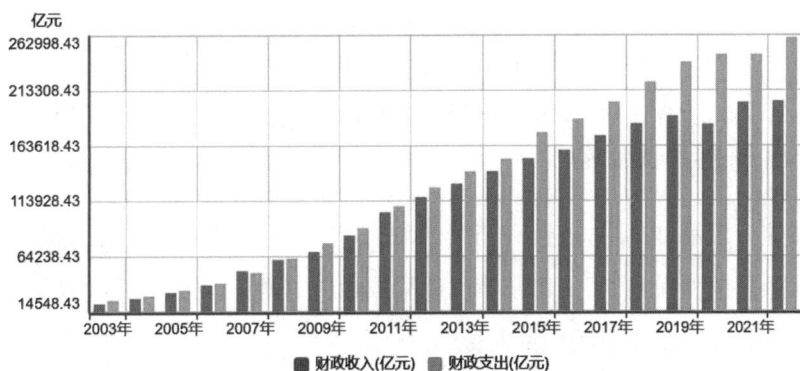

图 3-6　2003—2022 年财政收支

数据来源:国家统计局统计数据。

货币政策通过调整货币供应量和利率来影响经济活动和就业市场。当货币政策采取宽松的措施时,例如降低利率、增加货币供应或实施量化宽松政策,可以降低企业的融资成本,激发企业扩大生产和雇佣新员工的意愿,鼓励企业和个人增加借贷和投资活动,促进经济增长和就业。此外,货币宽松还可以促进消费支出和投资需求的增加,进而创造更多的就业机会。但是,过于宽松的货币政策存在引发恶性通货膨胀的风险,因此近年来我国的货币政策保持稳健,如图 3-7 所示,货币和准货币供应量同比增长率始终保持较为稳定的水平,在刺激企业投资和居民消费的同时,保持物价水平总体平稳。

财政政策和货币政策通常需要协调配合,以实现更好的调节效果。当财政政策采取扩张性措施时,货币政策可以通过宽松的利率和货币供应来

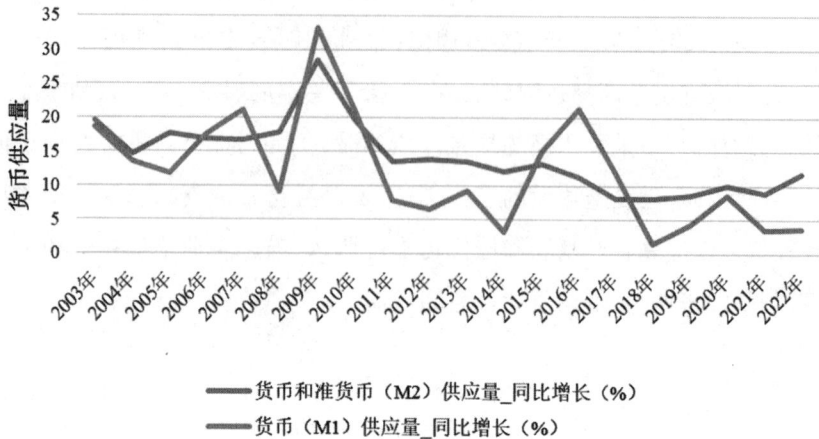

图 3-7　2003—2022 年货币供应量

数据来源：国家统计局统计数据。

支持这一政策，以促进投资和消费的增长，进而推动就业。相反，当财政政策采取紧缩性措施时，货币政策可以采取相应的紧缩措施，以避免通货膨胀和经济放缓对就业市场的负面影响。

　　完全依靠市场调节就业会产生市场失灵的问题，损害劳动者的就业权利。我国出台了一系列就业保护和劳动法规，为劳动者提供保护和权益保障，使劳动者在工作中享有合理的待遇和工作条件，从而提高就业的积极性和稳定性，为就业机会的增加提供良好的环境。例如，为了保障低收入劳动者的基本权益，2004 年 3 月，原劳动和社会保障部修订并印发了新的《最低工资规定》，要求并授权各省劳动行政主管部门在国务院劳动行政主管部门指导下对辖区内最低工资制度实行统一管理。最低工资具体水平由各省劳动行政主管部门会同同级工会、企业家协会，灵活根据当地生活费用、平均工资、失业率以及经济发展水平等社会经济指标予以确定；并明确要求各省最低工资每两年至少调整一次。再例如，为了保障女性劳动者的权益，减少劳动力市场中的性别歧视，2016 年教育部办公厅发布《关于进一步做好高校毕业生就业创业工作的通知》，将女性毕业生作为就业困难群体之一，要求通过发放求职创业补贴、举办专场招聘活动、开展个性化辅导、推荐岗位信息等多种方式帮助女性毕业生尽快实现就业,同时在校园招聘中严禁发布含限定性别等歧视性条款的就业信息,坚决反对任何形式的就业歧视,全力保障高校女毕业生的就业权益。但是,当前灵活就业劳动者、职业教育毕业生、女性毕业生等群体在劳动力市场中仍然会受到一定程度的歧视,国家应进一步呼吁消除就业歧视,开展反就业歧视立法调研,尽快出台"反就业歧视法",为公平就业提供法律保障。

第二节 宏观经济形势变化对高素质人才就业的异质性影响

一、问题概述

随着中国经济步入"新常态",经济增速放缓、经济结构变动、人口红利消失给中国的劳动就业和人力资本战略带来了新的挑战和机遇。纵观金融危机前夕的 2007 年至即将进入新常态的 2013 年,中国就业总人口维持绝对增长的趋势,如图 3-8 所示,就业人口年增长率较为稳定,在 0.4% 附近浮动。不过,中国人口数据显示,从 2013 年开始,中国劳动年龄人口开始呈现绝对减少趋势,这就从客观上决定了我国依靠劳动力数量丰富、成本低廉的"传统人口红利"支撑经济高速增长的模式已经难以为继。同时,大规模受过高等教育的劳动力进入中国劳动力市场之中,截至 2013 年底,毕业后进入劳动力市场的本科生和研究生总数达到 310 万人,而 2008 年仅为 158万人,五年间高素质人才的新增供给量翻了一番。从图 3-8 可以看到,每年进入劳动力市场的本科生、硕士生、博士生以远高于就业人口增长率的速率增长,2011 年至 2013 年的年均增长率分别为本科生 8%、硕士生 13%、博士生 3%,给就业市场带来了新的压力。劳动供给的绝对减少和高素质人才供给的快速增加,预示着中国发展不可能长期依赖数量上的"人口红利",必须转到以知识、技能等人力素质提高推动经济内生增长的道路上来。

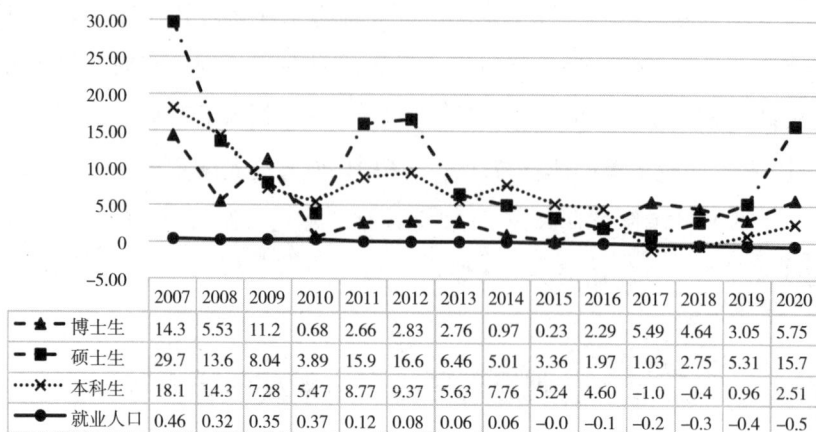

	2007	2008	2009	2010	2011	2012	2013	2014	2015	2016	2017	2018	2019	2020
博士生	14.3	5.53	11.2	0.68	2.66	2.83	2.76	0.97	0.23	2.29	5.49	4.64	3.05	5.75
硕士生	29.7	13.6	8.04	3.89	15.9	16.6	6.46	5.01	3.36	1.97	1.03	2.75	5.31	15.7
本科生	18.1	14.3	7.28	5.47	8.77	9.37	5.63	7.76	5.24	4.60	-1.0	-0.4	0.96	2.51
就业人口	0.46	0.32	0.35	0.37	0.12	0.08	0.06	0.06	-0.0	-0.1	-0.2	-0.3	-0.4	-0.5

图 3-8　本科、硕士、博士的新增劳动供给增长率与就业人口增长率 （单位:百分比）

注:数据来源于国家统计局网站公布的年度统计数据,并根据 2020 年第七次人口普查数据,将
2011—2019 年就业人口数据进行了调整。博士劳动力新增供给为全国博士生结毕业人数,硕士
劳动力新增供给估算自硕士结毕业人数减去博士招生人数,本科劳动力新增供给估算自本科结
毕业人数减去硕士招生人数。图中显示的是这三个指标的年增长率与就业人口的年增长率。

　　高素质人才就业是"新常态"下中国人口资源强国战略实施的重点,关
乎中国结构转型成败,同时,"新常态"下宏观经济形势也会反向影响高素
质人才就业,两方面相互作用、相互制约,本节旨在关注宏观经济形势对高
素质人才就业的作用机制。国内已有不少关于宏观经济形势对劳动力就业
影响的研究,综合来看,其影响主要体现在三个方面:一是就业数量或就业
意愿,尤其是对于应届毕业生,他们可以根据不同宏观经济形势选择就业、
创业或升学;二是劳动力对就业的主观评价,包括就业的主观满意度、职业
与能力主观合适度等;三是就业质量的客观指标,包括受教育年限与岗位要
求的差异、专业和行业、职业的相关度等。国内现有研究主要关注宏观经济
形势对就业数量的影响,而对就业质量研究甚少。本节从就业质量和就业
数量两方面入手,构建了一个衡量专业与行业相关程度的客观指标,并基于
国内某双一流高校 2008—2019 届本、硕、博毕业生的就业数据,分析了宏观
经济形势对不同教育层次劳动力的差异化影响。实证研究发现,宏观经济
形势对本科、硕士博士毕业生就业的影响程度存在较大差异,面对经济增速
逐渐放缓带来的劳动力需求负向冲击,本科和硕士的就业数量没有受到显

著影响,博士的就业数量反而有所提升;在产业结构变化带来的劳动力需求结构变化影响下,博士生就业增加相对更多;经济增速放缓、生活和住房成本上升等经济压力使本科生相比于硕博生的专业-行业相关度降低更多。①

二、文献与理论框架

(一)文献回顾

1.就业弹性的异质性

对劳动力就业弹性研究分为需求弹性②和供给弹性。对需求方弹性的研究集中于中国经济增长的就业弹性,针对"无就业增长"之谜,学者们做出了一系列的解释,蔡昉认为宏观经济政策将投资引向就业密集度较低的行业,从而大大降低反周期措施对就业的拉动能力。③ 通过考虑冗员和产出变化对就业的滞后效应,经济增长对就业弹性的拉动作用就会大幅度地上升,同时,工资刚性和劳动生产力的提高会导致劳动力需求弹性的降低。④ 对不同所有制的企业而言,就业需求弹性也存在差异,外资企业和私

---

① 参见姚裕群:《我国大学生就业难问题演变与近期发展趋势》,《人口学刊》2008年第1期;陈昊、陈哲:《高学历劳动力就业困境及其原因探析》,《统计研究》2015年第4期;王博、徐飘洋:《不确定性与宏观经济波动——基于企业预防性定价和居民失业风险视角》,《财经研究》网络首发,2021年12月14日。

② 参见蔡昉、都阳、高文书:《就业弹性、自然失业和宏观经济政策——为什么经济增长没有带来显性就业?》,《经济研究》2004年第9期;简新华、余江:《基于冗员的中国就业弹性估计》,《经济研究》2007年第6期;李文星:《中国经济增长的就业弹性》,《统计研究》2013年第1期;Blundell,Richard,and Thomas MaCurdy.``Labor supply:A Review of Alternative Approaches'',*Handbook of Labor Economics*,1999,3,pp.1559-1695;黄燕萍、刘榆、吴一群、李文溥:《中国地区经济增长差异:基于分级教育的效应》,《经济研究》2013年第4期;程杰、朱钰凤:《劳动供给弹性估计:理解新时期中国劳动力市场转变》,《世界经济》2021年第8期。

③ 参见蔡昉、都阳、高文书:《就业弹性、自然失业和宏观经济政策——为什么经济增长没有带来显性就业?》,《经济研究》2004年第9期。

④ 参见简新华、余江:《基于冗员的中国就业弹性估计》,《经济研究》2007年第6期;李文星:《中国经济增长的就业弹性》,《统计研究》2013年第1期;丁守海:《中国就业弹性究竟有多大?——兼论金融危机对就业的滞后冲击》,《管理世界》2009年第5期;宋小川:《无就业增长与非均衡劳工市场动态学》,《经济研究》2004年第7期。

营企业在长短期内的就业需求弹性均高于国有企业。劳动供给弹性则会受到性别、家庭背景、教育水平、城乡差异等因素的影响。[1]

2. 不同教育层次的替代作用

不同教育层次之间的就业替代效应在过度教育和教育不足现象中有所体现,同时,过度教育和教育不足的教育回报率差异能够解释一部分教育回报率的异质性。国外经验研究表明,教育适中的教育回报率最高,过度教育的教育回报率较低,约为教育适中的50%。Duncan & Hoffman 发现教育适中对应一年的教育回报为 0.063,过度教育对应一年的教育回报为 0.029,教育不足对应一年的教育回报为-0.042。[2] Mcguinness 等指出提高女性有效参与、劳动力市场灵活性和教育提供有助于减少国家内部过度教育的发生率。[3] Leuven & Oosterbeek 通过利用 Ewijk & Sleegers 的权重方法将已有文献中计算出来的教育回报率赋予权重,得到教育适中对应一年的教育回报为 0.089,过度教育对应一年的教育回报为 0.043,教育不足对应一年的教育回报为-0.036。[4] 从国家和地区来看,亚洲相比于北美和欧洲的回报率均略大,北美和欧洲的结果相近。以教育适中为例,亚洲为 0.135,北美为 0.083,欧洲为 0.076。从不同性别来看,以过度教育为例,男生为 0.047,女生为 0.046,而对于教育适中来说,男生为 0.090,女生为 0.101。过度教

① 参见方明月、聂辉华、江艇、谭松涛:《中国工业企业就业弹性估计》,《世界经济》2010 年第 8 期;Blundell,Richard,and Thomas MaCurdy."Labor supply:A Review of Alternative Approaches",*Handbook of Labor Economics*,1999,3,pp.1559-1695;张世伟、周闯:《中国城镇劳动力市场中劳动参与弹性研究》,《世界经济文汇》2009 年第 5 期;Bound,John,and Harry J. Holzer, "Demand Shifts, Population Adjustments, and Labor Market Outcomes during 1980s",*Quarterly Journal of Economics*,2000,110(4),pp.1075-1110。

② 参见 Duncan,Greg J.,and Saul D.Hoffman,"The Incidence and Wage Effects of Over-education",*Economics of Education Review*,1981,1,pp.75-86.

③ 参见 Mcguinness, S., Bergin, A., and Whelan, A., "Overeducation in Europe:Trends,Convergence,and Drivers",*Oxford Economic Papers*,2018,70(4),pp.994-1015。

④ 参见 Leuven,Edwin,and Hessel Oosterbeek,"Overeducation and mismatch in the labor market",*Handbook of the Economics of Education*,2011,4,pp.283-326;Ewijk,Reyn,and Sleegers,Peter,"The Effect of Peer Socioeconomic Status on Student Achievement:a Meta-analysis",*Educational Research Review*,2010,5,pp.134-150。

育现象的普遍存在,及其相对较低的教育回报率说明高教育层次的劳动力对低教育层次劳动力存在一定的向下替代效应,这为分析不同教育层次的劳动力的供给弹性提供了一定的经验证据。

3. 风险偏好的异质性

相关经验研究表明,随着教育水平的提高,风险厌恶程度逐渐减小。一方面,高教育水平与高(预期)收入相关,降低了风险厌恶;另一方面,高教育水平提高认知能力,与风险厌恶程度负相关。Brunello 将意大利1500 个男性户主作为研究对象,分析绝对风险厌恶与教育回报之间的关系,发现风险厌恶系数与受教育年限之间负相关。[1] Dohmen 等以德国100 名成年人为样本,研究风险厌恶、耐心与认知能力间的关系,研究发现越风险厌恶、表现得越没耐心的人其认知能力越低。[2] Hryshko 等研究童年风险厌恶的决定因素,发现提高学校毕业率的政策会显著降低下一代风险厌恶程度。[3] Black 等对瑞典的人口和金融数据进行研究,指出对于男性而言,教育水平的提高会增加金融市场的冒险行为,多受一年的教育会使男性市场参与度增加两个百分点,分配给股票的金融财富份额增加 10%,而较低的风险厌恶程度是教育增加股票份额的潜在渠道。[4] 这部分文献能够解释面对宏观经济形势的变化,不同教育层次劳动力的应对存在差异。

---

[1]　参见 Brunello, Giorgio, "Absolute risk aversion and the returns to education", *Economics of Education Review*, 2002, 21(6), pp.635-640。

[2]　参见 Dohmen, Thomas., ArminFalk, David Huffman, and Uwe Sunde, "Are Risk Aversion and Impatience Related to Cognitive Ability?", *American Economic Review*, 2010, 100, pp.38-60。

[3]　参见 Hryshko, Dmytro, María José Luengo - Prado, and Bent E. Sørensen, "Childhood determinants of risk aversion: The long shadow of compulsory education", *Quantitative Economics*, 2011, 2, pp.37-72。

[4]　参见 Black, S.E., Devereux, P.J., Lundborg, P., and Majlesi, K., "Learning to take risks? The effect of education on risk-taking in financial markets", *Review of Finance*, 2018, 22(3), pp.951-975。

4. 劳动匹配效率的异质性

与本节相关的一类研究是关于不同群体的劳动匹配效率的研究。一部分文献表明不同专业的劳动力匹配特点存在差异,理工科专业在就业时匹配的行业较少,而人文社科专业在就业时匹配的行业较多。Lindley & McIntosh 探讨了不同专业的就业集中度,即一个专业中就业最热门的三个职业中的人数占该专业总人数的比例,医学、教育学和信息科学(包括数学)的就业集中度持续最高,而经济和人文艺术专业的就业集中度最低。① 封世蓝等发现相比于进入公共部门,在非公共部门就业的毕业生其专业行业匹配度更高,此外,由于户籍制度的限制,在北京就业的外地生源相比于本地生源则只能选择与自己专业匹配度更低的职业。② 郭睿等运用中国雇主—雇员匹配调查数据研究发现,女性的学历、专业错配率高于男性,人文艺术类毕业生的专业错配率最高。③ 本节选取这部分文献所关注的视角,来探讨宏观经济形势的变化对劳动匹配效率产生的影响。

5. 宏观经济与就业

此外,与本节研究最为相近的一类文献探讨的是宏观形势和政策变化对就业情况的影响。一部分文献研究宏观经济形势变化对劳动力需求产生的冲击,姚裕群认为高校毕业生就业处在经济体制转轨排斥就业、经济发展不均衡约束就业、技术进步挤出就业岗位的需求格局之中,就业问题亟待解决。④ 陈昊和陈哲提出了高学历劳动力的就业困境,无论政府的先验性目标(与经济增长率成比例的就业目标)还是后验性目标(当地国有企业就业

①　参见 Lindley, Joanne, and Steven McIntosh, "Growth within Graduate Wage Inequality: The Role of Subjects, Cognitive Skill Dispersion and Occupational Concentration", *Labor Economics*, 2015, 37, pp.101–111。

②　参见封世蓝、谭娅、黄楠、龚六堂:《户籍制度视角下的大学生专业与就业行业匹配度异质性研究——基于北京大学 2008—2014 届毕业生就业数据的分析》,《经济科学》2017 年第 5 期。

③　参见郭睿、周灵灵、苏亚琴、杨伟国:《学历、专业错配与高校毕业生就业质量》,《劳动经济研究》2019 年第 7 期。

④　参见姚裕群:《我国大学生就业难问题演变与近期发展趋势》,《人口学刊》2008 年第 1 期。

规模),都抑制了大专及以上学历劳动力的就业规模。也有一部分学者着眼于政策变化和经济环境劳动力供给的影响。[1] 邢春冰和李实考察了1999年大学扩招对不同人群高等教育机会和大学毕业生就业的影响,发现扩招使失业率显著提高9个百分点,其中50%是毕业生平均能力下降所致。[2]这些研究主要关注就业数量受到宏观经济的影响,对人力资本的配置效率没有深入分析。与这些文献不同的是,本节系统地分析了宏观经济形势变化对不同教育层次劳动力就业数量和就业质量的影响,并考虑了中国经济发展过程中多方面的变化,包括经济增速、产业结构、市场化进程、劳动力生存成本等因素。

(二)理论框架

根据相关文献中的理论,本节从劳动力供求关系入手分析就业数量随宏观经济形势的变化,并从收入组成角度分析专业—行业相关度受宏观经济形势变化的影响。

命题一:当宏观经济形势变化导致劳动需求降低时,低教育层次比高教育层次的就业数量降低更多。

不同教育层次的供给弹性和需求弹性存在差异,这是导致不同教育层次劳动力就业数量对宏观经济形势变化的反应存在差异的主要原因。这里,本节简化分析框架,不考虑市场的摩擦和劳动力市场的搜索匹配过程,仅仅探讨供求均衡下的就业数量。

劳动需求方面,高教育层次对低教育层次的劳动力有一定的替代性,不过,由于高教育层次要求的劳动回报高于低教育层次,故这种替代作用的影响有限,本节据此假设低教育层次的劳动力需求弹性略高于高教育层次。[3]

---

[1]　参见陈昊、陈哲:《高学历劳动力就业困境及其原因探析》,《统计研究》2015年第4期。

[2]　参见邢春冰、李实:《扩招"大跃进"、教育机会与大学毕业生就业》,《经济学(季刊)》2011年第4期。

[3]　参见李锋亮、岳昌君、侯龙龙:《过度教育与教育的信号功能》,《经济学(季刊)》2009年第1期;缪宇环:《我国过度教育现状及其影响因素探究》,《统计研究》2013年第7期。

劳动供给方面,由于中国的教育体制具有高度的竞争性和筛选性,本科和研究生招生有严格的计划限制,因此,不同教育层次的供给弹性比较低,由于低教育层次可以选择继续接受更高层次的教育,而随着教育层次的上升,招生数量递减,因此,低教育层次的劳动供给弹性高于高教育层次。

当宏观经济形势变化使劳动需求曲线移动时,一方面,需求曲线的移动会直接改变均衡就业数量;另一方面,劳动力会改变对未来就业风险和收入水平的预期,从而导致劳动供给曲线也随之移动。劳动供给曲线的移动程度会受到不同教育层次的风险厌恶程度和劳动力流动能力的影响。当前经济增速放缓,在一定程度上抑制了劳动力需求,由于高教育层次的劳动力风险厌恶程度更低,并且高教育层次的劳动力可以更顺畅地通过职业流动来规避劳动需求降低带来的风险,因此,高教育层次的劳动力供给受到负向经济冲击而减少的程度更小。[1] 总的来说,当宏观经济形势变化使劳动需求降低时,低教育层次比高教育层次的就业数量减少得更多。

命题二:当宏观经济形势变化导致劳动供给降低时,高教育层次的就业数量的变化相较于低教育层次会更大。

由于高教育层次的劳动力有较低的供给弹性,当不同层次的劳动力面对的需求弹性的差异相对较小时,高教育层次的就业数量的变化相较于低教育层次会更大。

命题三:劳动力采取调整就业质量的策略能够缓解宏观经济冲击对就业的影响,不过,不同教育层次的劳动力采用该策略的效果存在差异。

本节将工资划分为三个组成部分:与教育水平相关的工资,与专业技能挂钩的工资,以及所处行业的工资升水。首先,工资会受到专业—行业相关度的影响。专业—行业相关度越高,由于专业技能得到的工资回报越高,但

---

① 参见 Brunello, Giorgio, "Absolute risk aversion and the returns to education", *Economics of Education Review*, 2002, 21 (6), pp. 635 - 640; Bound, John, and Harry J. Holzer, "Demand Shifts, Population Adjustments, and Labor Market Outcomes during 1980s", *Quarterly Journal of Economics*, 2000, 110(4), pp.1075 - 1110。

同时,考虑到不同行业的工资升水不同,在高收入行业,低专业—行业相关度带来的较低的专业技能回报会被本行业的工资升水所弥补。随着教育水平的提升,专业技能逐渐增加,专业技能回报随之提升,因此,对于更高的教育层次,低专业—行业相关度带来的专业技能回报的降低更为严重,更难以被行业升水所弥补。

其次,宏观经济形势发生变化时,一部分劳动力需要在专业—行业相关度和高收入行业之间权衡,当宏观经济形势恶化时,进入高收入行业能够通过行业工资升水规避一部分收入降低的风险,而选择更为相关的行业时,自身的专业优势会带来收入的提高。正如本节之前分析的,高教育层次的劳动力由于专业优势更强,将会相对更少地通过选择高收入行业来规避风险。同理,当生活成本或者住房成本上升时,高教育层次的劳动力也会相对更少地通过选择与自身专业相关度较低但是收入较高的行业来应对。

三、描述统计

本节所用到的就业数据来源于国内某双一流高校统计的 2008—2014 届国内某双一流高校毕业生就业信息数据,数据包括于 2008 年至 2014 年毕业并签订三方就业协议的所有毕业生(含本科、硕士和博士),本节统计了包括性别、民族、最高学历、生源地、政治面貌、院系、专业等个人信息,以及就业单位、就业单位所在地、就业单位性质、就业单位行业等就业信息。如表 3-1 所示,本文的总观测值为 19524 人,其中本科生、硕士生、博士生占总样本比例分别为 9.85%、72.62%、17.53%。可以看到,依据就业单位性质划分,毕业生平均进入国有部门的比例为 65.86%,并且高教育层次更多进入国有部门就业,其中,本科生 58.58%,硕士生 65.72%,博士生 70.55%。依据就业单位所在地和生源地划分,外地生源在北京就业的平均比例为 24.97%,其中,本科生 34.96%,硕士生 23.30%,博士生 26.30%。

表 3-1　毕业生数据描述

相关指标	本科生	硕士生	博士生	全样本
观测值	1922	14179	3423	19524
观测值占样本比例(%)	9.85	72.62	17.53	100
男性比例(%)	56.24	55.58	65.41	57.37
少数民族比例(%)	9.89	5.92	5.20	6.18
党员比例(%)	15.82	54.47	60.53	51.73
国有部门就业的比例(%)	58.58	65.72	70.55	65.86
民营部门就业的比例(%)	28.05	25.84	26.27	26.14
外资部门就业的比例(%)	13.37	8.44	3.18	8.00
在生源地就业的比例(%)	38.45	49.81	49.75	48.68
外地生源在北京就业的比例(%)	34.96	23.30	26.30	24.97

本节运用的宏观数据包括 2007 年至 2013 年的全国和省级的年度宏观经济数据,均来自国家统计局公布的《中国统计年鉴》。相关宏观经济指标和描述统计详见表 3-2,其中,经济增长用 GDP 增速表示,全国的经济增速来自统计局的统计公报,工作地和生源地的经济增速按人均 GDP 的年增长率计算;产业结构用第三产业增加值对 GDP 的贡献率表示;市场化程度用国有固定资产投资额占社会固定资产总投资额的比重表示,该值越高表示市场化程度越低;城镇化程度用非农人口占总人口比重表示;生活成本用消费者价格指数表示;住房成本用住宅商品房价格指数表示,该指数根据当年住宅商品房平均销售价格除以上年住宅商品房平均销售价格后乘以 100 得到。

表 3-2 中比较了全国经济、工作地经济和生源地经济的指标,可以看到工作地的经济增长和市场化程度平均小于生源地,工作地和生源地的经济增速的比值平均为 0.95,不过,工作地的第三产业比重和城镇化程度都高于生源地,工作地和生源地的生活成本和住房成本相近。总的来看,工作地相比于生源地在产业结构、城镇化程度上更有优势,这些指标与活跃的劳动力市场有一定联系,同时,工作地有更多在国企工作的机会,而国有部门

对高教育层次的人才的吸引力更强。[①]

表 3-2　宏观经济变量描述

宏观因素	衡量指标	全国经济		工作地经济	生源地经济	工作地与生源地经济比值	
		均值	标准差	均值	均值	均值	标准差
经济增长	GDP 增速(%)	8.76	1.15	10.52	14.41	0.95	2.67
产业结构	第三产业对 GDP 贡献率(%)	44.34	2.52	63.17	42.79	1.56	0.51
市场化程度	国有资本固定投资占比(%)	27.73	2.30	26.51	26.24	1.12	0.45
城镇化程度	非农人口占总人口比重(%)	49.82	2.90	76.41	54.87	1.47	0.44
生活成本	CPI 指数(上年=100)	103.01	2.21	103.07	103.39	0.10	0.01
住房成本	住宅商品房价格指数(上年=100)	109.40	7.86	112.99	112.21	1.01	0.10

接下来,本节构建相关就业指标,并对样本的专业分布和行业分布进行了描述统计分析。

（一）指标构建

首先,本节需要衡量就业意愿,由于数据库中只有选择了就业的个体,并没有选择升学或者留学的个体的数据,因此,无法通过二元变量来衡量就业意愿,这里,本节通过将每年不同专业的就业人数汇总的方式衡量就业意愿,并通过时间固定效应来控制由于招生人数变化带来的就业人数变化。

其次,本节需要构造专业—行业相关度,构造该指标的主要思想是,对于一个行业的企业来说,最相关的专业在招聘过程中会以更高的比例录用,同时,对于一个专业的毕业生来说,会更多地应聘更相关的行业。因此,该指标的构造方法为:第一,计算在每个行业中不同专业的毕业生所占的比例,就业比例高于 20% 的专业与该行业相关度取值 3,就业比例在 10%—

①　参见郭茜、孙文凯:《清华大学毕业生就业状况及影响因素分析》,《清华大学教育研究》2015 年第 4 期。

20%的专业与该行业相关度取值2,5%—10%的专业与该行业相关度取值1,低于5%的专业与该行业相关度取值0。第二,计算每个专业中选择不同行业的毕业生所占的比例,将比例位于前两位的行业与该专业相关度取值3,位于第三、四位的行业与该专业相关度取值2,位于第五、六位的行业与该专业相关度取值1,其他行业相关度取值0。第三,将前两种衡量方法得到的相关程度取更低的一个作为专业—行业相关度的衡量指标。不过,仅仅根据国内某双一流高校的毕业生就业数据来划分的话,难免受到整个学校就业环境、就业偏好的影响,因此,本节进一步咨询教育领域的相关专家意见,对专业—行业相关度的设置进行了修正。

(二)描述统计

从专业分布来看(详见表3-3),工科和法学人数居多,文史哲专业的人数较少。从不同专业的内部结构来看,理工科男性比例较高,均在60%以上,文学和教育学中男性比例较低,在30%附近,其他学科在50%—60%。管理、经济、教育学、法学、文学中北京生源的比例较高,在10%以上,从就业来看,管理、经济、文学的毕业生在北京就业的比例也相对较高,在60%以上。历史和哲学的毕业生在公共部门就业的比例最高,超过80%,法学、教育学、经济、文学中有70%—80%的毕业生在公共部门就业,理工类和管理类去公共部门就业的比例则相对较低。

表3-3　分专业的就业情况统计

专业大类	人数	百分比（%）	男性比例（%）	党员比例（%）	公共部门比例（%）	北京生源比例（%）	北京就业比例（%）	专业—行业相关度：均值	专业—行业相关度：方差
理学	3132	16.04	62.36	47.38	59.99	8.94	56.10	2.12	1.04
工学	5955	30.50	68.72	47.05	57.13	7.05	59.97	2.22	0.94
经济	2356	12.07	51.95	51.15	73.13	14.22	63.29	2.39	1.08
管理	1901	9.74	54.76	56.23	60.76	29.56	71.38	2.83	0.46
法学	3846	19.70	51.01	60.17	75.27	11.49	56.32	2.50	0.91

续表

专业大类	人数	百分比（%）	男性比例（%）	党员比例（%）	公共部门比例（%）	北京生源比例（%）	北京就业比例（%）	专业—行业相关度：均值	专业—行业相关度：方差
文学	985	5.05	29.64	46.40	73.91	19.09	69.95	1.75	1.25
历史	336	1.72	58.93	50.89	86.31	8.93	51.49	2.08	1.27
哲学	390	2.00	57.44	58.72	81.79	7.44	50.51	2.03	1.20
教育	622	3.19	34.41	59.32	75.08	14.63	57.72	1.93	1.07

从行业分布来看（详见表3-4），金融业的就业比例尤其高，信息产业、公共管理和教育次之。在20个行业中，男性比例超过60%的行业包括IT业、制造业、能源业、军队、采矿业和农林牧渔业，男性比例低于45%的行业包括文娱业、房地产业、零售业、居民服务业、水利环境和公共设施管理业。在这些行业的招聘单位中，教育、公共管理、能源供应、交通运输和仓储邮政、采矿业、金融业中国有单位占绝大多数，比例超过80%，而IT行业、技术服务、批发零售、居民服务等行业中则以非公有单位为主，非公有单位占比超过60%。此外，不同专业在行业中的分布也有一定特点，理工科毕业生占比较高的行业包括IT行业、科学研究和技术服务业、水利环境和公共设施业，理工科毕业生在这三个行业中的占比分别为75.16%、72.90%及89.19%，经管法类毕业生则在金融业、公共管理、房地产、居民服务业中所占比例较高。

表3-4 分行业的就业情况统计

行业	人数	百分比（%）	男性比例（%）	党员比例（%）	公共部门比例（%）	理学工学就业比例（%）	经管法就业比例（%）
金融业	4544	23.28	56.32	53.92	80.24	34.90	60.81
信息传输、软件和信息技术服务业	2701	13.83	67.57	46.43	29.91	75.16	18.33
公共管理、社会保障和社会组织	2818	14.43	58.37	59.33	87.93	32.90	53.94

行业	人数	百分比（%）	男性比例（%）	党员比例（%）	公共部门比例（%）	理学工学就业比例（%）	经管法就业比例（%）
教育	2505	12.83	52.65	57.56	93.49	38.28	35.13
科学研究和技术服务	1775	9.09	59.04	52.39	37.13	72.90	20.34
文化、体育和娱乐	768	3.93	40.63	50.39	81.64	18.88	31.25
制造	457	2.34	62.80	45.30	56.67	48.58	40.48
房地产	376	1.93	58.78	59.31	45.21	34.04	50.80
电力、热力、燃气和水生产和供应	269	1.38	62.45	51.30	83.27	51.67	39.03
建筑	225	1.15	43.11	40.00	70.67	44.44	45.78
交通运输、仓储和邮政	312	1.60	58.33	48.72	83.33	38.46	47.12
批发和零售	205	1.05	40.98	40.00	25.85	37.07	47.80
居民服务、修理和其他服务	636	3.26	41.67	33.81	15.72	21.70	67.92
租赁和商务服务	958	4.91	60.54	37.47	54.38	67.43	27.66
军队	247	1.27	80.57	52.23	—	81.78	10.93
卫生和社会工作	186	0.95	45.16	48.39	57.53	48.92	43.01
采矿	313	1.60	66.77	51.44	82.43	43.45	45.37
农林牧渔	73	0.37	63.01	43.84	60.27	42.47	50.69
水利、环境和公共设施管理	111	0.57	44.14	55.86	54.95	89.19	9.01
住宿和餐饮	44	0.23	47.73	56.82	47.73	40.91	50.50

四、实证分析

对宏观经济因素与高素质人才就业的分析分为三个层面：就业意愿受宏观经济因素的影响，专业—行业相关度与宏观经济因素的关系，以及宏观因素对高素质人才就业产生影响的作用机制。本节需要构建合理的计量模型来实现这三个层面的分析。

（一）计量模型

对就业意愿的实证分析，本节采取面板数据的固定效应回归模型，正如

第三节的数据描述所述,本节缺乏单个毕业生的就业意愿数据,因此,本节通过探讨每年各个专业的就业人数来分析就业意愿,当控制了专业的固定效应和年份的固定效应后,宏观因素的系数能够反映不同专业的毕业生参加工作的数量与宏观因素的相关性。计量方程如下:

$$Num_{it} = \beta_0 + \beta_1 GDP_{t-1} + \beta_2 Industry_{t-1} + \beta_3 SOE_{t-1} + \beta_4 Urban_{t-1}$$
$$+ \beta_5 CPI_{t-1} + \beta_6 Housing_{t-1} + \gamma Controls + \lambda_i + \mu_t + \varepsilon_{i,t}$$

$$(3-1)$$

其中,Num_{it} 衡量专业 i 在第 t 年就业人数的对数值。本节选取的宏观变量均滞后一期,主要是考虑到大部分毕业生都是在毕业前一年年底或者毕业当年年初找到工作,招聘方的招聘计划也是在实际入职的前一年完成,因此,对就业产生影响的应该是毕业年份前一年的宏观经济形势。GDP_{t-1} 是第 $t-1$ 年的全国经济增速,$Industry_{t-1}$ 是全国第三产业比重,SOE_{t-1} 是全国固定资产投资比重,$Urban_{t-1}$ 是全国城镇化率,CPI_{t-1} 和 $Housing_{t-1}$ 分别是消费者价格指数(上年 = 100)和住宅商品房价格指数(上年 = 100)。$Controls$ 控制了一系列专业方面的变量,包括该专业毕业生中男性的比例,少数民族的比例,党员(包括预备)的比例,在公共部门就业的比例,外地生源在北京就业的比例,在生源地就业的比例。此外,λ_i 为专业固定效应,μ_t 控制年份固定效应,$\varepsilon_{i,t}$ 为误差项。

由于专业—行业相关度是从 0 到 3 取值的指标,指标值的序数有意义,而非具体数值有意义,因此,本节基于 ordered probit 模型,对本科、硕士、博士三个子样本,分别分析专业—行业相关度受宏观因素的影响。专业—行业相关度的隐变量是真实的专业—行业相关程度,隐变量关系可以表示成如下线性方程:

$$match_{k,t}^* = \beta_0 + \beta_1 GDP_{t-1} + \beta_2 Industry_{t-1} + \beta_3 SOE_{t-1} + \beta_4 Urban_{t-1}$$
$$+ \beta_5 CPI_{t-1} + \beta_6 Housing_{t-1} + \beta_7 Wage_{t-1} + \gamma Controls + \lambda_i + \pi_j$$
$$+ \mu_t + \varepsilon_{k,t}$$

$$(3-2)$$

其中,$match_{k,t}^*$ 为毕业生 k 在第 t 年真实的专业—行业相关度,宏观变量 GDP_{t-1}、$Industry_{t-1}$、SOE_{t-1}、$Urban_{t-1}$、CPI_{t-1}、$Housing_{t-1}$ 和 $Wage_{t-1}$ 分

别代表经济增速、产业结构、市场化程度、城镇化程度、生活成本、住房成本和平均收入水平。*Controls* 控制了毕业生的个体特征，包括性别、民族、政治面貌、是否在公共部门工作、是否在北京（学校所在地）就业、是否在生源地就业，以及控制工作省份和生源省份的虚拟变量。此外，λ_i 为专业固定效应，π_j 为就业行业的固定效应，μ_t 控制年份固定效应，$\varepsilon_{k,t}$ 为误差项。

但是，实际的专业—行业相关度是观察不到并且无法准确度量的，本节按照程度排序出了 4 个等级，可观察到的专业—行业相关度指标为

$$match = \begin{cases} 0, & match^* \leqslant 0 \\ 1, & 0 < match^* \leqslant m_1 \\ 2, & m_1 < match^* \leqslant m_2 \\ 3, & match^* \geqslant m_2 \end{cases} \tag{3-3}$$

假设（2）式中 $\varepsilon_{k,t}$ 服从标准正态分布，本节利用构造的专业—行业相关度指标 *match* 来进行最大似然估计，来得到对（2）式中的系数 β 的估计结果。

本节对三个层面的宏观经济指标进行了实证分析：全国宏观经济指标，工作地所在省份的宏观经济指标，以及生源地所在省份的宏观经济指标。这三方面宏观经济指标虽有一定的相关性，不过对毕业生就业的影响程度确有不同，相关结果详见后文的实证分析。

此外，为了进一步探讨不同专业受到宏观因素影响的差异，本节用总样本进行 ordered probit 回归，但是在（2）式的基础上加入了教育水平的虚拟变量，以及教育水平与宏观经济指标的交叉项，来进一步考察不同教育层次的差异，相关结果详见表 3-4。

（二）就业意愿与宏观经济

表 3-5 汇报了利用本科毕业生、硕士毕业生及博士毕业生的就业数量对全国宏观经济指标进行回归的结果。

表 3-5　本科、硕士、博士毕业生就业人数的回归结果

	面板回归：就业人数的 log 值		
	（1） 本科生	（2） 硕士生	（3） 博士生
宏观变量			
经济增速	1.668 (4.714)	−0.887 (2.290)	−10.710*** (2.916)
第三产业比重	−0.652 (1.936)	0.400 (0.930)	4.201*** (1.189)
国有资产比重	−1.450 (4.177)	0.859 (2.018)	9.252*** (2.580)
城镇化率	−0.293 (0.531)	0.158 (0.252)	1.103*** (0.313)
消费者价格指数	−0.301 (0.766)	0.140 (0.369)	1.636*** (0.469)
住宅价格指数	0.098 (0.274)	−0.062 (0.131)	−0.581*** (0.168)
个体变量			
男性比例	0.156 (0.397)	0.658 (0.638)	−0.099 (0.351)
少数民族比例	−0.637 (0.997)	−0.249 (1.253)	−1.639** (0.766)
党员比例	0.371 (0.559)	−0.025 (0.476)	0.086 (0.291)
在公有部门就业比例	0.489 (0.506)	0.953 (0.638)	−1.092*** (0.409)
外地生源在北京就业比例	0.450 (0.643)	0.536 (0.728)	−0.821 (0.550)
在生源地就业比例	0.338 (0.582)	1.913** (0.835)	−0.761 (0.680)
观测值	62	63	63

注：括号中为聚类到专业的标准误差，*、**、*** 分别代表 10%、5%、1% 的显著性水平，回归控制了
9 个专业大类。

　　第（1）列本科生的结果和第（2）列硕士研究生的结果显示，宏观经济变量对本科生和硕士生就业人数的影响均不显著。该结果说明本科毕业生和

硕士毕业生在权衡就业和升学选择时,并不受到宏观经济形势的显著影响。第(3)列汇报了博士的就业人数对宏观经济因素回归的结果。经济增速放缓时博士生就业人数增加,这与理论分析部分的命题一有一定差异,理论框架预期博士的就业人数减少程度小于硕士和本科,但是并没有预测到博士就业人数的增加,可能存在两方面的解释:一是在经济放缓过程中伴随着产业结构调整,博士生对低教育层次形成更高弹性的替代;二是博士的风险厌恶程度更低且规避就业风险能力更强,在经济环境不好的情况下可能产生更强的就业意愿。第三产业贡献率与博士生就业人数存在正相关关系,说明结构转型带来的产业升级促进了对更高层次劳动力需求的增加。[①] 国有企业份额与博士毕业生就业正相关,也就是说市场化程度越高,博士生就业数量反而越少,这与国有部门更多地为高教育层次的劳动力创造工作机会和高教育层次劳动力有更强意愿进入国有部门有关。[②] 此外,生活成本与博士生就业数量正相关,逐年增加的生活成本尤其是大城市的生活成本促进博士生更努力地求职。

(三)专业—行业相关度与宏观经济

表3-6汇报了本科生专业—行业相关度对全国宏观经济、生源地宏观经济、工作地宏观经济的计量结果,同样,表3-7和表3-8依次汇报了硕士生和博士生的计量结果。表3-9汇报了采用全部样本并在回归中加入教育水平交叉项后的计量结果。

表3-6的结果表明,本科生的专业—行业相关度受全国宏观经济(见第(1)列)和生源地经济指标(见第(2)列)的影响很小,其中,生源地省份的经济指标中只有消费者价格指数的系数显著为负,表示生源地生活成本

---

① 参见 Brunello, Giorgio, "Absolute risk aversion and the returns to education", *Economics of Education Review*, 2002, 21(6), pp.635-640; Bound, John, and Harry J. Holzer, "Demand Shifts, Population Adjustments, and Labor Market Outcomes during 1980s", *Quarterly Journal of Economics*, 2000, 110(4), pp.1075-1110。

② 参见郭茜、孙文凯:《清华大学毕业生就业状况及影响因素分析》,《清华大学教育研究》2015年第4期。

越高,本科生的专业—行业相关度降低。不过,从表3-6的第(3)列可以看到,本科生的专业—行业相关度受工作地的宏观经济形势影响显著:经济增速放缓,本科生的专业—行业相关度显著提高;市场化程度越高(国有固定资产投资比重下降),城镇化率越高,生活成本越高(消费者价格指数增加),则本科生的专业—行业相关度显著降低;产业结构变化、住房成本变化则影响不大。

此外,个体特征变量在第(1)—(3)列中显著性和方向基本一致,本科生在公共部门就业相比于非公共部门的专业—行业相关度更低,在生源地就业相比于在非北京非生源地的地方就业时的专业—行业相关度更低,其他个人特征均不显著,包括性别、民族、政治面貌。

表3-6 本科生专业—行业相关度对全国、生源地和工作地的经济变量的 ordered probit 结果

	Ordered Probit:专业—行业相关度		
	(1) 全国经济	(2) 生源地经济	(3) 工作地经济
宏观变量			
经济增速	−0.708 (0.574)	0.005 (0.014)	−0.033 (0.020)
第三产业比重	−0.018 (0.098)	0.006 (0.024)	−0.024 (0.036)
国有资产比重	0.073 (0.175)	−0.013 (0.015)	0.057*** (0.017)
城镇化率	−0.213 (0.242)	0.001 (0.032)	−0.162*** (0.045)
消费者价格指数	−0.152 (0.190)	−0.115* (0.060)	−0.168** (0.076)
住宅价格指数	−0.005 (0.011)	0.000 (0.004)	0.004 (0.005)
货币工资指数		−0.015 (0.011)	0.013 (0.013)
个体变量			
性别(男性=1)	0.008 (0.069)	0.017 (0.070)	−0.005 (0.070)

续表

	Ordered Probit:专业—行业相关度		
	（1） 全国经济	（2） 生源地经济	（3） 工作地经济
民族(少数=1)	-0.093 (0.119)	-0.076 (0.120)	-0.086 (0.120)
政治面貌(党员=1)	-0.046 (0.099)	-0.050 (0.099)	-0.046 (0.010)
所有制(公有=1)	-0.142* (0.081)	-0.139* (0.081)	-0.148* (0.082)
外地生源北京就业	-0.352 (0.584)	-0.456 (0.579)	-0.298 (0.589)
在生源地就业	-0.239* (0.124)	-0.234* (0.124)	-0.255** (0.125)
观测值	1,922	1,922	1,922
Pseudo R^2	0.3152	0.3173	0.3194

注:括号中为标准误差,*、**、***分别代表10%、5%、1%的显著性水平,回归控制了31个工作省份、31个生源省份、9个专业大类、20个工作行业和7年的时间固定效应。

表3-7的结果显示,硕士生的专业—行业相关度同样基本不受到全国经济指标的影响(见(1)列),不同程度地受到生源地和工作地的经济指标的影响。其中,第(2)列中的结果显示硕士的专业—行业相关度与生源地的经济增速显著正相关,与住宅价格指数显著负相关,说明,生源地经济增长放缓、房价上升,则硕士的专业—行业相关度更低,生源地的其他经济指标系数不显著,包括产业结构、市场化程度、城镇化程度、生活成本。第(3)列的结果显示硕士的专业—行业相关度与工作地的国有固定资产投资比重负相关,说明市场化程度越高,硕士的专业—行业相关度越高,其他工作地经济指标包括经济增速、产业结构、城镇化程度、生活和住房成本均不显著。

此外,个人特征变量的结果表明,硕士在公共部门就业相较于非公共部门的专业—行业相关度更低,其他个人特征对专业—行业相关度没有显著影响,如性别、民族、政治面貌、就业等类型。

表 3-7 硕士生专业—行业相关度对全国、生源地和工作地的经济变量的 ordered probit 结果

	Ordered Probit:专业—行业相关度		
	（1） 全国经济	（2） 生源地经济	（3） 工作地经济
宏观变量			
经济增速	−0.212 (0.146)	0.016*** (0.005)	0.005 (0.008)
第三产业比重	0.025 (0.028)	0.007 (0.007)	0.002 (0.013)
国有资产比重	0.092* (0.055)	−0.008 (0.005)	−0.015** (0.006)
城镇化率	−0.022 (0.062)	−0.000 (0.011)	−0.004 (0.016)
消费者价格指数	−0.026 (0.049)	0.018 (0.022)	−0.003 (0.033)
住宅价格指数	−0.001 (0.003)	−0.004** (0.002)	−0.000 (0.002)
货币工资指数		−0.004 (0.004)	0.003 (0.005)
个体变量			
性别（男性＝1）	0.023 (0.022)	0.024 (0.022)	0.023 (0.022)
民族（少数＝1）	0.005 (0.047)	0.008 (0.047)	0.006 (0.047)
政治面貌（党员＝1）	−0.004 (0.023)	−0.003 (0.023)	−0.004 (0.023)
所有制（公有＝1）	−0.133*** (0.026)	−0.135*** (0.026)	−0.129*** (0.026)
外地生源北京就业	−0.019 (0.170)	−0.062 (0.171)	−0.022 (0.171)
在生源地就业	−0.066 (0.049)	−0.067 (0.049)	−0.064 (0.049)
观测值	14179	14179	14178
Pseudo R^2	0.1792	0.1798	0.1795

注:括号中为标准误差,*、**、***分别代表10%、5%、1%的显著性水平,回归控制了31个工作省份、31个生源省份、9个专业大类、20个工作行业和7年的时间固定效应。

对于博士生而言,全国经济指标对专业—行业相关度的影响很小(见表 3-8 的(1)列)。博士生的专业—行业相关度受到生源地和工作地经济指标的影响较大。第(2)列的结果中,博士生的专业—行业相关度与生源地的国有固定资产投资比重和住宅价格指数正相关,说明生源地市场化程度提高,博士生的专业—行业相关度倾向于下降,而生源地的房价上升,则博士生的专业—行业相关度上升。其他生源地经济指标的系数并不显著,包括经济增速、产业结构、城镇化、生活成本。第(3)列的结果中,博士生的专业—行业相关度与工作地的国有固定资产投资比重正相关,与城镇化率负相关,说明工作地的市场化程度越高,或城镇化程度越高,则博士生的专业—行业相关度越低。工作地的其他经济指标的显著性很低,包括经济增速、产业结构、生活和住房成本。此外,个人变量对博士生的专业—行业相关度的影响均不显著。

表 3-8　博士生专业—行业相关度对全国、生源地和工作地的经济变量的 ordered probit 结果

	Ordered Probit:专业—行业相关度		
	（1） 全国经济	（2） 生源地经济	（3） 工作地经济
宏观变量			
经济增速	0.326 (0.400)	0.002 (0.013)	−0.013 (0.021)
第三产业比重	−0.042 (0.076)	−0.022 (0.020)	−0.028 (0.038)
国有资产比重	−0.174 (0.146)	0.034 ** (0.015)	0.040 ** (0.019)
城镇化率	0.049 (0.168)	−0.033 (0.031)	−0.087 * (0.049)
消费者价格指数	0.011 (0.132)	0.019 (0.060)	−0.144 (0.091)
住宅价格指数	0.004 (0.009)	0.009 ** (0.005)	0.002 (0.004)
货币工资指数		−0.006 (0.011)	0.006 (0.014)

续表

	Ordered Probit:专业—行业相关度		
	（1） 全国经济	（2） 生源地经济	（3） 工作地经济
个体变量			
性别(男性=1)	0.037 (0.063)	0.039 (0.063)	0.043 (0.063)
民族(少数=1)	0.199 (0.139)	0.207 (0.139)	0.194 (0.139)
政治面貌(党员=1)	0.087 (0.059)	0.088 (0.060)	0.091 (0.059)
所有制(公有=1)	−0.034 (0.067)	−0.047 (0.068)	−0.040 (0.068)
外地生源北京就业	−0.615 (0.436)	−0.654 (0.437)	−0.683 (0.442)
在生源地就业	−0.051 (0.137)	−0.067 (0.137)	−0.060 (0.138)
观测值	3423	3423	3423
Pseudo R^2	0.3827	0.3844	0.3838

注:括号中为标准误差,*、**、***分别代表10%、5%、1%的显著性水平,回归控制了31个工作省
　份、31个生源省份、9个专业大类、20个工作行业和7年的时间固定效应。

(四)教育水平与宏观经济

基于前面的分组研究,本节引入了教育水平的虚拟变量与宏观经济变量的交叉项来刻画不同学历层次受到宏观经济影响的差异。表3-9汇报了引入教育水平的虚拟变量与宏观经济指标交叉项之后的计量结果,第(1)列汇报了就业数量的 log 值对全国宏观经济指标、教育水平的虚拟变量,以及两者的交叉项的实证结果,并控制了个体特征变量、专业大类和毕业年份。第(2)列和第(3)列分别汇报了专业行业相关性对工作地经济指标和生源地经济指标进行回归的结果。

在计量中以硕士生为参照,将本科生和博士生与之比较,因此,宏观经济变量的系数表示的是宏观经济与硕士生就业的相关性,本科虚拟变量与宏观经济变量的交叉项的系数表示宏观经济与本科生就业的相关性相较于硕士生就业的差异,博士虚拟变量与宏观经济变量的交叉项的系数表示宏

观经济与博士生就业的相关性相较于硕士生就业的差异。从表 3-9 中,本节可以进一步分析宏观经济对不同教育层次的毕业生的就业情况的差异化影响。

表 3-9　引入教育水平和宏观变量交叉项的计量结果

	面板回归:就业数量	Ordered Probit:专业—行业相关度	
	(1) 全国经济	(2) 工作地经济	(3) 生源地经济
经济增速	4.318 (5.511)	0.001 (0.007)	0.013*** (0.005)
第三产业比重	−1.737 (2.253)	−0.00161 (0.0116)	0.005 (0.006)
国有资产比重	−3.767 (4.877)	−0.005 (0.005)	−0.004 (0.005)
城镇化率	−0.417 (0.606)	−0.027* (0.014)	−0.009 (0.010)
消费者价格指数	−0.711 (0.890)	−0.053* (0.028)	−0.010 (0.020)
住宅价格指数	0.242 (0.317)	0.000 (0.002)	−0.002 (0.002)
货币工资指数		0.005 (0.004)	−0.003 (0.004)
本科生	−56.73 (216.6)	0.196 (2.599)	3.507 (2.250)
博士生	−386.30* (225.4)	−6.793*** (2.537)	−4.388* (2.279)
交叉项:本科和宏观变量			
本科 * 经济增速	−1.389 (4.377)	0.001 (0.011)	0.015* (0.009)
本科 * 第三产业比重	0.545 (1.783)	0.009** (0.004)	0.007 (0.005)
本科 * 国有资产比重	1.167 (3.866)	0.002 (0.005)	−0.003 (0.004)
本科 * 城镇化率	−0.038 (0.477)	−0.009** (0.004)	−0.002 (0.004)
本科 * 消费者价格指数	0.189 (0.705)	−0.005 (0.030)	−0.037 (0.023)

续表

	面板回归：就业数量	Ordered Probit：专业—行业相关度	
	（1） 全国经济	（2） 工作地经济	（3） 生源地经济
本科＊住宅价格指数	−0.066 （0.251）	−0.001 （0.004）	−0.002 （0.003）
本科＊货币工资指数		0.004 （0.010）	0.001 （0.009）
交叉项：博士和宏观变量			
博士＊经济增速	−8.068* （4.541）	−0.012 （0.010）	−0.011 （0.008）
博士＊第三产业比重	3.158* （1.853）	0.00445 （0.005）	−0.00457 （0.005）
博士＊国有资产比重	6.976* （4.020）	0.006 （0.005）	0.002 （0.003）
博士＊城镇化率	0.819 （0.500）	−0.005 （0.005）	0.001 （0.004）
博士＊消费者价格指数	1.256* （0.734）	0.085*** （0.030）	0.051** （0.021）
博士＊住宅价格指数	−0.438* （0.262）	0.005* （0.003）	0.007* （0.004）
博士＊货币工资指数		−0.022** （0.010）	−0.013 （0.009）
观测值	188	19523	19524
Pseudo R^2	0.8250	0.2068	0.2070

注：括号中为标准误差，*、**、*** 分别代表10%、5%、1%的显著性水平，回归控制了毕业生的个人特征、31个工作省份、31个生源省份、9个专业大类、20个工作行业和7年的时间固定效应。

表3-9中的第（1）列的结果显示，硕士生的就业数量与宏观经济指标的相关性不显著，本科生的就业数量受宏观经济指标的影响程度与硕士生无差异，而博士生的就业数量受宏观经济的影响相比于硕士生受到的影响显著更强，其中，相比于硕士生，经济增长放缓、第三产业比重的增加、生活成本的增加均显著提高博士生的就业数量，市场化程度的增加和住房成本的增加则显著减少博士生就业数量。与表3-5的结果一致。

第（2）列的结果显示，硕士生的专业—行业相关度与工作地的城镇化率负相关,与消费者价格指数负相关,相比于硕士生,本科生的专业—行业相关度受到第三产业比重的正向影响显著更强,受到城镇化率的负向影响也显著更强,受其他工作地经济指标的影响与硕士生无差异。博士生相较于硕士生,专业—行业相关度与生活成本和住房成本均为正相关,受其他工作地经济指标的影响与硕士生无差异。说明工作地城镇化的推进降低本硕博的专业—行业相关度,且对本科生的影响更强,生活成本的升高降低本科和硕士的专业—行业相关度,但是提高博士的专业—行业相关度,住房成本的升高同样提高博士的专业—行业相关度,但对本科和硕士没有显著影响。与表3-6、表3-8的结果基本一致。

第(3)列的结果表明,硕士生的专业—行业相关度与生源地的经济增速显著正相关,与其他生源地经济指标无显著相关性。相比于硕士生,本科生的专业行业相关性受到生源地经济增速的正向影响更强,受其他生源地经济指标的影响与硕士生无差异。博士生的专业—行业相关度相比于硕士生与生活成本和住房成本都有更强的正相关性,受其他生源地经济指标的影响与硕士生无差异。与表3-6、表3-8的结果一致。

(五)小结

为直观展现结果,本节将表3-5表3-8的主要结果汇总于表3-10和表3-11中。

表3-10　全国宏观经济指标与就业

全国经济指标	就业人数			专业—行业相关度		
	本科	硕士	博士	本科	硕士	博士
经济增速			负相关			
产业结构			正相关			
市场化			负相关			负相关
城镇化			正相关			
生活成本			正相关			
住房成本			负相关			

表3-11　生源地和工作地经济指标与专业—行业相关度

生源地经济指标	本科	硕士	博士	工作地经济指标	本科	硕士	博士
经济增速		正相关	经济增速				
产业结构				产业结构			
市场化			负相关	市场化	负相关	正相关	负相关
城镇化				城镇化	负相关		负相关
生活成本		负相关		生活成本	负相关		
住房成本		负相关	正相关	住房成本			

以上结果基本符合理论预期：

第一,经济增速放缓的情况下,本科和硕士的就业数量几乎不受影响,博士生的就业数量趋于增加,这可以被高教育层次有更低的供给弹性和更低的风险厌恶程度所解释。

第二,随着产业结构逐渐偏向于第三产业,博士生的就业数量受到正向影响,本科和硕士几乎不受影响,说明随着产业结构的升级,对高教育层次的劳动力需求相对地逐渐上升。

第三,随着市场化的逐渐推进,博士生的就业数量和专业—行业相关度都受到了负向影响,这是由于当前经济形势下,国有部门为高教育层次的劳动力创造了较多工作机会,同时高教育层次的劳动力有更强烈的意愿进入国有部门,随着国有部门的规模缩减,高教育层次劳动力的就业面临一定的压力。

第四,经济增速的放缓使得专业—行业相关度有所降低,且本科的降低程度高于硕士和博士[表3-9第(3)列],这可以被高教育层次劳动力有更高的专业技能回报所解释,因此,相对于低教育层次,高教育层次劳动力更少地通过选择相关度较低但是工资升水较高的行业来规避工资下降的风险。

第五,随着生活成本和住房成本的上升,本科生的专业—行业相关度下降,而博士生的专业—行业相关度有所上升,这也可以被高教育层次劳动力能够获得更高的专业技能回报所解释。

五、进一步讨论

本节对理论框架中的一部分经验假设进行进一步验证。

(一)教育层次与风险厌恶

在理论框架中,本节对就业数量随宏观经济形势变化的解释一部分依赖于一个经验假设:高教育层次劳动力的风险厌恶程度更低。本节主要回顾了国外的相关经典文献,而相关结论在中国是否适用,本节将通过实证分析加以验证。由于本节的数据并不包含风险厌恶系数,本节间接地通过就业地选择来验证,这里将代表选择生源地就业的虚拟变量作为风险厌恶的代理变量,其基本思想是:在生源地就业有家庭的支持、熟悉的劳动力市场,就业风险相对更小,因此,在生源地就业的概率越高说明风险厌恶程度越高。本节将表示生源地就业的虚拟变量对工作地经济指标、经济指标与教育水平的交叉项以及其他控制变量进行 probit 回归,相关结果汇报在表3-12 的第(1)列中。可以看到,经济增速放缓、生活和住房成本上升等使就业压力增大的宏观经济形势变化均会显著提高本科生在生源地就业的概率,不过,对于硕士和博士来说,他们在生源地就业的概率受到经济增速放缓、生活和住房成本上升的影响更小,他们选择在生源地就业的概率显著小于本科生。由此间接说明,硕士和博士生的风险厌恶程度显著低于本科生。

(二)教育层次与行业选择

本节提出高教育层次的劳动力在选择专业行业相关度较低的行业时,专业技能的工资回报降低的会更多,从而更难被行业升水所弥补。为了验证这个理论,本节以金融行业就业为例进行分析,金融业的平均工资水平显著高于其他行业,因此,可以通过考察工学和理学专业大类的毕业生进入金融业的概率,来检验不同教育层次选择高收入但低相关度的行业倾向受宏观经济形势变化的影响。表 3-12 的第(2)列汇报了对理工科毕业生是否进入金融业的 probit 回归结果,采用的样本为工科和理科毕业生,他们的专业与金融业的相关度较低,可以看到,住房成本的上升使得本科生更多地选择金融业,因为金融业能带给他们高收入,以缓解高住房成本带来的生活压力,而硕士和博士与住房成本的交叉项是显著为负的,说明住房成本上升使得硕士和博士选择金融业的概率显著低于本科生。与本科生相比,硕士和博士会更少地通过选择高收入的金融业来应对住房成本的上升。同时,注意到虽然经济增速及其交叉项的系数是不显著的,但是其符号与本节的理论预期相符。

表 3-12 就业地选择与行业选择的 probit 回归结果

	在生源地就业的概率 (1)	在金融业就业概率 (2)
经济增速	-0.043*** (0.008)	-0.007 (0.019)
消费者价格指数	0.044* (0.025)	-0.040 (0.047)
住宅价格指数	0.0154*** (0.003)	0.018*** (0.005)
货币工资指数	-0.010 (0.009)	0.003 (0.023)
硕士的交叉项		
硕士*经济增速	0.049*** (0.007)	0.005 (0.016)
硕士*消费者价格指数	-0.003 (0.009)	0.019 (0.024)
硕士*住宅价格指数	-0.009*** (0.002)	-0.017*** (0.005)
硕士*货币工资指数	0.004 (0.009)	0.002 (0.023)
博士的交叉项		
博士*经济增速	0.036*** (0.008)	0.004 (0.020)
博士*消费者价格指数	-0.029** (0.012)	-0.013 (0.029)
博士*住宅价格指数	-0.010*** (0.003)	-0.011* (0.006)
博士*货币工资指数	0.030*** (0.011)	0.018 (0.027)

续表

	在生源地就业的概率 （1）	在金融业就业概率 （2）
观测值	19523	9087
Pseudo R^2	0.1185	0.0703

注:括号中为标准误差,*、**、*** 分别代表10%、5%、1%的显著性水平,回归控制了毕业生的个人特征、31 个工作省份和时间固定效应。

六、小结

在经济"新常态"下,为了进一步实现结构转型和产业升级,有必要更多地关注宏观经济形势变化对高素质人才就业的影响,为引导高素质人才更好地成为经济发展的人力资本基础提供理论支持。本节首先根据相关理论文献提出宏观经济形势对不同教育层次人才就业的影响存在差异的理论机制,分析得出高教育层次劳动力更低的供给弹性、更低的风险厌恶和更灵活的职业流动会使他们的就业数量受到宏观经济负向冲击的负面影响更小;高教育层次由于能够从专业技能上获得更多的工资回报,会更少地通过选择与自身专业相关度较低但收入升水很高的行业来应对不良的经济形势。随后,本节利用 2008 年至 2019 年国内某双一流高校本、硕、博应届毕业生的就业数据验证了文章的相关理论假设,结果表明:面对经济增速逐渐放缓带来的劳动力需求负向冲击,本科和硕士生的就业并没有受到影响,博士的就业数量反而有所提升;在产业结构变化带来的劳动力需求结构变化下,博士生的就业数量相比于本科生和硕士生有所增加;经济增速放缓、生活和住房成本上升等经济压力使本科生相比于硕博研究生专业行业相关度降低得更多。这些结果与理论预期相符。

根据本节的理论分析和经验证据,本节对经济"新常态"下的高素质人才就业提出以下建议:首先,在经济增长有所放缓、生活成本逐渐升高的趋势下,较低教育层次的劳动力就业数量和专业行业相关度受到的影响均相对更大,因此,政府应尤为重视合理引导本科生就业。本科生是高素质劳动力的主要组成部分,更多的本科人才进入相关度较高的行业将为产业升级和结构转型提供坚实的人力资本基础。其次,企业在吸引专业人才时,可以考虑给予生活或住房方面的补贴或安置,打消专业人才的顾虑,鼓励他们发挥自身专业优势。此外,随着市场化的推进,非国有经济逐渐发展起来,劳动力市场不能过分依赖国有经济作为吸纳高教育层次人才就业的主体,而应该鼓励和发展民营经济,帮助吸纳高校毕业生就业。民营经济应配合企业发展战略制定人才引进、人才培养和人才储备计划,进一步提升企业创新和研发能力。

第四章　家庭、性别与就业

第一节　家庭社会资本对就业质量的异质性影响

一、问题概述

随着社会资本的重要作用逐渐得到认可,经济学家围绕社会资本的形成和作用机制进行了大量的理论和实证研究。相关理论研究重点关注社会资本在经济增长和区域发展方面的作用,发现社会资本能够促进个体之间的信任和合作,进而提高集体行动的社会效率,促进经济增长和社会发展。[①] 相关实证研究发现社会资本在健康、移民、就业、创新等方面都有一定的作用。[②] 需要说明的是,社会资本在社会学、经济学、政治学等领域有

---

① 参见 Ostrom, E., and Ahn, T. K., "The Meaning of Social Capital and Its Link to Collective Action", *Handbook of Social Capital: The Troika of Sociology, Political Science and Economics*, 2009, pp. 17 – 35; Coleman, J. S., "Social Capital in the Creation of Human Capital", *American Journal of Sociology*, 1988, 94, pp. 95–120; Putnam, R. D., "The Prosperous Community: Social Capital and Public Life", *The American Prospect*, 1993, 4(13), pp. 35–42。

② 参见 Smith, N. D. L., and Kawachi, I., "State-Level Social Capital and Suicide Mortality in the 50 US States", *Social Science & Medicine*, Vol. 120, 2014, pp. 269–277; Ljunge, M., "Social Capital and Health: Evidence that Ancestral Trust Promotes Health among Children of Immigrants", *Economics & Human Biology*, 2014, 15, pp. 165–186; 程诚、任奕飞:《求助悖论:疾病众筹的社会经济地位差异》,《社会》2022 年第 1 期; Kan, K., "Residential Mobility and Social Capital", *Journal of Urban Economics*, 2007, 61(3), pp. 436–457; 陈钊、陆铭

着丰富的内涵,包括社会资本、互惠、信任、社会观念、合作等,本节关注社会资本对就业质量的影响。[1]

　　"就业优先"作为国家"十四五"时期经济发展的政策保障,是关乎民生的头等大事。十九大报告中明确指出"就业是最大的民生",我们"要坚持就业优先战略和积极就业政策,实现更高质量和更充分就业"。2019 年 2 月发布的《中国教育现代化 2035》指出要"推动我国成为学习大国、人力资源强国和人才强国"。2019 年的政府工作报告首次将"就业优先"政策置于宏观政策层面,与货币政策和财政政策并列,政府的一系列举措将"就业"提到了前所未有的高度。2020 年和 2021 年的政府工作报告中"就业"一词均出现了 30 次以上,表明政府始终将就业放在高度重视的战略位置。

　　从现有的研究来看,社会资本对就业质量影响方面的研究以实证分析为主,缺乏完善刻画其作用机制的理论模型,而在社会资本积累方面的理论研究中,也同样没有描述社会资本积累的就业动机。马光荣和杨恩艳使用中国农村的调查数据,发现依托于社会资本的非正规金融缓解了信息不对称问题,促进自营工商业的创办。[2] 陈斌开和陈思宇基于 2005 年全国 1% 人口抽样调查数据,实证研究了作为社会资本的宗族文化与移民就业选择之间的关系,指出宗族文化对移民就业有重要影响,但这种传统社会资本只

和佐藤宏:《谁进入了高收入行业? 关系、户籍与生产率作用》,《经济研究》2009 年第 10 期;孔高文、刘莎莎和孔东民:《我们为何离开故乡? 家庭社会资本、性别、能力与毕业生就业选择》,《经济学(季刊)》2017 年第 2 期;王霄、胡军:《社会资本结构与中小企业创新——一项基于结构方程模型的实证研究》,《管理世界》2005 年第 7 期;Akçomak, I. S., and Ter Weel, B., "Social Capital, Innovation and Growth: Evidence from Europe", *European Economic Review*, 2009, 53(5), pp.544-567。

　　① 参见 Putnam, R. D., "Bowling Alone: America's Declining Social Capital", *Culture and Politics*, Palgrave Macmillan, New York, 2000, pp.223-234; Verba, S., Almond, G., "*The Civic Culture*", Political Attitudes and Democracy in Five Nations, 1963; Guiso, L., Sapienza, P., Zingales, L., "Civic Capital as the Missing Link", in *Handbook of Social Economics*, North-Holland, 2011, 1, pp.417-480。

　　② 参见马光荣、杨恩艳:《社会资本、非正规金融与创业》,《经济研究》2011 年第 3 期。

在低端服务业中有显著正向作用,对高端服务业影响有限。① 社会资本对就业产生影响的渠道在不同实证研究中体现为不同的解释,理论模型需要能够将多种影响渠道综合在同一分析框架下,更好地展现社会资本对就业的综合影响。同时,在本节关注的就业质量方面,相关实证文献中对就业质量的探讨维度也有一定局限性,现有研究所关注的就业质量主要是从个人效用角度考虑,包括劳动者就业单位的所有制、劳动者的收入和就业满意度、过度教育,尚未关注就业质量的配置效率维度。本节讨论的就业质量则包括宏观效率和微观效用两个维度:宏观效率维度的就业质量采用就业匹配程度指标衡量,度量了劳动者的劳动技能与其工作岗位的匹配程度,该指标与劳动生产率密切相关,关乎宏观经济发展过程中的人力资本配置效率;微观效率维度的就业质量采用就业满意程度指标和过度教育指标来衡量,度量了劳动者对工作岗位的满意程度和劳动者自评的过度教育程度,这两个指标与个体效用相关,关乎劳动者的幸福感和获得感,以及其对自身受教育水平的预期。

有鉴于此,本节首先基于 Becker & Mulligan 的内生贴现因子模型分析框架,首次引入家庭社会资本的积累,综合刻画了家庭社会资本对就业的多种影响渠道,即通过影响行业进入概率分布作用于劳动收入,同时对内生贴现因子产生影响,进而影响家庭效用函数。② 理论研究发现:对于既定专业,来自社会资本相对丰富家庭的子女,其进入高收入行业就业的概率更高,即使选择了非就业优势专业,仍旧可以进入高收入行业就业。因此,更高的社会资本积累能够很大程度上弥补子女专业的就业劣势,考虑到就业优势专业的报考难度更高,这些家庭的专业选择策略是更为分散地选择录取概率更大的专业,而在行业选择时帮助子女以更高的概率进入高收入行业,这会提高子女的就业满意度、缓解过度教育,但会降低其就业匹配度。

---

① 参见陈斌开、陈思宇:《流动的社会资本——传统宗族文化是否影响移民就业?》,《经济研究》2018 年第 3 期。

② 参见 Becker, Gary S., and Casey B. Mulligan, "The endogenous determination of time preference", *The Quarterly Journal of Economics*, 1997, 112(3), pp.729–758。

其次,本节采用"全国高校毕业生就业状况调查"数据对模型假说进行了实证检验,验证了社会资本相对丰富家庭的子女"专业分散、行业集中"的就学与就业特征,是导致这些家庭子女就业匹配度低但过度教育显著缓解、就业满意度显著提高的主要原因,为理论模型分析提供了有力支持。本研究使用的数据来源于北京大学课题组对全国高校毕业生就业状况的持续大规模调查,该数据不仅时间跨度长,包含 2009 年、2011 年、2013 年、2015 年、2017 年五次调查结果,而且调研对象覆盖广,涵盖了全国 29 个省及直辖市的 108 所高校中的 33934 名毕业生,为实证检验提供了坚实的数据支持。为了深入探讨家庭社会资本对就业质量的影响机制,本节从家庭社会资本促进毕业生获得高质量实习和选择辅修或双学位这两个潜在渠道分析了家庭社会资本对就业质量的作用机制。此外,从社会资本的时间趋势、作用范围、作用强度和地理限制四个方面进行的稳健性检验也支持了本节的文本理论和实证结论。

相比于现有研究,本节的贡献在于:将家庭社会资本积累引入内生贴现因子理论的分析框架,不仅综合分析了家庭社会资本对就业质量的作用机制,还从理论角度刻画出了人们积累家庭社会资本的就业动机,补充了社会资本积累领域的理论研究;综合探讨就业质量的两个重要维度,一方面是衡量个人效用的就业满意度和过度教育程度,另一方面是与宏观要素配置效率密切相关的就业匹配度,将微观福利和宏观效率之间的权衡纳入同一分析框架,更为全面地分析了家庭社会资本对就业质量的影响;深入挖掘家庭社会资本对就业质量产生影响的渠道和机制,不仅探讨了家庭社会资本对毕业生在劳动力市场求职的直接影响,还分析了家庭社会资本通过影响高等教育期间经历而间接影响就业质量的渠道。本节不仅有着丰富的理论意义,同时有着较强的现实意义:结合中国劳动力市场现状,揭示了家庭社会资本对就业质量的综合影响及其作用机制,特别是其对就业匹配程度在短期内会产生负面作用,有助于完善就业促进政策的理论基础,促进我国向"人才强国"进一步迈进。

本节的剩余部分安排如下:第二部分建立了一个内生贴现因子模型阐

述家庭社会资本对就业质量的影响机制;第三部分进行数据分析并建立计量模型;第四部分对实证结果进行汇报;最后加以总结。

二、理论模型

在内生贴现因子模型中,Uzawa 假设贴现因子是当期消费水平带来效用的函数,当期消费的效用越高,人们对未来的耐心程度越低,从这个机制来看,社会资本能够通过影响耐心程度对贴现因子产生影响,社会资本的建立使人们预期未来有机会从这些社会资本中获益,例如,获得他人的帮助、信息的互通等,进而提高人们的耐心程度。[1] 在 Becker & Mulligan 的讨论中,内生贴现因子是花费在畅想未来的资源上的投入函数,人们在有利于畅想未来的方面投入越多(例如,陪伴长辈、接受教育等),对未来的偏好就越强,社会资本同样影响着人们对未来的愿景,参与社交能够获得他人的生活方式和未来规划的信息,从而帮助人们形成对自身未来的愿景,增强对未来的偏好。[2] 此外,对承诺的偏好也会影响人们的时间偏好,社会资本积累的过程涉及承诺,例如友谊、互惠的约定等,有利于增强人们对承诺的偏好,进而影响贴现因子。[3] 因此,本节将家庭社会资本的积累引入 Becker & Mulligan 的内生贴现因子模型中,试图刻画人们积累家庭社会资本的就业动机。[4] 首先,作者将模型机制展示在图 4-1 中,家庭社会资本对家庭决策有两方面的影响:第一个渠道是影响个体就业时进入不同收入水平行业的概率,相关实证文献证实社会资本广泛的家庭更容易进入高收入行业,社会资

① 参见 Uzawa, H., *Time Preference, the Consumption Function, and Optimum Asset Holdings, Value, Capital and Growth: Papers in Honor of Sir John Hicks*, The University of Edinburgh Press, Edinburgh, 1968。

② 参见 Becker, Gary S., and Casey B. Mulligan, "The endogenous determination of time preference", *The Quarterly Journal of Economics*, 1997, 112(3), pp.729-758。

③ 参见 Amador, M., Werning, I., and Angeletos, G., "Commitment vs. Flexibility", *Econometrica*, 2006, 74(2), pp.365-96。

④ 参见 Becker, Gary S., and Casey B. Mulligan, "The endogenous determination of time preference", *The Quarterly Journal of Economics*, 1997, 112(3), pp.729-758。

本通过该渠道作用于劳动收入;第二个渠道是影响家庭效用的内生贴现因子,即影响家庭的耐心程度,进而直接影响家庭效用函数。① 在家庭社会资本对就业和效用的影响下,家庭进行消费、储蓄和社会资本积累的决策以最大化自身效用。随后,本节将详细论述模型设定、求解和数值模拟。

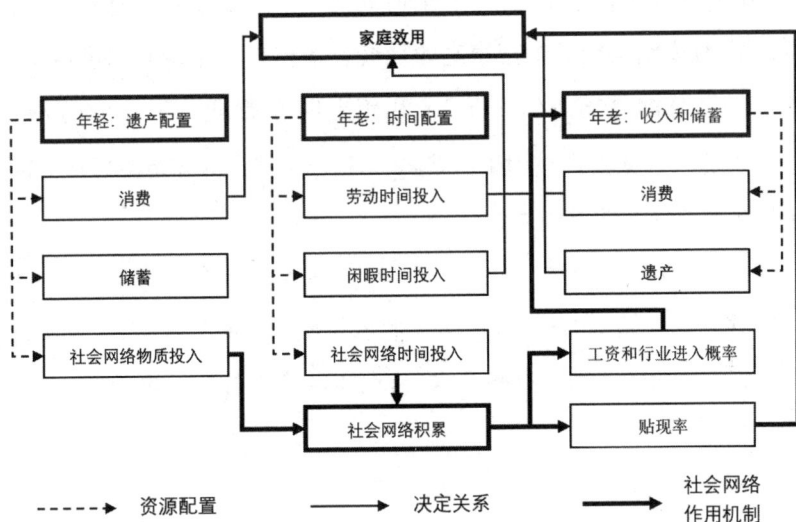

图 4-1　模型机制图

为了探究最优的家庭社会资本积累决策,本文建立一个包含内生贴现因子的两期代际交叠(OLG)模型,假设个体生存年轻(记为 1)和年老(记为 2)两个时期,他们的差异在于家庭社会资本积累量的不同。为了便于在个体间建立联系,进一步假设每个家庭只有一个父代和一个子代。

(一)生命周期

个体在年轻时期获得一笔遗产 h_t,将该笔遗产在消费 $c_{1,t}$、社会资本投入 s_t 及储蓄 b_t 之间进行分配,在这个时期,年轻人的所有时间用于专业学习,不参加工作。因此,年轻时期的财产分配方程为:

---

① 参见陈钊、陆铭和佐藤宏:《谁进入了高收入行业? 关系、户籍与生产率作用》,《经济研究》2009 年第 10 期;韩雷、陈华帅、刘长庚:《"铁饭碗"可以代代相传吗? ——中国体制内单位就业代际传递的实证研究》,《经济学动态》2016 年第 8 期。

$$h_t = c_{1,t} + s_t + b_t \tag{4-1}$$

进入年老时期后,时间分配于闲暇 l_{t+1}^1、工作 l_{t+1}^2 和社交活动 l_{t+1}^3,满足:

$$l_{t+1}^1 + l_{t+1}^2 + l_{t+1}^3 = 1 \tag{4-2}$$

闲暇直接为个体带来效用,工作时间能够带来劳动收入,通过增加消费提高效用,社交活动能够丰富家庭的社会资本积累。年老时期可以支配的财产为年轻时的储蓄 $b_t(1 + r_{t+1})$ 和年老时在行业 i 工作的劳动收入 $(w_t + x_i) l_{t+1}^2$,这些财产被用于消费 $c_{2,t+1}$ 和作为遗产 h_{t+1} 留给后代。因此,年老时期财产分配的方程为:

$$b_t(1 + r_{t+1}) + (w_t + x_i) l_{t+1}^2 = c_{2,t+1} + h_{t+1} \tag{4-3}$$

其中,r_{t+1} 为储蓄的利率,w_t 表示收入最低行业的工资率,x_i 表示行业 i 相比于收入最低行业的工资率升水,与现实经济中各行业之间的收入差距相对应。

（二）家庭社会资本

家庭社会资本的积累来源于两方面,一是物质投入 s_t,二是时间投入 l_{t+1}^3,同时,家庭社会资本随时间流逝会不断折旧,广泛的社会资本积累需要持续的投入和维护。基于 Glaeser 对社会资本积累方程的设定,作者将家庭社会资本积累方程表示如下:[①]

$$S_{t+1} = (1 - \delta) S_t + f(s_t, l_{t+1}^3) \tag{4-4}$$

其中,δ 是社会资本的折旧率,$f(\cdot)$ 是社会资本物质投入和时间投入的增函数。

家庭社会资本对于个体的影响也是多方面的:首先,家庭社会资本能够增加个体进入高收入行业的概率,通过提升预期收入水平增加预期效用,在

---

① 参见 Glaeser,Edward L.,"The Formation of Social Capital",*Canadian Journal of Policy Research*,2001,2(1),pp.34–40;Glaeser,Edward L.,David Laibson,and Bruce Sacerdote,"An Economic Approach to Social Capital",*The Economic Journal*,2002,112(483),pp.F437–F458。

模型中体现为行业进入的概率分布;其次,家庭社会资本能够提高个体对未来的偏好和耐心程度,进而提升个体的预期效用水平,在模型中体现为内生贴现因子。家庭社会资本的这些作用,使得不同财富水平的家庭会有不同程度的动机来积累社会资本。

（三）家庭偏好

假设家庭的效用由消费、闲暇和遗产三方面决定,给定个体在年轻时期选择的大学专业 M ,进入各个行业的预期概率方程既定,那么,个体生命周期的预期效用可以写作:

$$E(U) = u(c_{1,t}) + \sum_{i=1}^{N} \beta(S_{t+1}) \cdot P_i(S_{t+1}) \cdot u(c_{2,t+1}, l_{t+1}^1, h_{t+1}) \quad (4\text{-}5)$$

其中, $\beta(S_{t+1})$ 是贴现率,对于 $S \geq 0$ 满足 $\beta(S) > 0$, $\beta'(S) > 0$, $\beta''(S) > 0$, S 越大,耐心程度越大,家庭社会资本的积累水平也越高。P_i 是进入行业 i 的预期概率, $i = 1$ 代表最低收入行业, $i = N$ 代表最高收入行业。随着 S 的增大,进入高收入行业的概率逐渐增加,进入低收入行业的概率逐渐降低。

因此,给定个体选择的大学专业 M ,家庭预期效用最大化问题可以表示为:

$$\max_{c_{1,t}, c_{2,t+1}, b_t, s_t, l_{t+1}^2, l_{t+1}^3} E(U) = u(c_{1,t}) + \sum_{i=1}^{N} \beta(S_{t+1}) \cdot P_i(S_{t+1}) \cdot u(c_{2,t+1}, l_{t+1}^1, h_{t+1})$$

约束条件为(4-1)式—(4-4)式。

（四）模型模拟

模型的求解过程如下:

将文中约束条件(4-1)式—(4-4)式代入目标方程可得:

$$\max_{b_t, s_t, l_{t+1}^2, l_{t+1}^3} E(U) = u(h_t - s_t - b_t) + \sum_{i=1}^{N} \beta((1-\delta)S_t + f(s_t, l_{t+1}^3)) \cdot P_i((1-\delta)S_t$$
$$+ f(s_t, l_{t+1}^3)) \cdot u(b_t(1 + r_{t+1}) + (w_t + x_i)l_{t+1}^2 - h_{t+1}, 1 - l_{t+1}^2$$
$$- l_{t+1}^3, h_{t+1})$$

由一阶条件求解分别得到(4-6)式—(4-10)式：

$$u'(c_{1,t}) = \beta' f_s' \sum_{i=1}^{N} P_i(S_{t+1}) \cdot u(c_{2,t+1}, l_{t+1}^1, h_{t+1}) + \beta(S_{t+1})$$

$$\sum_{i=1}^{N} P_i' f_s' \cdot u(c_{2,t+1}, l_{t+1}^1, h_{t+1}) \tag{4-6}$$

$$u'(c_{1,t}) = \sum_{i=1}^{N} \beta(S_{t+1}) P_i(S_{t+1}) \cdot u_c' \cdot (1 + r_{t+1}) \tag{4-7}$$

$$u'_c(c_{2,t+1}, l_{t+1}^1, h_{t+1}) = u'_h(c_{2,t+1}, l_{t+1}^1, h_{t+1}) \tag{4-8}$$

$$u'_c(c_{2,t+1}, l_{t+1}^1, h_{t+1}) \cdot (w_t + x_t) = u'_l(c_{2,t+1}, l_{t+1}^1, h_{t+1}) \tag{4-9}$$

$$\beta' f'_l \sum_{i=1}^{N} P_i(S_{t+1}) \cdot u(c_{2,t+1}, l_{t+1}^1, h_{t+1}) + \beta(S_{t+1}) \sum_{i=1}^{N} P'_i f_l' \cdot u(c_{2,t+1}, l_{t+1}^1, h_{t+1})$$

$$= \sum_{i=1}^{N} \beta(S_{t+1}) \cdot P_i(S_{t+1}) \cdot u'_l(c_{2,t+1}, l_{t+1}^1, h_{t+1}) \tag{4-10}$$

其中,(4-6)式表示拓展社会资本的物质投入通过提高贴现因子和改变行业进入概率带来的边际效用等于第一期消费的边际效用;(4-7)式表示储蓄通过增加第二期消费带来的边际效用等于第一期消费的边际效用;(4-8)式表示遗产的边际效用等于第二期消费的边际效用;(4-9)式表示劳动时间通过增加收入带来的边际效用等于闲暇的边际效用;(4-10)式表示拓展社会资本的时间投入通过增加贴现率和改变行业进入概率带来的边际效用等于闲暇带来的边际效用。

为了分析家庭最优决策,作者对模型的具体方程形式和相关参数进行合理假设,并进行模拟求解。首先,假设效用方程是对数形式：

$$E(U) = \ln c_{1,t} + \sum_{i=1}^{N} \beta(S_{t+1}) \cdot P_i(S_{t+1}) \cdot (\ln c_{2,t+1} + \alpha_1 \ln l_{t+1}^1 + \alpha_2 \ln h_{t+1})$$

其次,基于 Becker & Mulligan(1997)的内生贴现因子模型,本节假设贴现因子是社会资本的线性方程：$\beta(S_{t+1}) = \beta_0 + \beta_1 S_{t+1}$,其中,$\beta_0$ 是与社会资本无关的贴现因子,β_1 是社会资本对贴现因子的影响系数。

同时,参考 Glaeser 的社会资本积累方程,本节假设社会资本积累方程是物质和时间投入的线性方程：$S_{t+1} = (1-\delta) S_t + \gamma_1 s_t + \gamma_2 l_{t+1}^3$,其中,$\delta$ 是社会资本的折旧率, γ_1 是物质投入对社会资本积累的贡献系数, γ_2 是时间投入对社会资本积累的贡献系数。[①]

　　模型中参数选取来源于中国统计数据和经典文献设定。基于 Auerbach & King 和 Auerbach & Kotlikoff 的估计,本节将消费和闲暇的替代弹性设定为 0.8。[②] 大部分文献将年老时期的贴现因子设定在 0.1 至 1 之间,国内文献中,刘永平和陆铭将其取为 0.78,郭凯明和龚六堂将其设定为 0.9830,约为 0.545,由于本节将贴现因子分为与社会资本积累无关的部分和受到贴现因子影响的部分,因此,将贴现因子与社会资本积累无关的部分 β_0 设定为偏小的数值,约为 0.545。[③] 关于行业的工资升水 x_i,本节依据《中国统计年鉴》2007 年至 2016 年的按行业分城镇单位就业人员平均工资估算得到,由于部分行业的薪酬差异很小,因此,本节将年鉴中统计的 19 个行业合并为 10 个行业进行参数估计:首先,求出 19 个行业工资在 10 年间的平均值,由于农、林、牧、渔业的平均工资最低且与其他行业的工资水平差距较大,因此,选取该行业为基准的低收入行业;其次,将其他 18 个行业按照 10 年平均工资水平排序后,每两个行业合并在一起计算平均工资,由此,将 19 个行业合并为 10 个行业,合并后各行业的平均工资水平分布如图 4-2 所示,1 为平均工资最低的行业,10 为平均工资最高的行业;最后,假设平均工资最低行业的工资率为 1,以此为基准,计算出各行业相对于农、林、牧、渔业的工资升水,得到: $x_i = \{0, 0.4, 0.6, 0.9, 1.1, 1.2, 1.3, 1.4, 1.9, 2.8\}$,基本趋势是收入中低水平的行业之间平均工资差异较小,高收入行业升水较高。

――――――――――

　　① 参见 Glaeser, Edward L., "The Formation of Social Capital", *Canadian Journal of Policy Research*, 2001, 2(1), pp.34–40; Glaeser, Edward L., David Laibson, and Bruce Sacerdote, "An Economic Approach to Social Capital", *The Economic Journal*, 2002, 112 (483), pp.F437–F458。

　　② 参见 Auerbach, A. J., and King, M. A., "Taxation, Portfolio Choice, and Debt-Equity Ratios; A General Equilibrium Model", *Quarterly Journal of Economics*, 1983, 98 (4), pp.587–609; Auerbach, A.J., Kotlikoff, L.J., "Evaluating Fiscal Policy with a Dynamic Simulation Model", *American Economic Review*, 1987, 77(2), pp.49–55。

　　③ 参见刘永平、陆铭:《从家庭养老角度看老龄化的中国经济能否持续增长》,《世界经济》2008 年第 1 期;郭凯明、龚六堂:《社会保障、家庭养老与经济增长》,《金融研究》2012 年第 1 期。

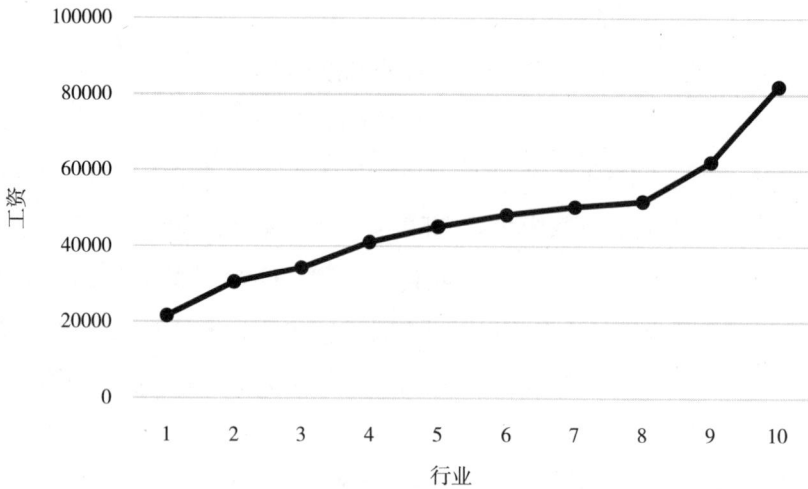

图 4-2　2007—2016 年中国各行业（合并后）平均工资①

相关参数选取汇总如下表所示：

表 4-1　模型参数取值选择

参数	含义	基准取值	说明
α_1	对闲暇时间的偏好系数	0.8	Auerbach ＆ King（1983）；Auerbach ＆ Kotlikoff（1987）
α_2	对遗产的偏好系数	0.6	本节假设
β_0	贴现因子的常数项	0.98^30	每期包括 30 年，每年贴现因子为 0.98，参考郭凯明和龚六堂（2012）
β_1	社会资本的贴现因子系数	0.1	社会资本越广泛，个体越有耐心
γ_1	物质投入对社会资本积累的贡献	0.5	本节假设
γ_2	时间投入对社会资本积累的贡献	0.5	本节假设

---

①　行业 1 为农、林、牧、渔业，2 为住宿和餐饮业与水利、环境和公共设施管理业，3 为居民服务业与建筑业，4 为制造业与批发和零售业，5 为房地产业与公共管理和社会组织业，6 为教育业与采矿业，7 为交通运输、仓储和邮政业与卫生、社会保障和社会福利业，8 为租赁和商务服务业与文化、体育和娱乐业，9 为能源生产和供应业与科学研究、技术服务和地质勘察业，10 为 IT 业与金融业。

续表

参数	含义	基准取值	说明
w	收入最低行业的工资率	1	假设每代的工资率保持不变
x_i	行业的工资升水	$\left\{\begin{array}{l}0,0.4,0.6,0.9,1.1,\\1.2,1.3,1.4,1.9,2.8\end{array}\right\}$	根据《中国统计年鉴》2007—2016 年的行业平均工资数据估算得到

本节考虑两类专业——专业 A 和专业 B,专业 A 进入高收入行业的概率较高,进入低收入行业的概率较低;专业 B 更易进入低收入行业,难以进入高收入行业。为了模拟出不受社会资本影响的两个专业进入各个行业的基准概率,本节利用 2009—2019 年北京大学教育学院的"全国高校毕业生就业状况调查"数据库①,选取数据库中汇报家庭社会资本积累量"非常少"的个体样本,分别描述两类专业的就业行业分布,考虑到金融行业收入较高,作者选取经济学类和管理学类专业代表模型中的专业 A(观测值为615),选取文学类和历史学类专业代表模型中的专业 B(观测值为545),样本数据中专业 A 和专业 B 的就业行业概率如图 4-3 所示,行业编号与图 4-2一致。样本中,专业 A 主要进入高收入行业就业,进入行业编号的均值为 7.4,标准差为 2.8,专业 B 主要进入中等收入行业就业,进入行业编号的均值为 6.5,标准差为 2.1。

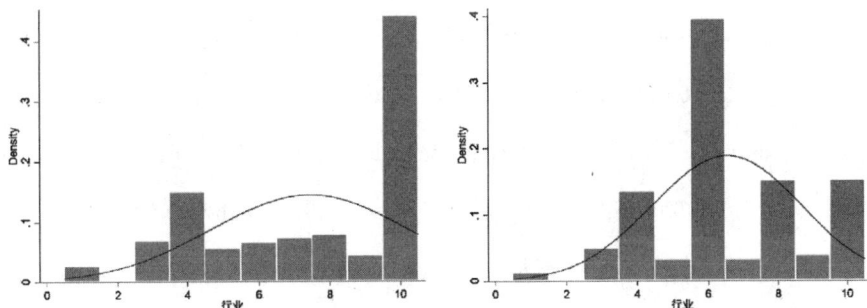

图 4-3　数据中专业 A(经济与管理)和专业 B(文学与历史)的就业行业分布

---

① 与后文实证分析所用的数据库一致。

接下来,作者根据样本数据拟合的正态分布模拟出模型中个体的就业行业分布,图 4-4 中模拟出了专业 A 和专业 B 的就业行业分布。

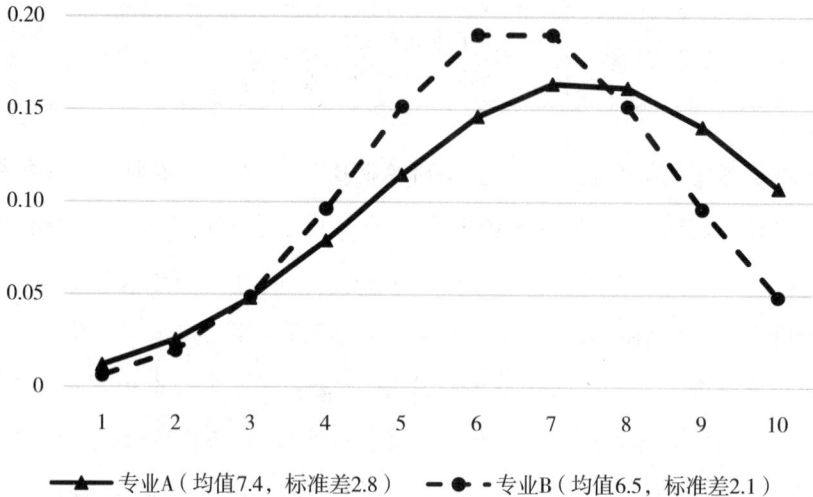

图 4-4　专业 A 和专业 B 进入各个行业的模拟概率分布

同时,根据模型设定,家庭社会资本影响行业进入的概率。在考虑了家庭社会资本的影响后,家庭社会资本会在图 4-4 所示的基准概率分布基础上降低个体进入低收入行业的概率,并提高进入高收入行业的概率,假设专业 A 和专业 B 进入 10 个行业的概率分布如下[①]:

$$P_A = \begin{Bmatrix} 0.01(1-\ln S), 0.03(1-\ln S), 0.05(1-\ln S), 0.08(1-\ln S), 0.11(1-\ln S), \\ 0.15+0.01\ln S, 0.16+0.03\ln S, 0.16+0.05\ln S, 0.14+0.08\ln S, 0.11+0.11\ln S \end{Bmatrix}$$

$$P_B = \begin{Bmatrix} 0.01(1-\ln S), 0.02(1-\ln S), 0.05(1-\ln S), 0.1(1-\ln S), 0.15(1-\ln S), \\ 0.19+0.01\ln S, 0.19+0.02\ln S, 0.15+0.05\ln S, 0.1+0.1\ln S, 0.05+0.15\ln S \end{Bmatrix}$$

相关文献表明家庭财富服从 Pareto 分布,依据 Tan 等基于 2011 年 CHFS 数据估算的中国家庭财富分布,本节在 Matlab 中模拟出 30 个家庭初

---

① 为了保证 $\ln S \geqslant 0$,本节将 S 加 1 后再取自然对数。

始财富的 Pareto 分布。[①] 给定 30 个家庭的初始财富分布情况,对两类专业
选择分别求解这 30 个家庭共 10 期的最优决策,每期所有家庭的平均最优
社会资本积累水平如图 4-5 所示,横轴是行业(1 为最低收入行业,10 为最
高收入行业),纵轴为家庭平均最优的社会资本积累量。专业 A 由于本身
具备进入高收入行业的优势,家庭需要积累的最优社会资本水平较低,而专
业 B 的就业劣势要求家庭积累更广泛的社会资本作为补充。

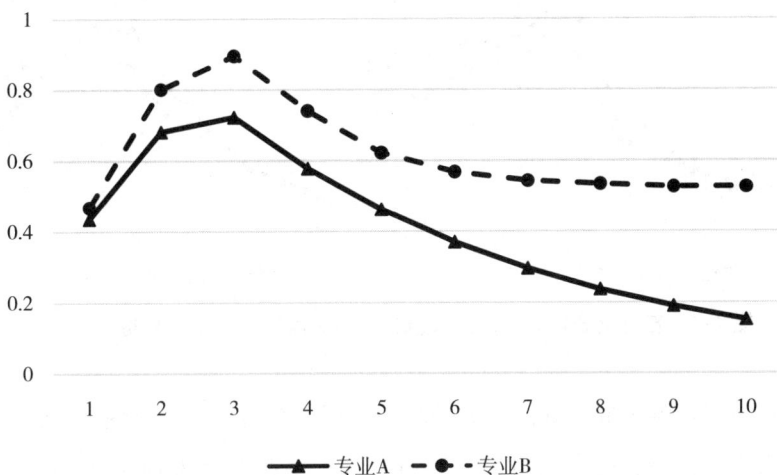

图 4-5　平均最优社会资本积累

接下来,分别考察两类家庭的就业情况,以图 4-5 中第 10 代的两个社
会资本积累水平为例,高社会资本家庭($S = 0.5257$)和低社会资本家庭
($S = 0.1515$)的行业进入概率分布如图 4-6 所示,横轴是行业(1 为最低收
入行业,10 为最高收入行业),纵轴为进入对应行业就业的概率。

对比图 4-6 两图可知,对于既定专业,不同的家庭社会资本积累水平

---

① 参见 Benhabib J., Bisin A., Zhu S., "The Distribution of Wealth and Fiscal Policy
in Economies with Finitely Lived Agents", *Econometrica*, 2011, 79(1), pp.123-157; Ben-
habib, J., Bisin, A., Zhu, S., "The Wealth Distribution in Bewley Economies with Capital In-
come Risk", *Journal of Economic Theory*, 2015, 159, pp.489-515; Tan, J., Zeng, T., Zhu, S.,
"Earnings, Income, and Wealth Distributions in China: Facts from the 2011 China
Household Finance Survey", *China Economic Review*, *Forth Coming*, 2017。

下,子女进入高收入行业就业的概率存在差异,高社会资本家庭的子女进入高收入行业就业的概率更高。即使高社会资本家庭的子女选择非就业优势专业 B,而低社会资本家庭子女选择就业优势专业 A,二者进入各行业的概率差异也不大,这说明提高家庭社会资本积累水平能在很大程度上弥补专业选择导致的就业劣势。

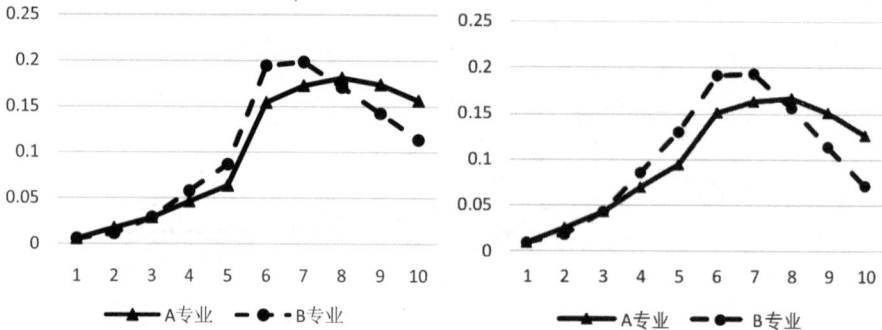

图 4-6 高社会资本家庭(左)和低社会资本家庭(右)的行业进入概率

本节对模型中部分缺乏来源依据的参数进行了一系列敏感性测试,证明了参数变化没有改变"在进入同一行业时,专业 B 比专业 A 需要更广泛的最优家庭社会资本积累水平"的结论,结果如图 4-7 所示。图中(a)和(b)汇报了改变社会资本积累方程的贡献系数对模拟结果的影响,相比于图 4-4 中的基准结果,作者可以看到,如果降低物质投入对社会资本积累的贡献程度($\gamma_1 = 0.4$),同时提高时间投入对社会资本积累的贡献程度($\gamma_2 = 0.6$),专业 A 和专业 B 所要求的最优社会资本积累水平的差距将缩小,这是由于时间禀赋是相对有限的,通过时间投入积累的社会资本水平也是很有限的,随着财富优势转换为社会资本优势的效率降低,家庭间积累社会资本水平的差异也会降低。图 4-7 中(c)和(d)汇报了改变社会资本的折旧率对模拟结果的影响,如果降低社会资本的折旧率,那么,专业 A 和专业 B 所要求的最优社会资本积累水平的差距将缩小,反之,差距将扩大,变换上下区间的参数,结果依旧稳健。

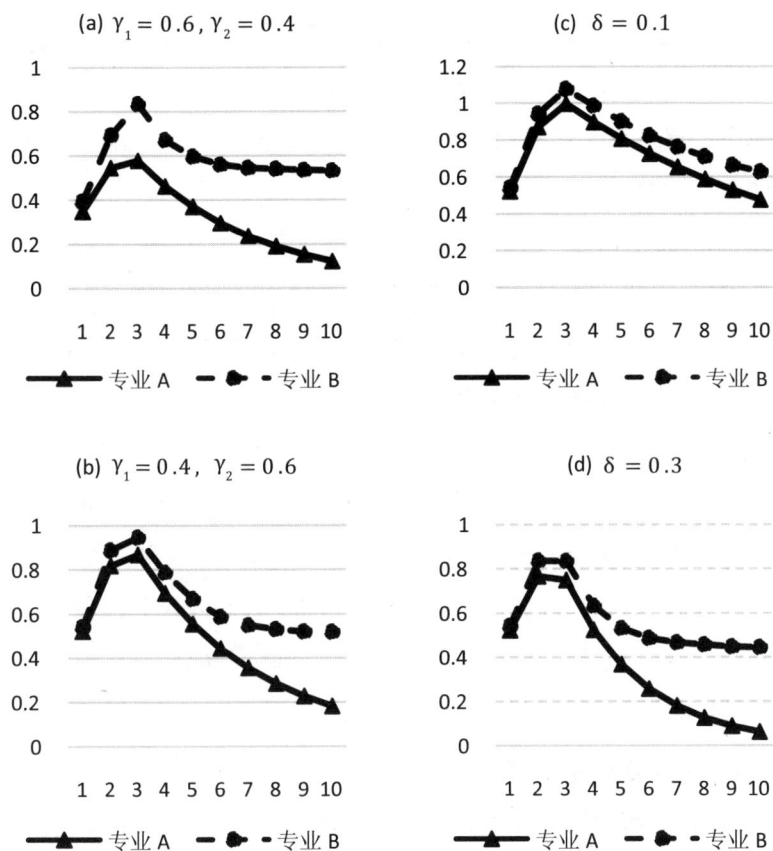

图 4-7 敏感性测试

三、计量模型和数据分析

（一）假说

根据上文的模型结果，我们可以得到三个假说，并在下文的实证分析中予以验证：

假说一：相比于社会资本积累较低的家庭，社会资本积累较高家庭的子女选择大学专业时较为分散，在有就业优势的热门专业的集中度相对较低。

图 4-5 和图 4-6 结果显示，社会资本积累较高家庭的子女报考专业 B

依然能够保障较好的就业前景。对于社会资本较丰富的家庭,能够很大程度上弥补专业的就业劣势,考虑到就业优势的专业报考难度高,[①]这些家庭的专业选择策略是更分散地选择录取概率更大的专业。

假说二:社会资本积累较高家庭的子女更多在高收入行业就业,高收入行业的就业集中度更高。

从图4-6的结果中可以看到,在行业进入的过程中,社会资本积累较高的家庭能够帮助子女以更高的概率进入高收入行业。

假说三:社会资本积累较高家庭子女的就业满意度更高、过度教育程度更低,但是,就业的专业匹配程度更低。

根据假说一和假说二,社会资本积累较高家庭的子女专业选择分散,而就业行业集中,必然带来专业和工作的匹配程度的降低,同时,由于这些毕业生更多地进入到高收入行业,在就业满意度与薪酬水平紧密相关的前提下,这部分毕业生的就业满意度会得到提升,进一步由于家庭社会资本的积累,毕业生不需要通过过度教育的方式来找到满意的工作,这在一定程度上缓解了过度教育问题。[②]

（二）数据与变量描述

本节采用"全国高校毕业生就业状况调查"数据,在删除了相关指标不全的个体后,数据涵盖2009年、2011年、2013年、2015年、2017年调查的全国29个省和直辖市的108所高校中的33934名毕业生,涉及专业包含13个一级学科[③]、

---

① 这个结论可以通过现实数据和理论推导得到,一个简单的推导如下:假设就业优势专业A和就业劣势专业B的录取概率分别为p_A和p_B,两个专业带来的预期收益为u_A和u_B,那么,两个专业报考人数均衡的条件为$p_A u_A = p_B u_B$,由于A专业有就业优势,预期薪酬水平更高,贴现得到的专业预期收益更高,即$u_A > u_B$,则为了满足均衡条件,$p_A < p_B$,即专业A的录取概率更小。

② 参见陈钊、陆铭和佐藤宏:《谁进入了高收入行业? 关系、户籍与生产率作用》,《经济研究》2009年第10期。

③ 数据来源:2011年,国务院学位委员会、教育部颁布的《学位授予和人才培养学科目录(2011年)》设置的13个一级学科门类,包括哲学、经济学、法学、教育学、文学、历史学、理学、工学、农学、医学、管理学、军事学、艺术学。

就业地为全国 33 个省和直辖市①。其中,2009 年 5972 人,2011 年 8811 人,2013 年 8064 人,2015 年 5170 人,2017 年 5917 人,各年份占总样本的比重分别为 17.6%、25.97%、23.76%、15.24%、17.44%,各年份分布比较平均。

结合经典文献和问卷实际情况,如表 4-2 所示,本节将变量汇报如下。本节模型中的因变量 $match_k$ 为毕业生 k 自评的专业与工作的匹配程度,$match_k$ 为程度变量,汇报结果中 1—5 级专业与工作的匹配程度逐级提高,总样本的平均水平为 3.505,即汇报结果介于基本对口和非常对口之间。第二个因变量 $overedu_k$ 为毕业生 k 的过度教育程度,是毕业生 k 自身的受教育程度与工作要求的最低受教育程度之差,总样本的平均水平为 0.079,即平均水平介于正好匹配和过度教育之间,更接近于正好匹配。第三个因变量是毕业生 k 自评的工作满意程度,$satisfy_k$ 也是一个程度变量,从 1—5 级代表满意度逐渐提高,总样本的平均水平为 3.756,即汇报结果介于一般和满意之间。

本节关注的家庭社会资本积累程度($social\_capital$),是从 1 至 5 级代表社会资本积累程度逐级提高,均值为 2.555,显示样本中大部分毕业生的家庭社会资本广泛程度介于"较少"与"一般"之间。在计量模型中会进一步介绍核心自变量家庭社会资本积累 $social\_capital_k$,以此来研究家庭社会资本积累对劳动力市场上人力资本配置效率的影响。

本节将自变量分为基本特征和教育特征变量分别进行汇报。自变量中的基本特征包括性别($gender$)、党员($party$)和民族($minority$)。总样本中女性占比为 47.3%,男性为 52.7%,男女毕业生人数较为平均。党员占比为 36%,综合素质更高的毕业生才能获得党员身份,党员对社会地位的获得有积极影响。样本中少数民族占比为 6.14%,汉族毕业生在

---

① 数据中包含的 33 个省和直辖市为:上海、云南、内蒙古自治区、北京、吉林、四川、天津、宁夏回族自治区、安徽、山东、山西、广东、广西壮族自治区、新疆维吾尔自治区、江苏、江西、河北、河南、浙江、海南、湖北、湖南、甘肃、福建、西藏自治区、贵州、辽宁、重庆、陕西、青海,以及香港、澳门特别行政区和台湾省。

样本中占有较大比重。

自变量中的教育特征包括：衡量受教育程度的本科生（*edu_benke*）、硕士生（*edu_shuoshi*）和博士生（*edu_boshi*），以及专业与兴趣匹配程度（*interest*）、衡量院校或专业层次的"一流"高校或"一流"专业（*shuangyi*）。如表4-2所示，在33934个观测值中，本科生最多为17421人，占到总样本的51.34%，专科生次之为12436人，占到总样本的36.65%，在本节中专科生是基准的受教育程度。硕士生为4940人，占到总样本的12.35%，博士生为254人，占到总样本的0.63%。专业与兴趣匹配程度（*interest*）是一个程度变量，从1—5级代表专业兴趣吻合度逐渐提高。为了更为清楚地研究匹配程度、过度教育程度和满意度的影响因素，本节通过哑变量将108所高校划分是否是为"一流"高校或"一流"专业，在总样本中有34所高校是"一流"高校或拥有"一流"专业，约占总样本的31.9%，"双一流"高校毕业生在就业选择上，相比于其他高校的毕业生来说有更大的自主性，良好的教育背景使其在就业市场上更能释放高能力的"信号"。同时，因为不同地区、不同专业和就业行业会产生不同的匹配机制，本节对其分别加以控制，回归控制了5个毕业年份、33个就业地区（含直辖市、自治区和港澳台）、13个一级学科和20个行业①门类。

表4-2 变量含义及基本统计

变量性质	变量名称	含义	观测值	均值	标准差	最大值	最小值
因变量	*match*	专业与工作的匹配程度	33934	3.505	1.169	1	5
	overedu	过度教育程度	33934	0.079	0.756	−3	5
	satisfy	工作的满意程度	33934	3.756	0.800	1	5

---

① 2011年11月1日，经国家质量监督检验检疫总局、国家标准化管理委员会批准发布的《国民经济行业分类》（GB/T4754—2011）中规定的20个行业门类：农、林、牧、渔、采矿业；制造业；电力、煤气和水的生产和供应业；建筑业；交通运输、仓储和邮政；信息传输、计算机服务、软件业；批发零售；住宿餐饮；金融业；房地产；租赁和商务服务业；科学研究、技术服务、地质勘察；水利环境公共设施管理；居民服务；教育；卫生、社会保障与福利；文化体育娱乐；公共管理与社会组织；其他。

变量性质	变量名称	含义	观测值	均值	标准差	最大值	最小值
自变量	核心自变量						
	social_capital	家庭社会资本积累	33934	2.555	1.073	1	5
	教育特征						
	edu_benke	本科生(是1;否0)	33934	0.513	0.500	0	1
	edu_shuoshi	硕士生(是1;否0)	33934	0.115	0.320	0	1
	edu_boshi	博士生(是1;否0)	33934	0.005	0.071	0	1
	shuangyi	"一流"高校或"一流"学科(是1;否0)	33934	0.319	0.466	0	1
	interest	专业兴趣	33934	3.691	0.881	1	5
	基本特征						
	gender	性别(女1;男0)	33934	0.473	0.499	0	1
	party	党员(党员1;其他0)	33934	0.360	0.480	0	1
	minority	民族(少数民族1;其他0)	33934	0.061	0.240	0	1

为了更为清晰地鉴别程度变量的选取及对应选项的意义,本节将程度变量相应的问题及答案汇报如下,详见表4-3。

表4-3 问卷中的程度变量

变量名称	对应问题	答案
social_network	您家里的社会资本情况:	(1)非常少、(2)较少、(3)一般、(4)广泛(5)非常广泛
match	您找到这份工作与您所学专业的相关程度如何?	(1)毫不相关、(2)不太对口、(3)有一些关联、(4)基本对口、(5)非常对口
overedu	要胜任您找到的这份工作,您估计实际上需要的教育层次为:	(1)博士、(2)硕士、(3)本科、(4)专科、(5)高中或中专、(6)初中
satisfy	请您对这份工作的总体满意度进行评价:	(1)很不满意、(2)不太满意、(3)一般、(4)满意、(5)非常满意
interest	您所学专业与您的兴趣吻合状况?	(1)很不吻合、(2)不太吻合、(3)有些吻合、(4)基本吻合、(5)非常吻合

（三）计量模型

由于因变量毕业生专业与工作的匹配程度（match）、过度教育程度（overedu）和工作满意程度（satisfy）的取值均分别为1—5、-3—5和1—5

的等级,程度由低到高逐级增长,指标值的序数有意义,而非具体数值有意义,因此,本节主要使用 Ordered Probit 模型(顺序概率单位回归模型)对总体样本回归,分析家庭社会资本积累程度对就业质量中匹配度、过度教育程度和满意度的影响,以验证理论预测。

首先,考虑就业匹配度 $match_k$ 的影响因素,建立计量方程如下:

$$match_k = \beta_0 + \beta_1 social\_capital_k + \gamma X_k + \lambda_i + \mu_j + \gamma_t + \varepsilon_k \quad (4\text{-}11)$$

其中,$social\_network_k$ 表示本节的核心变量家庭社会资本积累程度,X_k 包括各类控制变量,λ_i 为表示专业的一系列虚拟变量,μ_j 为表示行业的一系列虚拟变量,γ_t 为表示毕业/调查年份的一系列虚拟变量,ε_k 为误差项。

其次,考虑过度教育程度 $overedu_k$ 的影响因素,建立计量方程如下:

$$overedu_k = \beta_0 + \beta_1 social\_capital_k + \gamma X_k + \lambda_i + \mu_j + \gamma_t + \varepsilon_k$$

$$(4\text{-}12)$$

接下来,建立工作满意程度 $satisfy_k$ 的计量方程如下:

$$satisfy_k = \beta_0 + \beta_1 social\_capital_k + \gamma X_k + \lambda_i + \mu_j + \gamma_t + \varepsilon_k$$

$$(4\text{-}13)$$

在该计量识别中,可能存在诸多影响就业的因素,计量方程可能存在遗漏变量问题,对此作者将根据经典文献的方法进行一系列检验。

四、实证结果

(一)基准结果

将 2009—2017 年“全国高校毕业生就业状况调查”数据代入模型(4-11)—模型(4-13)进行 Ordered Probit 回归,相关结果见表 4-4,其中,第(1)列、第(3)列和第(5)列为不加入任何控制变量估计 Ordered Probit 模型,第(2)列为专业与工作匹配程度影响因素的全样本回归,第(4)列为过度教育程度影响因素的全样本回归,第(6)列为就业满意度影响因素的全样本回归。

表 4-4 基准回归结果

变量	Orderd Probit：就业匹配度		Orderd Probit：过度教育程度		Orderd Probit：就业满意度	
	（1）	（2）	（3）	（4）	（5）	（6）
家庭社会资本	-0.0312 *** (0.00421)	-0.0307 *** (0.00436)	-0.0618 *** (0.00381)	-0.0329 *** (0.00368)	0.0608 *** (0.00412)	0.0470 *** (0.00439)
性别		-0.0174 * (0.00978)		-0.0314 *** (0.00834)		0.0527 *** (0.00987)
本科		0.0615 *** (0.00472)		-0.0424 *** (0.0103)		-0.00121 (0.00466)
硕士		-0.0106 (0.00995)		-0.0839 *** (0.0167)		0.0305 *** (0.0100)
博士		0.420 *** (0.00645)		-0.0936 *** (0.0564)		0.111 *** (0.00639)
党员		0.00248 (0.00989)		-0.0588 *** (0.00858)		0.0475 *** (0.00998)
少数民族		-0.119 *** (0.0226)		-0.0365 ** (0.0167)		0.0435 * (0.0229)
兴趣		-0.0804 *** (0.0133)		-0.0631 *** (0.00443)		0.401 *** (0.0132)
双一流		-0.0184 (0.0149)		-0.0896 *** (0.0104)		0.383 *** (0.0149)
高校层级	N	Y	N	Y	N	Y
大学专业	N	Y	N	Y	N	Y
就业省份	N	Y	N	Y	N	Y
毕业年份	N	Y	N	Y	N	Y
观测值	33934	33934	33934	33934	33934	33934
R-squared	0.001	0.211	0.008	0.122	0.018	0.143

注：*、**、*** 分别代表 10%、5%、1% 的显著性水平，回归控制了 13 个专业大类、33 个毕业省份和 20 个就业行业。

本节关注的核心自变量是家庭社会资本积累（ *social_capital* ），衡量的是一个家庭的社会资本丰富程度。首先，不加入任何控制变量估计 Ordered Probit 模型，第（1）列、第（3）列和第（5）列结果显示，家庭社会资本广泛程度与工作匹配度有显著的负相关关系，与过度教育程度有显著的负相关关系，与工作满意度有显著的正相关关系。其次，在加入包括个人特征、就业部门、高校层级等全部控制变量后,得到的结果显示在第(2)列、第(4)列和第(6)列中,家庭社会资本广泛程度的系数方向、显著性均没有发生改变,估计值依然稳健。由此可见,家庭社会资本广泛程度对工作和专业匹配程度有显著的负向影响,对过度教育程度有显著缓解作用,对工作满意程度有显著的正向影响。

控制变量结果显示,女性毕业生的过度教育问题相比于男性得到有效缓解,这与劳动力市场对女性毕业生的高准入门槛有关;男性毕业生的就业满意度显著高于女性;相比于专科毕业生,本科生、硕士生和博士生的匹配度和满意度都更高,同时过度教育问题依旧不容忽视;党员的身份是择业时的重要砝码,能够有效缓解过度教育问题,提升就业满意度;我们国家对少数民族的一系列优惠政策,也使得少数民族毕业生相比于汉族毕业生的就业满意度显著提高;对所学专业兴趣更高的毕业生有助于提升就业满意度,缓解过度教育;来自"双一流"高校或专业的毕业生能够显著提升就业满意度,过度教育问题也得到有效缓解。

虽然本节尽量控制各类因素,但仍可能存在一些与家庭社会和毕业生就业有关的不可测因素,使得表4-5的结果由于遗漏变量问题导致偏误。这里根据 Altonji,Elder and Taber(2005)的方法,利用已控制的可观测因素的系数变化,来估算不可观测因素可能带来的估计偏误程度。具体来说,考虑两个回归:一个是只加入受约束控制变量的回归,另一个则是加入所有控制变量的回归方程。第一个回归中的估计系数记为 β^R(R 代表受约束),第二个回归中的估计系数记为 β^F(F 代表全部),按公式:$|\beta^F/(\beta^R - \beta^F)|$ 计算比率。该值越大,说明 $(\beta^R - \beta^F)$ 值相比于 β^F 越小,即 β^R 和 β^F 值越接近,说明控制全部的可观测因素之后,估计系数与控制前的相比变化很小,这意味着,通过添加已知的控制变量,对估计系数改变非常有限,这也意味着不可观测因素的影响应远大于本文已控制的因素,才能使得估计系数产生较大偏误。

当前已控制的变量数为 75 个,以第(1)、(3)、(5)列的估计值作为 β^R,以第(2)、(4)、(6)列的估计值作为 β^F,计算得到两组回归的遗漏变量检验比率分别为 61.4、11.38 和 3.41,说明如果遗漏变量要使第(2)列的回归产生显著偏误,那么所需要的不可观测因素至少是已经控制的可观测因素的61.4 倍,如果遗漏变量要使第(4)列的回归产生显著偏误,那么所需要的不可观测因素至少是已经控制的可观测因素的 11.38 倍,如果遗漏变量要使第(6)列的回归产生显著偏误,那么所需要的不可观测因素至少是已经控制的可观测因素的 3.41 倍。由此,本节认为不可观测变量不会引起估计结果的显著偏误。

进一步,将 2009—2017 年"全国高校毕业生就业状况调查"数据代入模型(4-13)进行 Ordered Probit 回归,因变量为将满意度细分为工资福利、工作地点、工作稳定性、个人发展空间、社会地位、独立自主性六个维度,相关结果见表4-5。第(1)—(6)列汇报了满意度的细分维度受核心自变量家庭社会资本的差异化影响。

表4-5　细分满意度的回归结果

变量	工资福利 (1)	工作地点 (2)	工作稳定性 (3)	个人发展空间 (4)	社会地位 (5)	独立自主性 (6)
家庭社会资本	0.144*** (0.00712)	0.103*** (0.00736)	0.0949*** (0.00714)	0.110*** (0.00785)	0.114*** (0.00762)	0.106*** (0.00794)
性别	-0.0325** (0.0162)	0.00840 (0.0167)	0.0115 (0.0162)	-0.0583*** (0.0178)	-0.0314* (0.0173)	0.0212 (0.0180)
本科	0.119*** (0.0217)	0.0563** (0.0224)	0.0701*** (0.0217)	0.0631*** (0.0239)	0.0820*** (0.0232)	0.0232 (0.0242)
硕士	0.0658** (0.0329)	0.0161 (0.0340)	0.0937*** (0.0330)	0.0912** (0.0363)	0.104*** (0.0352)	-0.0351 (0.0367)
博士	0.00295 (0.0766)	-0.0658 (0.0792)	0.130* (0.0773)	0.126 (0.0845)	0.0941 (0.0820)	0.143* (0.0855)
党员	0.0384** (0.0169)	0.0465*** (0.0175)	0.0487*** (0.0170)	0.0578*** (0.0186)	0.0641*** (0.0181)	0.0149 (0.0189)
少数民族	0.0644** (0.0311)	0.0888*** (0.0321)	0.0600* (0.0312)	0.0388 (0.0342)	0.0565* (0.0332)	0.0293 (0.0346)
兴趣	0.142*** (0.00863)	0.141*** (0.00891)	0.144*** (0.00866)	0.144*** (0.00952)	0.163*** (0.00923)	0.155*** (0.00962)
双一流	0.0687*** (0.0215)	0.0713*** (0.0222)	0.0779*** (0.0216)	0.0655*** (0.0237)	0.0392* (0.0230)	0.0194 (0.0240)

续表

变量	工资福利 （1）	工作地点 （2）	工作稳定性 （3）	个人发展空间 （4）	社会地位 （5）	独立自主性 （6）
高校层级	Y	Y	Y	Y	Y	Y
大学专业	Y	Y	Y	Y	Y	Y
就业省份	Y	Y	Y	Y	Y	Y
毕业年份	Y	Y	Y	Y	Y	Y
观测值	11029	11023	11018	11019	11023	11034
R-squared	0.103	0.076	0.078	0.079	0.090	0.065

注：*、**、***分别代表10%、5%、1%的显著性水平，回归控制了13个专业大类、33个毕业省份和20个就业行业。

细分满意度的回归是对基准回归的进一步解读，表4-5的回归表明家庭社会资本对毕业生就业满意度的作用体现在工资待遇、工作地点、发展空间等多维度的整体显著提升上，从回归系数上可以看到，家庭社会资本对提升工资待遇、社会地位的效果最为明显，可以在保持个体独立自主性的前提下更好地助力个人发展，同时也意味着更好的工作地点和更稳定的工作。

（二）内生性分析

为进一步检验表4-4中家庭社会资本本身而不是与社会资本相关的其他特质影响了就业匹配度、过度教育及就业满意度，本节进行了安慰剂测试。如果其他因素不变，人为改变毕业生的家庭社会资本积累程度指标，家庭社会资本对就业相关指标的影响仍不消除，则表明毕业生自身存在某种因素，既与家庭社会资本有关，又对就业指标产生影响。为此，保持毕业生个体特征、教育特征、就业特征和就业指标的一一对应，而把家庭社会资本随机分配给每个毕业生，若家庭社会资本的边际效应就此消除，则可认为是家庭社会资本本身而不是与家庭社会资本相关的其他特质影响了就业匹配度、过度教育程度及就业满意度。

安慰剂检验结果如表4-6所示，控制毕业生其他特征与就业指标对应，安慰剂指标的回归系数均不显著，进一步排除了与家庭社会资本相关的其他个体特征对就业匹配度、过度教育程度和就业满意度这一系列衡量就业质量指标产生影响的可能性。

表4-6　安慰剂检验

变量	就业匹配度	过度教育程度	就业满意度
	（1）	（2）	（3）
安慰剂指标	-0.00332 （0.00527）	0.00490 （0.00359）	0.00325 （0.00379
全部控制变量	Y	Y	Y
Observations	33934	33934	33934
R-squared	0.210	0.120	0.125

注：*、**、*** 分别代表10%、5%、1%的显著性水平，回归控制了13个专业大类、33个毕业省份和
　　20个就业行业。

（三）影响机制分析

对于家庭社会资本积累程度降低就业匹配程度、缓解过度教育、提高就业满意程度的实证结果，本节在模型部分提出的解释是：社会资本积累更充分的家庭会选择相对容易被录取的非热门专业，其专业选择更为分化，而在职业选择时，家庭社会资本的作用使其集中于高收入行业，"专业分散、行业集中"的就学与就业特征降低了其就业匹配程度、缓解了过度教育问题，而与满意度息息相关的高收入提升了其就业满意度。为检验该机制，作者分别考察了不同家庭社会资本积累程度毕业生的专业和就业行业分布。

表4-7汇报了不同家庭社会资本积累程度的毕业生就业比例最高的前四个行业和就读比例最高的前四个专业。对于不同家庭社会资本积累程度的毕业生，就业进入比例最高的四个行业存在着差异：家庭社会资本积累越丰富，毕业生就业越集中于高收入行业。具体来说，在社会资本积累程度较低的家庭中，教育行业位列就业前三的行业，而在社会资本积累程度较高的家庭，高收入的金融业逐渐取代教育行业成为主要的就业行业。同时，就读比例排名前四的专业也有所不同。家庭社会资本积累程度较

低的毕业生主要选择工学、管理学、文学、理学专业,家庭社会资本积累程度较高的毕业生则相对更少学习理学专业,而更高比例学习与金融业对口的经济学类专业。

表4-7 家庭社会资本作用下排名前四的专业和行业

家庭社会资本	前四个行业	前四个专业
非常少	制造业、IT、教育、金融业	工学、管理学、理学、文学
较少	制造业、IT、教育、金融业	工学、管理学、文学、理学
一般	制造业、IT、金融业、教育	工学、管理学、文学、理学
广泛	制造业、金融业、IT、建筑业	工学、管理学、文学、经济学
非常广泛	制造业、金融业、IT、建筑业	工学、管理学、文学、经济学

表4-8汇报了不同家庭社会资本广泛程度的毕业生的就业行业集中度和大学专业集中度,随着家庭社会资本积累程度从非常少到非常广泛,排名前三的行业就业比例先略有降低后大幅上升,进一步观察行业的赫芬达尔指数(Hirschman-Herfindahl Index,HHI),同样也表现出先下降后上升、整体上升的趋势,说明家庭社会资本越广泛,行业分布越集中,与模型假说二一致。同时,专业分布的赫芬达尔指数呈逐渐下降后略有上升的趋势,说明家庭社会资本积累越丰富,专业分布趋向于分散,与模型假说二一致。

表4-8 家庭社会资本作用下的专业和行业选择集中度

家庭社会网络	前三个行业的就业比例	行业的HHI指数	前三个专业分布的比例	专业的HHI指数
非常少	36.39	77.278	59.22	173.235
较少	35.02	75.356	58.20	162.594
一般	35.52	74.975	59.23	158.680
广泛	38.11	76.896	59.61	158.225
非常广泛	38.79	77.805	58.09	164.934

为进一步检验模型机制,本节构造出毕业生就业行业的相对收入,计算公式为:行业相对收入 ind_wage =(毕业生就业行业在毕业当年的平均月

收入-当年全国城镇单位就业平均月收入)/当年全国城镇单位就业平均月收入。表4-9的第(1)列是在(4-11)式的基础上将因变量替换为行业相对收入 ind_wage 进行回归,汇报了行业相对收入对家庭社会资本积累程度及控制变量的回归结果,表明家庭社会资本积累越丰富的家庭,子女就业行业的相对收入水平越高,家庭社会资本积累程度每提高一个等级,就业行业相对收入平均提高0.00968倍的全国城镇单位就业平均月收入。接着,作者构造就业行业相对收入与家庭社会资本积累程度的交叉项家庭社会资本 * 行业相对收入(social_wage),加入基准回归方程(4-11)式—(4-13)式中,该交叉项表示就业行业的相对收入水平对家庭社会资本积累程度的边际效应的影响,表4-9的第(2)列至第(4)列汇报了相关结果,结果表明,来自家庭社会资本积累量更高且在高收入行业就业的毕业生,其匹配度更为显著地下降,过度教育问题得到有效缓解,满意度进一步上升,也就是说,在高收入行业就业的群体中,家庭社会资本的边际作用被增强了,该结果进一步验证了模型提出的假说。

表4-9　引入行业相对收入的回归结果

变量	行业相对收入 (1)	就业匹配度 (2)	过度教育程度 (3)	就业满意度 (4)
家庭社会资本	0.00968*** (0.00209)	-0.0226*** (0.00569)	-0.0237*** (0.00390)	0.103*** (0.00404)
交叉项: * 行业相对收入		-0.0360*** (0.00533)	-0.0318*** (0.00365)	0.00909** (0.00378)
性别	0.0312*** (0.00468)	0.00939 (0.0125)	-0.0415*** (0.00857)	-0.0536*** (0.00889)
本科	0.0435*** (0.00582)	0.282*** (0.0156)	0.405*** (0.0107)	0.0532*** (0.0111)
硕士	0.107*** (0.00933)	0.506*** (0.0250)	0.791*** (0.0171)	0.109*** (0.0177)
博士	-0.0129 (0.0312)	0.717*** (0.0834)	0.845*** (0.0571)	0.178*** (0.0592)
党员	0.00957* (0.00488)	0.00327 (0.0131)	-0.0672*** (0.00894)	0.0563*** (0.00927)

续表

变量	行业相对收入	就业匹配度	过度教育程度	就业满意度
	（1）	（2）	（3）	（4）
少数民族	−0.00493 （0.00949）	−0.0633** （0.0254）	0.0439** （0.0174）	0.0438** （0.0180）
兴趣	−0.000739 （0.00253）	0.483*** （0.00678）	−0.0673*** （0.00464）	0.156*** （0.00481）
双一流	0.0295*** （0.00587）	0.0777*** （0.0157）	−0.0902*** （0.0108）	0.0701*** （0.0112）
高校层级	Y	Y	Y	Y
大学专业	Y	Y	Y	Y
就业省份	Y	Y	Y	Y
毕业年份	Y	Y	Y	Y
观测值	31590	31590	31590	31590
R-squared	0.079	0.189	0.110	0.134

注：*、**、*** 分别代表10%、5%、1%的显著性水平，回归控制了13个专业大类、33个毕业省份和20个就业行业。

除了模型提出的作用机制，家庭社会资本还可能通过其他途径影响毕业生就业质量。第一个可能的途径是家庭社会资本通过提高实习的质量来提高最终的求职质量，也就是说，家庭社会资本并非直接影响毕业生求职，而是影响了毕业生的实习经历，更好的实习经历影响了毕业生的后续求职。为了检验该途径，作者在基准回归方程中加入实习经历与家庭社会资本积累程度的交叉项，表4-10的第（1）、（3）、（5）列的结果表明，就业匹配度对该交叉项的回归系数显著为负，过度教育程度对该交叉项的回归系数显著为负，就业满意度对该交叉项的回归系数显著为正，说明对于有实习经历的毕业生来说，家庭社会资本积累程度对就业匹配度产生的负向影响、对过度教育的缓解程度、对就业满意度的正向影响都进一步削弱。第二个可能的途径是家庭社会资本通过指导子女在高等教育期间辅修或者修读双学位来影响最终的求职结果，即家庭社会资本帮助毕业生修读更热门或者更有优势的专业，进而影响毕业生的就业结果。为了检验该途径，作者在基准回归方程中加入辅修或双学位与家庭社会资本积累程度的交叉项(*social_fuxiu*)，表 4-10 的第（2）、（4）、（6）列的结果表明，过度教育程度对该交叉项的回归系数显著为负，就业满意度对该交叉项的回归系数显著为正，说明对辅修或双学位的毕业生来说，家庭社会资本对过度教育缓解和就业满意度提高的程度会被加强，由此可见，家庭社会资本丰富程度对过度教育的负向作用，以及对就业满意度的正向作用可以部分由大学期间的辅修或双学位决策所解释。

表 4-10　家庭社会资本的影响渠道

变量	Orderd Probit：就业匹配度		Orderd Probit：过度教育		Orderd Probit：就业满意度	
	（1）	（2）	（3）	（4）	（5）	（6）
家庭社会资本	−0.033 *** (0.006)	−0.029 *** (0.005)	−0.036 *** (0.004)	−0.029 *** (0.004)	0.106 *** (0.004)	0.099 *** (0.004)
交叉项：*实习经历	0.015 ** (0.006)		0.008 * (0.004)		−0.013 *** (0.004)	
交叉项：*辅修或双学位		0.008 (0.006)		−0.025 *** (0.004)		0.013 *** (0.004)
全部控制变量	Y	Y	Y	Y	Y	Y
观测值	33934	33934	33934	33934	33934	33934
R-squared	0.211	0.211	0.122	0.123	0.143	0.143

注：*、**、*** 分别代表 10%、5%、1% 的显著性水平，回归控制了 13 个专业大类、33 个毕业省份和 20 个就业行业。

（四）稳健性分析

此外，作者在基准回归表 4-4 的基础上进行了一系列的稳健性测试，检验估计结果的稳健性，相关结果详见表 4-11 到表 4-13。

稳健性一：社会资本作用随时间的变化。由于经济社会环境不断变迁，家庭社会资本对就业的影响程度可能随着时间的推移发生变化。考虑到家庭社会资本作用随时间变化的趋势，作者将 2009 年作为基准年份，对其他四个年份构造时间虚拟变量，并将这些时间虚拟变量与家庭社会资本积累程度构建交叉项，引入前文基准回归方程（4-11）式—（4-13）式中进行估计,其中,家庭社会资本项的系数表示基准年份2009年中家庭社会资本积累程度对就业质量的平均影响,家庭社会资本与时间虚拟变量交叉项的系数表示对应年份中家庭社会资本积累程度的边际效应与基准年份的差异。估计结果如表4-11所示,可以看到2009年家庭社会资本积累程度对就业匹配度和过度教育程度有显著负向影响,对就业满意度有显著正向影响。2011年、2013年、2015年和2017年家庭社会资本积累程度对就业匹配度负向作用的边际效应相较于2009年均有所缓解。2011年、2015年和2017年家庭社会资本积累程度对过度教育程度负向作用的边际效应相较于2009年均有所加强,2013年不显著。2013年家庭社会资本积累程度对就业满意度正向作用的边际效应相较于2009年有所减弱,其他年份不显著。在样本各个年份中,家庭社会资本积累程度都显著降低就业匹配度和过度教育程度、提升就业满意度,这与基准结果一致。

表4-11 稳健性检验:作用强度随时间变化

变量	Orderd Probit: 就业匹配度	Orderd Probit: 过度教育	Orderd Probit: 就业满意度
	（1）	（2）	（3）
家庭社会资本	−0.0755 *** (0.0124)	−0.0142 * (0.00847)	0.100 *** (0.00886)
交叉项: * 2011 年	0.0603 *** (0.0165)	−0.0373 *** (0.0113)	0.0114 (0.0118)
交叉项: * 2013 年	0.0565 *** (0.0163)	0.00852 (0.0111)	−0.0258 ** (0.0116)
交叉项: * 2015 年	0.0487 *** (0.0182)	−0.0263 ** (0.0124)	0.0167 (0.0130)
交叉项: * 2017 年	0.0688 *** (0.0176)	−0.0445 *** (0.0120)	0.0113 (0.0126)
全部控制变量	Y	Y	Y
观测值	33934	33934	33934
R-squared	0.211	0.123	0.143

注: *、**、*** 分别代表10%、5%、1%的显著性水平,回归控制了13个专业大类、33个毕业省份和20个就业行业。

稳健性二:家庭社会资本的作用范围。家庭社会资本对于就业质量的影响程度可能并非线性,为了检验该效应,作者定义家庭社会资本积累程度大于等于4的家庭为丰富社会资本家庭,并构建表示丰富社会资本家庭的虚拟变量与家庭社会资本积累程度的交叉项,引入基准回归方程中估计,结果如表4-12的第(1)、(4)、(7)列所示,与相对缺乏社会资本的家庭相比,丰富社会资本家庭的社会资本积累程度对过度教育负向作用和对就业满意度正向作用的边际效应有所加强,对就业匹配度的影响不显著。不过,依然表现出家庭社会资本积累程度降低就业匹配度、缓解过度教育、提升就业满意度的趋势,与基准结果一致。

稳健性三:家庭社会资本的作用强度。尽管家庭的社会资本积累量是一定的,但是家庭为子女使用其社会资本的意愿或者强度可能不一样。作者考虑两种可能影响家庭社会资本使用的情况:一是子女的性别,如果家庭观念对不同性别的子女区别对待,那么,不同性别的子女就业时得到家庭社会资本的帮助可能不同,由此,作者在基准模型中引入性别与家庭社会资本广泛程度的交叉项,结果如表4-12的第(2)、(5)、(8)列所示,交叉项的系数均显著,说明相比于儿子,家庭社会资本对女儿的就业匹配度负向作用、过度教育负向作用和就业满意度正向作用的边际效应都是加强的;第二种情况是子女数量可能会稀释家庭社会资本作用在单个子女就业的强度,为了检验该效应,作者在基准模型中加入独生子女的虚拟变量与家庭社会资本积累程度的交叉项,如表4-12的第(3)、(6)、(9)列所示,结果显示,相比于多子女家庭,独生子女家庭的社会资本积累程度对过度教育负向作用的边际效果和对就业满意度的正向作用的边际效果有所加强,对就业匹配度负向作用的边际效果有所减弱。说明子女数量对社会资本的作用强度有一定稀释作用,不过,家庭社会资本对就业匹配度、过度教育和就业满意度的影响依然与基准模型一致。

表4-12 稳健性检验:非线性、子女性别、子女数量

变量	Orderd Probit:就业匹配度			Orderd Probit:过度教育			Orderd Probit:就业满意度		
	(1)	(2)	(3)	(4)	(5)	(6)	(7)	(8)	(9)
家庭社会资本	-0.035*** (0.007)	-0.036*** (0.007)	-0.033*** (0.006)	-0.025*** (0.005)	-0.023*** (0.005)	-0.029*** (0.004)	0.070*** (0.005)	0.094*** (0.005)	0.077*** (0.004)
交叉项:*丰富社会网络家庭	0.008 (0.005)			-0.008** (0.004)			0.031*** (0.004)		
交叉项:*性别		-0.019* (0.011)			-0.023*** (0.007)			0.017** (0.008)	
交叉项:*独生子女			0.008** (0.004)			-0.007** (0.003)			0.037*** (0.003)
全部控制变量	Y	Y	Y	Y	Y	Y	Y	Y	Y
观测值	33934	33934	33934	33934	33934	33934	33934	33934	33934
R-squared	0.211	0.211	0.211	0.122	0.122	0.122	0.145	0.143	0.147

　　稳健性四:家庭社会资本的地理限制。家庭社会资本可能存在一定的地理限制,随着离家距离增大,社会资本可以发挥的作用可能越小。为了度量地理距离,作者采用省份对应的省会城市中心经纬度来近似估计该省份的经纬度,随后根据公式①估算家庭所在地、大学所在地和就业地之间的距离。为了检验该效应,作者分别检验了家庭社会资本对大学所在地和就业地决策的影响,并估计了就业地离家距离对家庭社会资本边际效应的影响,表4-13的结果表明:家庭社会资本存在地理限制,家庭社会资本积累越丰富,子女就读大学地点平均距离家庭所在地越近(见第(1)列的结果),同时,子女就业地点平均距离家庭所在地也越近(见第(2)列);进一步,引入家庭社会资本与家庭和就业所在地距离的交叉项,回归结果如表4-13的第(3)—(5)所示。随着就业地点与家庭所在地的距离增大,家庭社会资本积累程度对就业匹配度负向作用和过度教育负向作用的边际效果会进一步增强,说明家庭社会资本对就业质量的作用程度并不会因为地理限制而减弱,该结果与表4-4的基准回归一致。

表4-13　稳健性检验:距离

变量	家庭与高校距离	家庭与就业距离	就业匹配度	过度教育程度	就业满意度
	(1)OLS	(2)OLS	(3)Ordered Probit	(4)Ordered Probit	(5)Ordered Probit
家庭社会资本	−13.14*** (2.832)	−31.54*** (2.407)	−0.0281*** (0.00569)	−0.0322*** (0.00384)	0.0989*** (0.00404)
交叉项:*就业距离			−8.32e−06* (4.83e−06)	−5.77e−06* (3.27e−06)	4.50e−07 (3.43e−06)
全部控制变量	Y	Y	Y	Y	Y
Observations	31335	31343	31343	31343	31343
R-squared	0.186	0.233	0.212	0.122	0.144

注:*、**、*** 分别代表10%、5%、1%的显著性水平,回归控制了13个专业大类、33个毕业省份和20个就业行业。

---

　　① 根据国家地震局地球物理所编制的《近震分析》,已知两点经纬度,其中,A点纬度 φ_1 经度 λ_1,B点纬度 φ_2 经度 λ_2,计算地球上两点距离的近似公式为(单位:公里):$\Delta = 111.199\left[(\varphi_1 - \varphi_2)^2 + (\lambda_1 - \lambda_2)^2\cos^2\left(\dfrac{\varphi_1 + \varphi_2}{2}\right)\right]^{1/2}$。

五、小结

"学好数理化,不如有个好爸爸"是时下一个尖锐的社会与经济讨论焦点。传统的研究大都认为,家庭社会资本在子女职业搜寻中发挥着重要作用,本节的研究结论更加丰富和细致地探讨了其作用程度:一方面,在家庭的社会资本和子女的人力资本共同作用下的就业结果有利于改善个人福利;另一方面,家庭社会资本也因为造成一定程度的就业"错配"而对宏观要素配置效率可能产生不利的影响。鉴于此,本节通过首次建立一个内生贴现因子的 OLG 模型,探讨了家庭社会资本积累对就业决策的影响机制,即家庭社会资本积累通过影响贴现因子和进入不同行业的概率分布作用于就业质量,发现社会资本相对丰富家庭的子女进入高收入行业就业的概率更高,即使社会资本丰富家庭的子女选择非就业优势专业,仍旧可以进入高收入行业就业;进而发现,更丰富的社会资本积累能够很大程度上弥补子女专业上的就业劣势,考虑到就业优势专业的报考难度更高,这些家庭的专业选择策略是更为分散地选择录取概率更高的专业,而在行业选择时帮助子女以更高的概率进入高收入行业,这会显著提高子女的就业满意度、缓解过度教育程度,但是显著降低其就业匹配度,微观福利和宏观效率之间有着"奇妙"的权衡。

接着,本节采用时间跨度长、调研覆盖广的"全国高校毕业生就业状况调查"数据,基于 Ordered Probit Model 对模型假说进行了检验,并从家庭社会资本能够促使毕业生进入高收入行业、获得高质量实习机会和选择辅修或双学位的机会三个渠道,证实该结果的产生机制是:社会资本更丰富的家庭会选择相对更容易被录取的非热门专业,其专业选择更为分化,而在职业选择时,家庭社会资本的作用使其集中于高收入行业,虽然"专业分散、行业集中"的就学与就业特征降低了其就业匹配程度,但集中在高收入行业就业显著提高了其就业满意度,同时缓解过度教育。同时本节解决了计量模型中的遗漏变量和内生性问题,有效地避免了实证估计误差,为理论模型分析提供了有力支持。

进一步,本节从社会资本的时间趋势、作用范围、使用强度和地理限制四方面分别进行稳健性检验,主要发现有如下四个特点:第一,家庭社会资本对就业匹配度和就业满意度的边际影响随着时间的推移,有逐渐减弱的趋势,但对过度教育缓解的边际影响随时间的推移是加强的;第二,家庭的社会资本积累程度越丰富,越能对过度教育负向作用和对就业满意度正向作用的边际效应有所加强,对就业匹配度的影响并不显著;第三,家庭在使用社会资本时,相较于儿子,对女儿使用社会资本的强度更大,但多子女家庭对单个子女使用社会资本的强度会被子女数量稀释,低于独生子女家庭;第四,家庭社会资本受到地理范围的限制,但是其对就业质量的影响并没有随着地理距离的增加而减弱。

从微观来看,在短期内,家庭社会资本的确提高了毕业生的就业满意度、缓解了过度教育,改善了个体的福利;但从宏观角度来看,就业匹配程度的下降可能会导致生产效率的降低,从而导致人力资源配置的扭曲。当然,家庭社会资本对就业质量的长期作用效果是非常复杂的。比如,由于更丰富的家庭社会资本积累可以带来更高的薪酬水平,短期内能够提高就业满意度、缓解过度教育,毕业生如果愿意更多地投入到令其感到满意的工作中,那么长期来看,匹配程度引起的生产率差异也可能被劳动者的努力程度所弥补。相关领域的讨论比较缺乏,未来仍需要进一步使用追踪数据来检验长期效应。同时,"家庭社会资本—人力资本配置—经济发展效率"是本节未来需要探讨的重要方向,丰富的家庭社会资本积累对毕业生来说在一定程度上是一个对未来的保障(insurance);劳动者的人力资本积累也与优渥的家庭环境息息相关,良好的家庭环境一方面可能激发子女为维持未来家庭社会地位而付出更多的努力,另一方面可能会引发子女不努力学习的道德风险(moral hazard),因而家庭社会资本会从正反两个方面影响子女受教育阶段的人力资本积累。未来将对该机制引入合适的理论模型,以期更好地刻画家庭社会资本和人力资本的相互作用,这也是本节研究可以继续深化的方向。

第二节　大学毕业生在不同部门就业机会的性别差异

一、问题概述

解决高校毕业生的就业问题是我国人才战略的重要组成部分。关于高校毕业生的就业问题,不仅就业的数量是国家和社会关注的重点,而且解决男女性别歧视、就业机会分布不均等问题也是不容忽视的。

根据人力资源和社会保障部的数据显示,2021 届全国高校毕业生达909 万人,面对快速增长的毕业生数量,劳动力市场无法"消化"和"买单",除了劳动力供给膨胀之外,就业质量下滑、就业机会不均等问题也不容小觑。毕业生将户口、薪酬、工作环境、未来职业发展等一系列因素纳入择业考量,与此同时,企业在招聘时追逐"高学历""重男轻女"等现象也日益加重。十八届三中全会通过的《决定》指出,规范招人用人制度,消除城乡、行业、身份、性别等一切影响平等就业的制度障碍和就业歧视。[①] 但在市场经济条件下,用人单位追求人力资本效益最大化,女性因哺乳、生育等客观生理需求导致其在就业机会获得上明显弱于男性。

国内外关于劳动力市场中性别歧视的文献主要探讨了男性和女性在薪酬上的不平等,例如 Li,卿石松等。[②] 与以往研究不同,本节从不同性别的毕业生在不同部门的就业机会的角度分析了劳动力市场中的性别差异和性别歧视现象。本节基于国内某双一流高校统计的国内某双一流高校2015—2020 届毕业生就业数据,利用 Probit 模型分析了影响男性毕业生和

---

① 《中共中央关于全面深化改革若干重大问题的决定》,《人民日报》2013 年 11 月 16 日

② 参见 Li Shi, Song Jin, and Liu Xiaochuan, "Evolution of the Gender Wage Gap among China's Urban Employees", *Social Sciences in China*, 2011, 32(3), pp.161–180;卿石松、郑加梅:《专业选择还是性别歧视?——男女大学生起薪差距成因解析》,《经济学(季刊)》2013 年第 3 期。

女性毕业生选择就业部门的概率的因素,并对男性和女性在国有部门、外资部门及民营部门的就业情况加以对比分析。本节研究得到男性和女性进入不同部门就业的概率所受的影响因素是相似的,主要是学历、户口所在地及专业。总的来看,女性毕业生在国有部门的就业环境呈改善趋势,但并不是每个专业的女性毕业生在国有部门的就业环境都有所改善,法学专业和经济学专业的女性毕业生在国有部门的就业机会连续三届低于男性毕业生。

本节的结构安排如下:第二部分对劳动力市场中关于男女差异和部门差异的相关文献进行回顾,并提出本节的创新点;第三部分介绍实证分析用的计量方法;第四部分对本节使用的数据进行简单的统计描述;第五部分汇报实证结果并对加以分析;最后加以总结,并据此给出政策建议。

二、文献回顾

高校毕业生就业中的性别歧视、地域歧视、代际影响是与社会学、经济学和人口学紧密相关的综合性问题。

(一)毕业生择业中的社会资本影响

关于毕业生的收入差距,大部分文献主要从个人基本特征、学习能力、社会能力等方面解释,部分文献引入了社会资本来解释。郭丛斌研究职业代际关系对劳动力市场的作用,基于 2000 年国家统计局"中国城镇住户调查"数据,发现高等教育对子女跨越职业的代际效应起着较大的推动作用,更高的受教育程度能够极大地促进社会公平。[①] 赖德胜认为高校毕业生就业是人力资本和社会资本联合作用的结果,基于 2009 年全国 42 所高校经管类毕业生的问卷调查数据,发现在获取就业机会和起薪决定时人力资本和社会资本存在替代关系,在进入国有部门工作时两者存在较强的互补关系。[②]

---

① 参见郭丛斌、丁小浩:《职业代际效应的劳动力市场分割与教育的作用》,《经济科学》2004 年第 4 期。

② 参见赖德胜、孟大虎、苏丽锋:《替代还是互补——大学生就业中的人力资本和社会资本联合作用机制研究》,《北京大学教育评论》2012 年第 1 期。

刘精明基于"中国大学生学习与发展追踪研究"(CCSS)数据,验证了"能力主导"和"高校层级越高,家庭优势作用越强"两个假设,得出绩能主义社会"唯才是举"的结论。[①]

(二)毕业生择业中的性别歧视

国内外的相关文献主要围绕男女生薪酬方面的性别歧视,基于 Mincer 收入方程对男女生薪酬差距进行 Oaxaca-Blind 分解,进而区分为行业内和行业间收入的性别差异。

国外文献中,Hargens 等另辟蹊径,发现女性化学研究者在工作中更具优势,相比于未婚研究者,"妈妈研究员"需要拿出更多的时间照顾家庭和孩子,她们的学术产出反而更为可观,这可能与她们为了给孩子提供更好的生活环境有关。[②] Meng 选取了 1980 年以来大量农民工进城就业过程中的男女性别歧视问题进行研究,利用山东省济南市 1504 名农民工数据进行回归,发现在性别工资差距中,79.3% 是职业内部的性别歧视,20.7% 是职业间的性别差异,此外,通过与另一篇研究中国乡镇工业企业劳动力市场问题的文章进行对比,发现劳动力市场中对农民工职业间的性别歧视会比在乡镇企业打工的工人更低。[③] Gustafsson & Li 利用 CHIPS 十个省区 1988 年到 1995 年的调查数据,认为从国际视角来看,中国的性别收入差距相对较小,但随着时间的积累,职业分割对性别歧视的作用加大,在年轻和受教育程度较低的女性身上更为严重。[④] Lin 认为教育程度或大学专业选择的性别差

---

① 参见刘精明:《能力与出身:高等教育入学机会分配的机制分析》,《中国社会科学》2014 年第 8 期。

② 参见 Hargens, Lowell L., James C. McCann, and Barbara F. Reskin, "Productivity and Reproductivity: Fertility and Professional Achievement among Research Scientists", *Social Forces*, 1978, 57, pp.154–163。

③ 参见 Meng, X., "Gender Occupational Segregation and its Impact on the Gender Wage Differential among Rural-urban Migrants: A Chinese Case Study", *Applied Economics*, 1998, 30(6), pp.741–752。

④ 参见 Gustafsson, Björn, and Shi Li, "Economic Transformation and the Gender Earnings Gap in Urban China", *Journal of Population Economics*, 2000, 13, pp.305–329。

异导致了收入差异,通过 Standard Oaxaca Decomposition 对台湾大学不同专业间的性别收入差距进行度量,发现控制专业变量后,个人特征对性别收入差异的影响扩大。[1] Li 利用 CHIP 1995 年、2002 年、2007 年的数据,分析了城镇工资性别收入差距的演进特征,其中 2002—2007 年五年间性别收入差距显著扩大,性别歧视加重,在劳动力市场中,年纪轻、学历低、职业差、行业差的女性更易受到性别歧视,低收入群体中的性别收入差距更为明显。[2] Gradin & Tarp 调查了莫桑比克不断扩大的非自给自足经济部门中的性别就业差距,发现性别差距随时间推移呈不断扩大的趋势,除了女性人力资本水平较低之外,与男性相比,已婚女性得到就业机会的概率也较低。[3]

国内文献中,丁赛基于 1988 年、1995 年、2002 年的 CHIP 数据在改革渐进和深化背景下研究城镇已婚女性就业和收入对家庭收入差距的影响,与改革渐进期相比,改革深化期已婚女性的就业收入对缩小家庭收入差距的作用虽有所下降,但仍做出重要贡献。在控制了个人特征、人力资本、职业性质和地区等因素后,性别工资差距仍然显著存在,且婚育事件会扩大该差距,生育对已婚女性工资具有长期负向影响。[4] 不同时期组内工资差距不断上升的表现有所不同,李锋亮在中国博士教育规模逐年增长的大背景下,利用 2007 年 14 所高校的博士毕业生的问卷调查数据,研究了女博士就业歧视、结婚生育对就业的影响,发现婚育有利于获得工作机会,"嫁得好"

① 参见 Lin, Eric S., "Gender Wage Gaps by College Major in Taiwan: Empirical Evidence from the 1997–2003 Manpower Utilization Survey", *Economics of Education Review*, 2010, 29, pp.156–164。

② 参见 Li Shi, Song Jin, and Liu Xiaochuan, "Evolution of the Gender Wage Gap among China's Urban Employees", *Social Sciences in China*, 2011, 32(3), pp.161–180。

③ 参见 Gradin C and Tarp F., "Gender Inequality in Employment in Mozambique", *South African Journal of Economics*, 2019, 87(2), pp.180–199。

④ 参见丁赛、董晓媛、李实:《经济转型下的中国城镇女性就业、收入及其对家庭收入不平等的影响》,《经济学(季刊)》2007 年第 4 期;王兆萍、王雯丽:《结婚、生育对工资的影响研究——基于性别工资差距角度》,《人口学刊》2020 年第 1 期;王亚迪:《生育状况、照料支持与已婚女性工资》,《中央财经大学学报》2022 年第 2 期;刘娜、卢玲花:《生育对城镇体制内女性工资收入的影响》,《人口与经济》2018 年第 5 期。

有助于职业发展。① 杨钋利用 2009 年国内某双一流高校"高校毕业生就业调查"和 2008 年 MyCos"全国大学毕业生就业调查"数据,基于 Brown-Moon-Zoloth 全因素分解模型,发现性别收入差距随个体受教育程度提高而增大,其中,本科生的差异主要来源于行业内的性别歧视,硕士生的差异主要来源于性别间的个人特征差异。② 卿石松和郑加梅利用 MyCos 2008 年和 2009 年度"中国大学毕业生求职与就业能力调查"数据,考察同等教育条件下专业隔离对男女起薪差异的影响,发现男女大学生起薪差距主要来源于专业内部的性别歧视,且专业内起薪差距仅有 28.65%—43.16% 可以被生产力特征变量差异所解释,其他的差异应归因于性别差异。③ 王维国和周闯基于 CHIP2012 年的数据发现城镇居民中存在着明显的性别歧视,东、中、西三个区域性别歧视程度无明显差异,说明性别歧视与经济发展水平无显著关联,政府应更多地关注就业机会的性别歧视。④

此外,关于性别歧视方面的研究并不限于劳动力市场。罗凯与周黎安为了验证"重男轻女"这个相对久远的思想观念,基于 CHNS 数据库对子女出生顺序和受教育程度之间的关系进行了研究,发现出生越晚的孩子受教育程度越高,在农村地区,男孩平均受教育程度会高于女孩,而此现象在城镇地区不显著。⑤

综合来看,关于毕业生在劳动力市场中的性别歧视和性别差异,相关文献主要从薪酬的角度来探究。但是,职业中真正的歧视往往体现在获得薪

---

① 参见李锋亮、陈鑫磊、何光喜:《女博士的婚姻、生育与就业》,《北京大学教育评论》2012 年第 3 期。

② 参见杨钋:《教育、行业分割与性别收入差异——基于中国大学生就业调查的分析》,《北大教育评论》2012 年第 3 期。

③ 参见卿石松、郑加梅:《专业选择还是性别歧视?——男女大学生起薪差距成因解析》,《经济学(季刊)》2013 年第 3 期。

④ 参见王维国、周闯:《城镇居民就业性别差异的分解及区域比较》,《统计研究》2014 年第 2 期。

⑤ 参见罗凯、周黎安:《子女出生顺序和性别差异对教育人力资本的影响——一个基于家庭经济学视角的分析》,《经济科学》2010 年第 3 期。

酬之前,并根植于就业机会中,部分群体根本没有得到平等的工作机会,因此,与前人的研究有所不同的是,本节从择业过程中获得的就业机会角度考察劳动力市场中的男女性别差异和性别歧视。

三、计量方法

Probit 模型

我们首先关心的是不同特征的毕业生进入国有部门的概率是如何受到个人特征影响的,将进入国有部门的概率作为隐变量,其回归方程为

$$Y_{soe}^* = \beta_0 + \beta_1 master + \beta_2 doctor + \beta_3 minority + \beta_4 party + \beta_5 other_{bj}$$
$$+ \beta_6 other_{other} + \beta_7 beijing_{bj} + Major'\gamma + \epsilon \qquad (4-14)$$

其中,Y_{soe}^* 是在国有部门就业的概率,$master$ 与 $doctor$ 为表示学历的虚拟变量,前者对于硕士毕业生为 1,后者对于博士毕业生为 1,两个变量均为 0 的情形为本科毕业生;$minority$ 为表示民族的虚拟变量,少数民族为 1,汉族为 0;$party$ 为表示政治面貌的虚拟变量,中共党员(包括中共预备党员)为 1,群众为 0;$other_{bj}$、$other_{other}$ 和 $beijing_{bj}$ 表示就业地选择的虚拟变量,$other_{bj}$ 对于在北京就业的外地生源为 1,$other_{other}$ 对于在非北京非生源地就业的外地生源为 1,$beijing_{bj}$ 对于北京生源在北京就业为 1,三个变量均为 0 的情形是外地生源在生源地就业。$Major$ 是表示专业大类的一组虚拟变量,包括法学、管理学、经济学、教育学、理学、历史学、文学、哲学,对照组为工学。

由于我们只能观察到每个毕业生最终进入了哪个部门,而无从知晓他进入各个部门的概率,虚拟变量 Y_{soe} 表示进入国有部门的虚拟变量,等于 1 时表示毕业生进入国有部门就业,这里,我们采用 Probit 模型来刻画可观察到的虚拟变量 Y_{soe} 和不可观察到的概率 Y_{soe}^* 之间的关系。

同样的,毕业生进入外资部门和民营部门的概率也可以用类似的 Probit 模型进行分析。

本节关心的问题是劳动力市场中男性和女性的就业部门差异,那么,在实证分析中,我们将对男性毕业生和女性毕业生的数据分别建立 Probit 模

型,然后将女性毕业生的数据代入男性毕业生的 Probit 模型中运算,可以得到当女性毕业生和男性毕业生在劳动力市场中地位相同、选择相近时,女性毕业生进入各个部门的预测概率。将这个预测概率与女性毕业生真实的概率相比较,可以对女性毕业生在劳动力市场中的相对地位、相对选择进行分析。

四、数据描述

(一)数据来源

本节的数据来自国内某双一流高校 2015—2020 届毕业生就业统计数据,包括所有专业签订了就业协议的本科生、硕士和博士研究生。由于军队对于男性有特殊需求,军队招人的标准与其他企事业单位差异非常大,当考虑国有部门就业时,包括军队就业的计量结果可能存在偏误,因此将样本中在部队就业的个体和相关指标不全的个体剔除,剔除后 2015 届、2016 届、2017 届、2018 届、2019 届和 2020 届的国内某双一流高校毕业生样本分别为 4530、4566、4567、4440、4534 和 4602。

(二)统计描述

对于就业的 2015—2020 届国内某双一流高校毕业生,首先分别对他们的专业特征和就业特征进行简单的统计描述。

表4-14　国内某双一流高校 2015—2017 届就业毕业生的专业分布

	2015 届		2016 届		2017 届	
	人数	比例	人数	比例	人数	比例
历史学	83	1.83%	61	1.34%	71	1.55%
哲学	69	1.52%	74	1.62%	81	1.77%
工学	1360	30.07%	1416	31.04%	1320	28.90%
教育学	46	1.01%	62	1.36%	67	1.47%
文学	386	8.52%	445	9.74%	447	9.79%
法学	686	15.13%	708	15.50%	709	15.54%
理学	823	18.16%	760	16.64%	800	17.51%

	2015 届		2016 届		2017 届	
	人数	比例	人数	比例	人数	比例
管理学	485	10.70%	389	8.52%	462	10.11%
经济学	547	12.07%	611	13.38%	569	12.46%
艺术学类	45	0.99%	40	0.88%	41	0.90%
总计	4530	100%	4566	100%	4567	100%

表 4-14(续)　国内某双一流高校 2018—2020 届就业毕业生的专业分布

	2018 届		2019 届		2020 届	
	人数	比例	人数	比例	人数	比例
历史学	73	1.64%	98	2.16%	105	2.28%
哲学	78	1.76%	63	1.39%	74	1.61%
工学	1176	26.49%	1146	25.28%	1198	26.03%
教育学	56	1.26%	55	1.21%	55	1.20%
文学	408	9.19%	434	9.57%	389	8.45%
法学	715	16.10%	677	14.93%	680	14.78%
理学	807	18.18%	978	21.57%	1025	22.27%
管理学	457	10.29%	448	9.88%	436	9.47%
经济学	623	14.03%	581	12.81%	556	12.08%
艺术学类	47	1.06%	54	1.19%	84	1.83%
总计	4440	100%	4534	100%	4602	100%

表 4-14 和表 4-14(续)分别是国内某双一流高校 2015—2017 届和 2018—2020 届就业的毕业生的专业分布,可以看到 2015—2020 届就业毕业生的专业分布大致相同,工学专业的人数最多,占比一直大于 25%,其次是理学和法学专业,这两个专业占毕业生总人数的比例分别在 18% 和 15% 左右。历史学、哲学、教育学和艺术学类人数相对较少,这些专业的人数历年都不超过当年就业毕业生总人数的 2%。有所不同的是,工学和理学专业的人数变化较大,2018—2020 届工学专业人数比 2015—2017 届有所下降,而理学专业的人数又在 2019—2020 年明显上升。2015—2017 届工学人数都在 1300 以上,占比在 30% 左右。而 2018—2020 届工

学人数都小于 1200,占比也下降到了 26% 左右,而理学人数由 2019 年之前的 800 余人上升到 1000 左右,占当年就业毕业生人数的比例也从 18% 左右上升到 21% 以上,这也跟加强基础研究,服务国家中长期科学技术发展规划有关。

表 4-15　国内某双一流高校 2015—2017 届就业毕业生的基本特征

	2015 届		2016 届		2017 届	
	人数	比例	人数	比例	人数	比例
性别						
女性	2155	47.57%	2184	47.83%	2202	48.22%
男性	2375	52.43%	2382	52.17%	2365	51.78%
学历						
本科生	514	11.34%	557	12.19%	571	12.50%
硕士生	3309	73.04%	3322	72.76%	3201	70.09%
博士生	707	15.62%	687	15.05%	795	17.41%
民族						
汉族	4200	92.72%	4205	92.09%	4241	92.86%
少数民族	330	7.28%	361	7.91%	326	7.14%
就业部门						
国有部门	2328	51.39%	2395	52.45%	2575	56.38%
外资部门	478	10.55%	397	8.70%	488	10.69%
民营部门	1724	38.06%	1774	38.85%	1504	32.93%

表 4-15(续)　国内某双一流高校 2018—2020 届就业毕业生的基本特征

	2018 届		2019 届		2020 届	
	人数	比例	人数	比例	人数	比例
性别						
女性	2157	48.58%	2219	48.94%	2210	48.02%
男性	2283	51.42%	2315	51.06%	2392	51.98%
学历						
本科生	546	12.30%	549	12.11%	542	11.78%
硕士生	3088	69.55%	2935	64.73%	2878	62.54%
博士生	806	18.15%	1050	23.16%	1182	25.68%

	2018 届		2019 届		2020 届	
	人数	比例	人数	比例	人数	比例
民族						
汉族	4076	91.80%	4216	92.99%	4290	93.22%
少数民族	364	8.20%	318	7.01%	312	6.78%
就业部门						
国有部门	2417	54.44%	2457	54.19%	2763	60.04%
外资部门	462	10.41%	398	8.78%	376	8.17%
民营部门	1561	35.16%	1679	37.03%	1463	31.79%

　　表 4-15 和表 4-15(续)分别统计了 2005—2017 届和 2018—2020 届国内某双一流高校就业的毕业生的个人特征和就业部门。从性别结构来看，男性毕业生比例一直在 51% 以上，在 2015—2020 届呈先逐渐下降再上升的趋势，从 2015 届的 52.43% 逐年下降到 2019 届的 51.06%，到 2020 届又突然上升到 51.98%。从学历结构来看，本科生比例先上升再下降，从 2015 届的 11.34% 上升到了 2017 届的 12.50%，再逐年下降至 2020 届的 11.78%；硕士生的比例从 2015—2020 届逐渐下降，从 2015 届的 73.04% 逐年下降到 2019 届占比 62.54%，下降了 10.5%；博士生的比例在 2016 届略有下降，从 2015 届的 15.62% 下降了 0.58% 到 2016 届的 15.05%，之后逐年增加且上升较快，2020 届占当年毕业生总人数之比达到 25.68%。从人数上看，2015 届、2016 届博士毕业生仅有 700 人左右，但在 2019 届、2020 届超过了 1000 人，甚至达到 2020 届的 1182 人，上升幅度非常大，这也能更好地服务"人才强国"战略。从民族结构上看，民族结构在每一届都相对稳定，并且与全国人口中近 7% 的少数民族比例相近。从就业部门来看，国有部门一直是国内某双一流高校毕业生就业的最主要部门，在国有部门就业的毕业生占总人数的比例一直高于 50%，到 2020 届甚至到 60% 以上，可能与受疫情影响的经济波动有关，国企因其稳定性而成为大多数毕业生的选择。相对应的，外资部门则是国内某双一流高校毕业生就业最少选择的部门，在外资部门就业的毕业生占总人数的比例维持在 11% 以下，且在 2019 届和 2020 届下

降到仅占 8.78% 和 8.17%。在民营部门就业的毕业生占总人数的比例在 2020 届达到六届内最低值,为 31.79%,2016 届最高,为 38.85%。

五、计量结果

本节基于国内某双一流高校 2015—2020 届毕业生就业统计数据,利用 Probit 回归分析了影响男性毕业生和女性毕业生进入国有部门、外资部门、民营部门的概率的因素,并据此比较了女性毕业生和男性毕业生在国有部门的就业优势或就业选择的差异。

（一）Probit 回归结果

将 2015—2020 届的就业毕业生数据代入第三部分的 Probit 模型中,国有部门、外资部门和民营部门的回归结果分别见表 4-16、表 4-16(续)、表 4-17、表 4-17(续)和表 4-18、表 4-18(续),结果分性别展示。

表 4-16 2015—2017 届国有部门就业的 Probit 回归结果

	2015 届		2016 届		2017 届	
	男性	女性	男性	女性	男性	女性
汉族	-0.154 -0.115	-0.0547 -0.099	-0.270** -0.109	-0.0468 -0.0952	0.0253 -0.117	-0.242** -0.103
硕士	0.694*** -0.0909	0.737*** -0.102	0.609*** -0.0877	0.815*** -0.0939	-0.0358 -0.0791	0.342*** -0.0941
博士	1.344*** -0.107	1.578*** -0.133	1.336*** -0.106	1.430*** -0.128	0.551*** -0.0949	1.014*** -0.125
外地生源北京就业	-0.0973 -0.295	0.464 -0.327	-0.0374 -0.322	0.785** -0.33	-0.0111 -0.235	-0.24 -0.373
非北京非生源地就业	0.249** -0.115	0.0835 -0.117	-0.0145 -0.127	-0.0145 -0.122	-0.00582 -0.118	0.0962 -0.114
北京生源北京就业	0.260*** -0.0558	0.139** -0.0584	0.189*** -0.0556	0.0587 -0.0579	-0.0326 -0.0558	-0.0592 -0.0577
专业门类	控制	控制	控制	控制	控制	控制
样本量	2375	2155	2382	2184	2365	2202

注:括号中数字为标准误;***、**和*分别表示在 1%、5% 和 10% 的水平上显著。

表 4-16（续）　2018—2020 届国有部门就业的 Probit 回归结果

	2018 届		2019 届		2020 届	
	男性	女性	男性	女性	男性	女性
汉族	−0.0904 −0.109	−0.0335 −0.0954	0.015 −0.114	−0.102 −0.108	0.19 −0.116	−0.0508 −0.105
硕士	0.201 ** −0.0825	0.502 *** −0.0973	0.519 *** −0.0868	0.815 *** −0.102	0.301 *** −0.0854	0.591 *** −0.0961
博士	0.734 *** −0.095	0.998 *** −0.124	1.074 *** −0.0958	1.517 *** −0.124	1.074 *** −0.097	1.471 *** −0.119
外地生源北京就业	0.516 −0.368	0.505 −0.482	0.249 −0.419	0.997 *** −0.377	0.557 * −0.316	0.542 −0.401
非北京非生源地就业	−0.349 *** −0.133	−0.112 −0.128	0.291 * −0.149	0.232 * −0.126	0.211 −0.141	0.157 −0.138
北京生源北京就业	−0.166 *** −0.0564	−0.02 −0.0575	0.152 *** −0.0556	0.232 *** −0.0577	0.110 * −0.0569	0.163 *** −0.0615
专业门类	控制	控制	控制	控制	控制	控制
样本量	2283	2157	2315	2219	2392	2210

注：括号中数字为标准误；*** 、** 和 * 分别表示在 1%、5% 和 10% 的水平上显著。

对于不同专业的毕业生，相关结果并未在表中汇报，在此简单概述：相较于工学专业的毕业生，几乎所有专业（教育学除外）的男性都会以更高的概率进入国有部门，历史学和哲学专业的男性毕业生尤甚；女性毕业生中只有法学、经济学、教育学和哲学专业会以高于工学专业的概率进入国有部门就业。此外，党员相较于群众进入国有部门的概率显著更高。

表 4-16 和表 4-16（续）分别是 2015—2017 届及 2018—2020 届男性和女性毕业生的国有部门就业的回归结果，均控制了专业门类变量。从少数民族的影响来看，表 4-16 的第（3）列和第（6）列分别表明在 2016 届男性毕业生和 2017 届女性毕业生中，少数民族相较于汉族毕业生有更高的概率在国有部门就业。从学历的影响上看，博士研究生相较于本科生有更高的概率进入国有部门就业，对于 2015—2020 届男性和女性都是如此，在硕士研究生中，2017 届的男性硕士研究生与本科毕业生在国有部门就业的概率没有显著差别，除此之外硕士研究生进入国有部门就业的概率也都显著比本

科生高。从就业地的选择上看,只有 2017 届的男性和女性毕业生以及 2018 届的女性毕业生的就业地选择对其进入国有部门就业的概率没有显著影响。相较于在生源地附近就业的外地生源来说,在北京就业的外地生源中,2016 届和 2019 届的女性有更高的概率进入国有部门就业,2020 届的男性也有更高的概率进入国有部门就业;在非北京且非生源地就业的外地生源中,2015 届的男性、2019 届的男性和女性有更高的概率进入国有部门就业,但 2018 届的男性而言进入国有部门就业的概率更低;在北京就业的北京生源中,2015 届的男性和女性、2016 届的男性、2019 届的男性和女性、2020 届的男性和女性到国有部门就业的概率都显著更高,但 2018 届的男性进入国有部门就业的概率更低。总体而言,硕士和博士身份将导致毕业生以更高的概率在国有部门就业,同时,外地生源在北京就业将以更高的概率进入国有部门。这可能是与他们受到的户口限制有关,需要在国有部门就业以获得北京户口。

表 4-17　2015—2017 届外资部门就业的 Probit 回归结果

	2015 届		2016 届		2017 届	
	男性	女性	男性	女性	男性	女性
汉族	0.168 -0.162	0.137 -0.134	0.105 -0.16	0.269* -0.159	0.00275 -0.158	0.214 -0.151
硕士	-0.0416 -0.112	-0.461*** -0.115	-0.0337 -0.11	-0.164 -0.122	0.260** -0.111	-0.199 -0.122
博士	-0.291** -0.136	-0.972*** -0.188	-0.452*** -0.156	-0.682*** -0.19	-0.092 -0.138	-0.729*** -0.18
外地生源北京就业	-0.0455 -0.406	0.379 -0.459	0.072 -0.4	-0.135 -0.411	0.833* -0.454	0.389 -0.425
非北京非生源地就业	-0.235* -0.138	-0.239* -0.142	-0.0251 -0.178	-0.0516 -0.173	0.208 -0.165	0.0572 -0.153
北京生源北京就业	-0.0489 -0.0737	0.0529 -0.0793	0.0908 -0.0762	0.0878 -0.0863	0.232*** -0.0724	0.173** -0.0796
专业门类	控制	控制	控制	控制	控制	控制
样本量	2375	2151	2382	2184	2365	2202

注:括号中数字为标准误;***、**和*分别表示在 1%、5% 和 10% 的水平上显著。

表 4-17(续) 2018—2020 届外资部门就业的 Probit 回归结果

	2018 届		2019 届		2020 届	
	男性	女性	男性	女性	男性	女性
汉族	0.0857 −0.146	0.0405 −0.141	−0.199 −0.15	0.286 −0.182	−0.0676 −0.156	−0.113 −0.149
硕士	0.148 −0.108	−0.151 −0.133	0.203* −0.115	−0.244* −0.129	0.447*** −0.129	−0.136 −0.131
博士	−0.156 −0.128	−0.392** −0.172	−0.0317 −0.128	−0.613*** −0.171	−0.329** −0.151	−0.623*** −0.171
外地生源北京就业	0.489 −0.509	−0.0116 −0.543	−0.0642 −0.581	−0.62 −0.428	−0.564 −0.369	−0.204 −0.556
非北京非生源地就业	0.343* −0.186	−0.113 −0.174	−0.0159 −0.195	−0.141 −0.184	0.166 −0.239	−0.700*** −0.171
北京生源北京就业	0.182** −0.0711	−0.0666 −0.083	0.0775 −0.0764	−0.128 −0.0848	−0.186** −0.0816	−0.261*** −0.0982
专业门类	控制	控制	控制	控制	控制	控制
样本量	2283	2157	2315	2219	2392	2210

注:括号中数字为标准误;***、**和*分别表示在1%、5%和10%的水平上显著。

表 4-17 和表 4-17(续)分别是 2015—2017 届及 2018—2020 届男性和女性毕业生的外资部门就业的回归结果,与国有部门的回归一样,均控制了专业门类变量。从少数民族的影响与国有部门不同,相较于少数民族,2016届的女性汉族毕业生有更高的概率进入外资部门就业。从学历上看,与国有部门的回归结果不同,相较于本科生而言,2015 届的男性博士研究生、2015 届的女性硕士研究生和博士研究生、2016 届的男性博士研究生、2016届的女性博士研究生、2017 届的女性博士研究生、2018 届的女性博士研究生、2019 届的女性硕士研究生和博士研究生、2020 届的男性博士研究生、2020 届的女性博士研究生进入外资部门就业的概率都显著更低,只有 2017届的男性硕士研究生、2019 届的男性硕士研究生和 2020 届的男性硕士研究生进入外资部门就业的概率更高。说明对于高学历的毕业生在外资部门就业的概率反而更低,对于女性毕业生来说尤其如此。从就业地的选择上看,对于 2016 届和 2019 届的男性和女性毕业生而言,就业地的选择对在外资部门就业的概率没有显著影响。相较于在生源地附近就业的外地生源来

说,在北京就业的外地生源中,2017 届男性进入外资部门就业的概率更高;在非北京且非生源地就业的外地生源中,2015 届的男性和女性、2020 届的女性进入外资部门就业的概率更低,但 2018 届的男性有更高的概率进入外资部门就业;在北京就业的北京生源中,2017 届的男性和女性、2018 届的男性进入外资部门就业的概率更高,但 2020 届的男性和女性进入外资部门就业的概率更低。

表 4-18　2015—2017 届民营部门就业的 Probit 回归结果

	2015 届		2016 届		2017 届	
	男性	女性	男性	女性	男性	女性
汉族	0.0852 −0.118	0.000946 −0.0978	0.235** −0.11	−0.0399 −0.095	−0.0242 −0.117	0.178* −0.106
硕士	−0.653*** −0.0859	−0.455*** −0.0962	−0.557*** −0.0832	−0.724*** −0.09	−0.0826 −0.0795	−0.271*** −0.0957
博士	−1.243*** −0.106	−1.212*** −0.131	−1.185*** −0.105	−1.224*** −0.127	−0.556*** −0.0974	−0.812*** −0.129
外地生源北京就业	0.136 −0.302	−0.560* −0.33	0.0205 −0.31	−0.695** −0.315	−0.285 −0.233	−0.0924 −0.357
非北京非生源地就业	−0.127 −0.115	0.0396 −0.117	0.0155 −0.128	0.0335 −0.124	−0.0987 −0.119	−0.127 −0.116
北京生源北京就业	−0.243*** −0.0562	−0.168*** −0.059	−0.233*** −0.0556	−0.0946 −0.0585	−0.0932* −0.0564	−0.0201 −0.0596
专业门类	控制	控制	控制	控制	控制	控制
样本量	2375	2151	2382	2184	2365	2202

注:括号中数字为标准误;***、**和*分别表示在 1%、5%和 10%的水平上显著。

表 4-18(续)　2018—2020 届民营部门就业的 Probit 回归结果

	2018 届		2019 届		2020 届	
	男性	女性	男性	女性	男性	女性
汉族	0.0514 −0.111	0.0158 −0.0973	0.0903 −0.113	−0.00961 −0.106	−0.145 −0.115	0.0977 −0.11
硕士	−0.284*** −0.0804	−0.445*** −0.0966	−0.586*** −0.0827	−0.681*** −0.0967	−0.495*** −0.0832	−0.556*** −0.0942
博士	−0.702*** −0.0955	−0.901*** −0.126	−1.074*** −0.0941	−1.313*** −0.122	−1.016*** −0.0965	−1.375*** −0.121

续表

	2018 届		2019 届		2020 届	
	男性	女性	男性	女性	男性	女性
外地生源北京就业	-0.700**	-0.476	-0.213	-0.583	-0.3	-0.5
	-0.349	-0.481	-0.402	-0.393	-0.313	-0.376
非北京非生源地就业	0.187	0.174	-0.304**	-0.195	-0.278**	0.177
	-0.133	-0.132	-0.146	-0.127	-0.14	-0.149
北京生源北京就业	0.0622	0.0479	-0.197***	-0.201***	-0.0376	-0.0832
	-0.0569	-0.0589	-0.0564	-0.0593	-0.0581	-0.0634
专业门类	控制	控制	控制	控制	控制	控制
样本量	2283	2157	2315	2219	2392	2210

注:括号中数字为标准误;***、**和*分别表示在1%、5%和10%的水平上显著。

表4-18和表4-18(续)分别是2015—2017届及2018—2020届男性和女性毕业生的民营部门就业的回归结果,与国有与外资部门的回归一样,也均控制了专业门类变量。从少数民族的影响上看,2016届的男性和2017届的女性汉族毕业生相较于少数民族毕业生有更高的概率进入民营部门就业。从学历的影响上看,除2017届的男性硕士研究生与本科研究生进入民营部门就业的概率没有显著差别外,硕士和博士研究生相较于本科生进入民营部门就业的概率都更低,对于男性和女性都是如此。从就业地的选择上看,相较于在生源地附近就业的外地生源来说,在北京就业的外地生源中,2015届的女性、2016届的女性、2017届的男性在民营部门的概率都显著更低;在非北京且非生源地就业的外地生源中,2019届的男性和2020届的男性在民营部门就业的概率显著更低;在北京就业的北京生源中,2015届的男性和女性、2016届的男性、2017届的男性、2019届的男性和女性进入民营部门就业的概率更低。总体而言,在生源地附近就业的外地生源进入民营部门就业的概率最高,外地生源在北京就业、外地生源在非生源地非北京就业、北京生源在北京就业都会以更低的概率进入民营部门。

根据以上分析,我们可以得到关于影响国内某双一流高校毕业生就业部门选择的一些结论:

1. 男性和女性进入不同部门就业的概率的影响因素相似。从回归结果来看,对男性和女性进入不同部门的概率有显著影响的因素是较为相近的。

2. 高学历的个体倾向于在国有部门就业。学历作为自身能力的信号,使得高学历的个体在劳动力市场更有竞争力,选择主动权更高,那么他们更容易在工作稳定、收入较高、提供户口的国有部门就业,这也与国有部门本身的劳动力需求特点有关,国有部门往往会提供更多的高学历岗位。

3. 户籍限制对应届生就业影响显著。从回归结果来看,2017届外地生源在北京就业与在生源地就业时进入国有部门的概率没有显著差异,自2018年起北京市应届生的户口政策加强,加强了市属各用人单位引进落户的应届非北京生源毕业生的年龄限制,在2019届的女性与2020届的男性毕业生中,外地生源的毕业生在北京就业时都以显著高于在生源地就业时的概率进入国有部门,说明户籍限制的加强对于应届毕业生选择就业部门有显著影响。而且2015—2017届的毕业生在北京就业的外地生源比在生源地附近就业的外地生源进入民营部门就业的概率显著更低,但在2018—2020届没有这种情况,因为在户口不占优的情况下,民营企业可以提供更高的平台,有利于毕业生长久的职业规划。

(二)结果分析

下面,通过将女性毕业生的数据代入男性的回归模型中,我们计算出当将女性和男性同等对待时,女性进入国有部门、外资部门和民营部门的预测概率,将这个预测概率与女性实际进入这三个部门的概率进行比较,我们分析出不同就业部门对不同性别的平等程度。如果预测概率大于实际概率,说明男性在该部门的就业优势或者选择偏好大于女性,反之则说明女性在该部门的就业优势或者选择偏好大于男性,结果详见表4-19。

表4-19 2015—2020届女性毕业生按男性模型测算就业率的预测值与实际值

	女性	
	男性模型预测值	实际值
	2015届	
国有部门	53.42%	52.41%
外资部门	10.05%	10.25%

	女性	
	男性模型预测值	实际值
民营部门	36.84%	37.34%
2016 届		
国有部门	53.46%	55.74%
外资部门	8.26%	7.32%
民营部门	38.68%	36.93%
2017 届		
国有部门	55.81%	61.44%
外资部门	10.66%	9.22%
民营部门	33.97%	29.34%
2018 届		
国有部门	53.34%	58.89%
外资部门	10.73%	8.44%
民营部门	36.12%	32.68%
2019 届		
国有部门	53.25%	58.58%
外资部门	9.06%	7.80%
民营部门	37.92%	33.62%
2020 届		
国有部门	59.18%	64.34%
外资部门	8.43%	6.88%
民营部门	32.80%	28.78%

表 4-19 是 2015—2020 届女性毕业生的数据代入男性回归模型得到就业率的预测值与实际概值的比较。如果女性与男性在各个部门的就业机制一致,2020 届女性毕业生在国有部门就业的概率会降低 5.16%,在外资部门和民营部门就业的概率分别提高 1.55% 和 4.02%;2019 届女性毕业生在国有部门就业的概率会降低 5.33%,在外资部门和民营部门就业的概率会分别提高 1.26% 和 4.30%;2018 届女性毕业生在国有部门的就业概率会降低 5.55%,在外资部门和民营部门就业的概率分别增加 2.29% 和 3.44%;2017 届女性在国有部门就业的概率会下降 5.63%,在外资部门和民营部门

就业的概率会分别提高 1.44% 和 4.63%;2016 届女性在国有部门就业的概率会降低 2.28%,在外资和民营部门就业的概率会分别提高 0.94% 和 1.75%;2015 届女性毕业生在国有部门就业的概率则会提高,约为 1.01%,在外资部门和民营部门就业的概率将会下降,约为 0.20% 和 0.50%。总的来看,2015 届女性在国有部门就业的概率低于相同条件的男性毕业生,而 2015—2017 届的女性在就业市场上的工作待遇显著好转,甚至略好于同等条件的男性毕业生,尤其是 2017 年在国有部门就业的女性,且在此之后基本保持向好趋势。

表 4-20　2015—2020 届不同专业的女性毕业生进入各部门就业的概率分析

变量	国有部门		外资部门		民营部门	
	预测值（1）	实际值（2）	预测值（3）	实际值（4）	预测值（5）	实际值（6）
2015 届						
历史学	75.95	71.79	0	2.56	23.74	25.64
哲学	79.64	73.33	2.59	0	17.71	26.67
工学	43.32	46.09	15.19	13.58	41.42	40.33
教育学	68.69	79.41	8.10	2.94	23.56	17.65
文学	66.87	60.50	11.44	10.32	22.16	29.18
法学	58.94	48.67	2.89	7.51	38.18	43.83
理学	55.35	59.82	7.95	4.99	36.75	35.19
管理学	40.07	45.74	14.43	17.04	45.47	37.22
经济学	51.50	50.71	10.38	13.21	37.81	36.07
艺术学	35.86	33.33	0	3.70	63.64	62.96
2016 届						
历史学	92.73	78.79	0	3.03	7.21	18.18
哲学	80.52	50	0	3.33	19.17	46.67
工学	40.34	53.78	14.50	11.86	45.17	34.36
教育学	70.46	78.43	0	0	28.43	21.57
文学	65.96	66.15	0.91	4.35	32.87	29.50
法学	58.54	53.88	1.86	3.53	39.49	42.59
理学	56.42	62.08	6.02	7.65	37.43	30.28

续表

变量	国有部门		外资部门		民营部门	
	预测值（1）	实际值（2）	预测值（3）	实际值（4）	预测值（5）	实际值（6）
管理学	39.80	41.75	10.85	7.22	49.28	51.03
经济学	51.70	47.20	16.15	10.84	31.94	41.96
艺术学	33.03	48.15	0	3.70	67.98	48.15
2017 届						
历史学	69.51	89.29	0	3.57	29.17	7.14
哲学	77.09	84.62	2.42	2.56	20.48	12.82
工学	38.69	53.41	19.02	13.85	42.53	32.75
教育学	64.38	83.64	0	3.64	33.87	12.73
文学	69.05	63.80	5.48	7.98	25.59	28.22
法学	63.73	62.41	2.77	4.64	33.08	32.95
理学	61.56	68.67	8.04	7.53	30.22	23.80
管理学	39.70	54.17	14.95	8.33	45.32	37.5
经济学	54.66	57.79	16.06	15.92	29.32	26.30
艺术学	64.56	53.33	0	3.33	35.17	43.33
2018 届						
历史学	79.27	75	8.46	3.13	12.49	21.88
哲学	86.51	75.76	4.90	9.09	8.17	15.15
工学	35.00	54.13	20.28	12.39	44.90	33.49
教育学	53.20	81.63	0	2.04	46.18	16.37
文学	67.88	69.12	4.77	4.91	27.13	25.96
法学	60.81	60.45	3.07	3.18	35.86	36.36
理学	59.19	63.23	8.36	9.03	32.32	27.73
管理学	37.62	45.09	13.56	11.16	48.75	43.75
经济学	55.00	53.97	15.17	12.38	29.95	33.65
艺术学	48.12	45.45	6.47	9.09	46.08	45.45
2019 届						
历史学	73.92	77.55	2.37	0	23.10	22.45
哲学	81.02	76.00	0	0	18.12	24.00
工学	37.08	54.28	15.08	12.71	48.06	33.01
教育学	79.27	85.71	0	5.71	20.12	8.57

变量	国有部门		外资部门		民营部门	
	预测值（1）	实际值（2）	预测值（3）	实际值（4）	预测值（5）	实际值（6）
文学	61.69	66.06	7.17	5.15	31.10	28.79
法学	57.06	56.41	4.24	5.13	38.60	38.46
理学	56.74	62.40	9.17	9.72	33.99	27.88
管理学	46.68	45.76	6.06	8.05	47.30	46.19
经济学	51.84	60.22	12.45	8.40	35.80	31.39
艺术学	56.88	34.15	16.06	0	27.28	65.85
2020 届						
历史学	73.05	78.95	2.31	0	24.28	21.05
哲学	79.90	80.56	2.90	0	17.31	19.44
工学	44.48	57.91	14.19	12.50	41.56	29.59
教育学	61.15	85.37	0	4.88	38.28	9.76
文学	65.00	66.78	7.69	4.55	27.49	28.67
法学	65.70	60.52	0.89	2.84	33.14	36.64
理学	63.09	73.32	10.08	6.73	27.04	19.95
管理学	48.86	55.25	11.58	8.22	39.43	36.53
经济学	58.44	61.79	9.59	9.64	31.89	28.57
艺术学	68.59	66.67	0	5.00	32.17	28.33

注:表中的预测值均为将女性数据代入男性的概率模型中计算得到。

从表4-20的结果中我们发现,总体来看,女性在国有部门的就业优势在2015届尚且弱于男性,到2016届之后逐渐增强至比男性更高,说明国有部门提供给女性的就业环境有逐渐改善的趋势。

具体来看每个专业中女性毕业生的就业情况。表4-20和表4-20(续)分别是2015—2017届和2018—2020届国内某双一流高校各个专业的女性毕业生进入各个部门的概率。其中,预测值为将女性数据代入男性概率模型中计算得到,表示当女性毕业生与男性毕业生的市场地位、就业选择相似时女性毕业生进入各个部门的概率。如果预测概率大于实际概率,说明男性在该部门的就业优势或者选择偏好大于女性,反之则说明女性在该部门的就业优势或者选择偏好大于男性。

我们主要关心的是国有部门的性别差异，因此，主要关注第（1）—（2）列。从回归结果中可以看到，在2015—2017届毕业生中，文学和法学的女性毕业生在国有部门的就业优势或选择偏好持续低于男性，相反的，工学、教育学、理学和管理学的女性毕业生在国有部门的就业优势或选择偏好持续高于男性。在2018—2020届毕业生中，法学的女性毕业生在国有部门的就业优势或选择偏好持续低于男性，而工学、教育学、文学和理学的女性毕业生在国有部门的就业优势或选择偏好持续高于男性。文学的女性毕业生在2015—2017届在国有部门都有弱于男性的就业优势或选择偏好，而在2018届上升到男性水平以上，管理学的女性毕业生在2015—2017届在国有部门的就业优势或选择偏好都持续高于男性，但在2019届下降到男性水平以下，而到了2020届又上升到了男性水平以上。

从以上结果我们可以看到，国有部门提供给女性毕业生的就业环境有改善趋势，然而，并不是对于每个专业都是这样，法学专业的女性毕业生在国有部门的就业环境并没有改进的迹象，在2015—2020届，法学专业的女性毕业生在国有部门的就业优势或选择偏好一直弱于男性，而且法学专业的毕业生占到毕业生总数的15%左右，是不可忽视的部分。

笔者通过不同院校层次下保留起薪（最低期望工资）、愿意接受的最长待业时间、及求职录取率（即收到录用数量与应聘工作数量的比值）来解释教育质量提高对不同性别毕业生人力资本配置效率的差异化影响。男、女性毕业生通过自我认知和对就业市场的观察对自己的择业有心理预期，这种差异表现为男女毕业生接受的工作范围不一样，随着教育质量的提高，女性对就业预期的提高程度低于男性，进而导致男性和女性之间的就业配置效率和就业满意度差异变大。

表4-21和表4-22从期望形成的角度分析，分别考察了可以接受的最低起薪和愿意接受的最长待业时间，表4-22则考察了求职申请数量和求职申请的录取比例，后者用收到录用数量与应聘工作数量的比值来衡量，综合表现了求职过程和录取结果。

表4-21　不同院校层次下保留起薪的性别差异　（单位:元/月）

院校层次	总体平均	男性平均	女性平均	性别差异
重点一本	3196.15	3563.12	2750.246	812.874
普通一本	2623.57	2928.28	2379.071	549.21
二本	2542.795	2834.192	2197.731	636.461
专科	1737.86	1913.817	1377.612	536.205

保留薪酬衡量了求职者愿意接受一份工作的心理底线,保留薪酬越高表示求职者对未来工作的预期越高,总体来看,女性的保留薪酬低于男性,并且,随着院校层次的提高,保留起薪的性别差距呈扩大趋势。从重点一本到专科毕业生,月平均保留起薪从3196.15元下降到1837.86元,高等教育的回报率还是相当可观的;而男性的平均最低起薪普遍高于女生,女性的薪酬仅为男性的75%左右,最低的二本毕业生女性薪酬仅为男性的65%,随着高等教育质量的提高,最低起薪的差异不断扩大,从最少的536.205元到最大的1635.45元,说明女性相较男性而言对薪酬和职业的预期没有随着教育质量提高而有效提升,导致她们在接到并非优质但超过其保留薪酬的工作录用时就接受这份工作,进而导致就业配置效率和就业满意度无法随着教育质量的提高而提升。对比表4-21和表4-22可以发现,相比于专科,重点一本男女毕业生间的薪酬差异更大。虽然接受了更多教育,与男生的预期薪酬差异反而扩大,由于专业职业选择技术性更强,内容更为具体,本科生,尤其是重点大学的本科生,需要承受更大的过度教育压力和性别歧视,这在一定程度上能够解释相比于专科毕业生,来自重点一本女性毕业生就业满意度的降低。

表4-22　不同院校层次下愿意接受最长待业时间的性别差异

（单位:天）

院校层次	总体平均	男性平均	女性平均	性别差异
重点一本	76.68	76.12	77.87	-1.75
普通一本	77.54	76.59	78.76	-2.17

续表

院校层次	总体平均	男性平均	女性平均	性别差异
二本	81.77	82.23	81.66	0.57
专科	103.31	103.44	103.64	-0.2

愿意接受最长待业时间反映了求职过程的心态,愿意接受的待业时间越短说明对未来求职过程越乐观,总体来看,随着教育质量的提高,毕业生愿意接受的最长待业时间呈缩短趋势,主要是由于优质的高等教育能够给毕业生提供更好的就业平台,并且释放出更强的能力信号,有助于毕业生更快找到合适的工作,由此降低了毕业生对待业时间的预期。从性别差异来看,专科高校毕业的学生中,男性和女性愿意接受的最长待业时间均值相近,二本高校毕业的学生中男性相比于女性愿意接受更长的待业时间,而在一本高校毕业的学生中,女性愿意接受的待业时间高于男性。随着教育质量提高,女性愿意接受的最长待业时间反超男性的现象有两方面的含义:第一,随着教育质量的提高,女性面对的就业环境改善程度可能低于男性,导致女性对就业难度有较高的预判;第二,随着教育质量的提高,女性的就业预期和就业心态可能没有男性提高程度高,导致女性在求职时的心态相比于男性趋于保守。

表4-23 不同院校层次下求职数量和录用比例的性别差异

院校层次	求职数量			录用比例(录用数/求职数)		
	男性平均	女性平均	性别差异	男性平均	女性平均	性别差异
重点一本	9.96	11.72	-1.76	63.44%	58.71%	4.73%
普通一本	6.82	7.19	-0.37	67.37%	65.08%	2.29%
二本	7.11	6.56	0.55	65.37%	65.61%	-0.24%
专科	5.87	6.04	-0.17	68.03%	67.15%	0.88%

最后,我们希望从实际的求职过程来看不同性别的预期差异是如何形成的,男性和女性的心理和情感特质无疑是一个方面,劳动力市场中对不同性别的差异对待是否也是一个因素呢? 表4-23中的求职数量和录用比例表现了求职的过程和结果,间接反映了求职策略和求职困难程度的性别差

异。可以看到,随着教育质量的提高,女性的求职努力程度更高,相比于男性增长得也更快,重点一本中女性比男性平均多投递近 2 份简历,不过,女性投递简历中收到录用通知的比例却并不高于男性,并且女性投递简历中的录用比例与男性的差距随着教育质量的提高呈扩大趋势,也就是说随着教育质量的提升,女性面对的劳动力市场环境依然严峻,性别依然对她们的求职造成了一定壁垒,由此可见,劳动力市场因素也是教育质量对就业匹配质量和就业满意度的性别差异产生影响的重要一方面。

六、小结及建议

劳动力市场中的性别差异和性别歧视一直是社会关注的热点,本节关注于国有部门和非国有部门中男性和女性的就业差异,基于国内某双一流高校统计的国内某双一流高校 2015—2020 届毕业生就业数据,利用 Probit 模型分析了影响男性毕业生和女性毕业生选择就业部门的概率之因素,并对男性和女性在国有部门、外资部门及民营部门的就业情况加以对比分析。本节研究得到男性和女性进入不同部门就业的概率所受的影响因素是相似的,主要是学历、户口所在地及专业。其中,硕士和博士毕业生相较于本科生以更高的概率进入国有部门,外地生源在有户籍限制的北京市就业时相较于在生源地就业时以更高的概率进入国有部门。此外,女性毕业生中党员相较于群众以显著更高的概率进入国有部门。

对比男性和女性在国有部门的就业情况,本节通过将女性数据代入男性概率模型的方式衡量了女性与男性的就业优势或就业偏好相似时女性毕业生在各个部门就业的概率,将这个概率与实际概率对比分析得到:总的来看,女性毕业生在国有部门的就业环境呈改善趋势,2017 届的女性毕业生在国有部门的就业优势或偏好尚不如男性,到 2018 届和 2019 届均略微超过男性毕业生。具体从各个专业来看,并不是每个专业的女性毕业生在国有部门的就业环境都有所改善,法学专业和经济学专业的女性毕业生在国有部门的就业优势连续三届低于男性毕业生,2019 届的历史学专业和文学专业的女性毕业生在国有部门的就业优势也低于男性。

结　论

大道之行也，"老有所终，壮有所用，幼有所长"。我们国家拥有世界上规模最大的教育体系，我们要办好人民满意的教育，加快建设高质量教育体系，发展素质教育，促进教育公平。2021年4月19日，习近平总书记在清华大学考察时强调："百年大计，教育为本。今年是中国共产党成立100周年，我国开启了全面建设社会主义现代化国家新征程。党和国家事业发展对高等教育的需要，对科学知识和优秀人才的需要，比以往任何时候都更为迫切。"[①]就业作为我国人才培养的终极目标，实现更充分更高质量的就业是关乎国计民生的大事，这有助于实现人民对美好生活的向往。在当前经济社会发展新格局下，实现高素质人才的高质量就业不仅事关高校毕业生个人的教育回报和未来发展，也是我国经济实现进一步的结构调整、产业转型从而走向高质量发展道路的必然要求，更是实现中华民族伟大复兴的关键一步，是民心所向、国运所系。习近平总书记在党的二十大报告中指出："深入实施人才强国战略。培养造就大批德才兼备的高素质人才，是国家和民族长远发展大计。功以才成，业由才广。坚持党管人才原则，坚持尊重劳动、尊重知识、尊重人才、尊重创造，实施更加积极、更加开放、更加有效的人才政策，引导广大人才爱党报国、敬业奉献、服务人民。完善人才战略布

---

① 《坚持中国特色世界一流大学建设目标方向　为服务国家富强民族复兴人民幸福贡献力量》，《人民日报》2021年4月20日。

局,坚持各方面人才一起抓,建设规模宏大、结构合理、素质优良的人才队伍。加快建设世界重要人才中心和创新高地,促进人才区域合理布局和协调发展,着力形成人才国际竞争的比较优势。加快建设国家战略人才力量,努力培养造就更多大师、战略科学家、一流科技领军人才和创新团队、青年科技人才、卓越工程师、大国工匠、高技能人才。加强人才国际交流,用好用活各类人才。深化人才发展体制机制改革,真心爱才、悉心育才、倾心引才、精心用才,求贤若渴,不拘一格,把各方面优秀人才集聚到党和人民事业中来。"①本书围绕高素质人才的培养和就业问题,从影响高校毕业生就业的高等教育因素与非教育因素入手,综合了高等教育质量、大学专业选择两大教育层面影响因素,以及户籍制度、宏观经济形势、家庭社会资本和性别四大非教育因素,采用挖掘总结特征事实、搭建宏微观模型、综合多种计量回归模型等方法进行理论分析和实证研究,深入探析新时代高校毕业生高质量就业的影响因素及其作用机制,并就如何健全高校毕业生实现更加充分、更高质量就业的促进机制提出针对性的多维度具体建议,以期扎实推进高校招生就业制度体系和管理能力建设,为实现以高质量、创新性发展推进中国式现代化,奠定坚实的人力资本基础。

本书第一章重点研究了中国高等教育质量与高校毕业生薪酬的关系,以及大学不同专业劳动者的职业选择异质性。

第一章第一节厘清了高等教育质量对高校毕业生起薪的作用,基于某双一流高校 2003 年至 2019 年中的八次全国高校毕业生就业状况调查数据,选取大学综合排名、师生比、国家一级学科数、博士—硕士点比、学科评估排名作为评估高等教育质量的相关指标,采用 Yulized residuals 和工具变量的方法,定量估计了高等教育质量的回报率。研究发现,中国高等教育质量的提升对于毕业生起薪有显著的促进作用:中国高等教育质量每提高 1 标准差,高校毕业生起薪平均增加 2.79% 和 17.3%;高等教育质量绝对水

---

① 《高举中国特色社会主义伟大旗帜 为全面建设社会主义现代化国家而团结奋斗——在中国共产党第二十次全国代表大会上的报告》,人民出版社 2022 年版。

平更高的大学,其教育质量反映在毕业生工资上的教育质量回报率也更高,即高等教育质量对教育质量回报率有加强作用。随后,第二节继续深入专业选择维度,通过理论模型和实证分析探讨了不同专业的劳动者在劳动力市场中的职业发展差异,利用猎头公司人才库数据,将大学专业分为 STEM 专业、LEM 专业和文科类专业三类,通过描述统计和计量方法,提出了该差异的一种可能的产生机制:(1)不同类型的专业面临的岗位分布不同,和理工科专业匹配度低的岗位相对于文科类专业更多,和理工科匹配度高的岗位也相对更多;(2)不同类型专业的劳动者存在工资差异,理工科专业劳动者在匹配度高的工作岗位中的工资显著高于文科类专业;(3)不同类型专业的谈判能力可能存在差异。

2018 年 9 月 10 日全国教育大会指出:"教育是民族振兴、社会进步的重要基石,是功在当代、利在千秋的德政工程,对提高人民综合素质、促进人的全面发展、增强中华民族创新创造活力、实现中华民族伟大复兴具有决定性意义。教育是国之大计、党之大计。"[①]高等教育承担着培养高级专门人才、发展科学技术文化、促进社会主义现代化建设的重大任务。本节的分析结果从理论上阐明了中国高校提升高等教育质量对于提高毕业生就业质量的必要性,探讨了如何进一步深入贯彻党的十九大和二十大精神,深化高等教育领域综合改革,推动高质量教育体系建设。2015 年 8 月 18 日,习近平总书记在中央全面深化改革领导小组第十五次会议上强调,要"推动一批高水平大学和学科进入世界一流行列或前列,提升我国高等教育综合实力和国际竞争力,培养一流人才,产出一流成果。"[②]更高质量的高等教育体系,意味着更高质量、更高水平的就业,教育质量的提升需要国家政策引导和支持高等院校优化学科结构,凝练学科发展方向,突出学科建设重点,不断增强我国高等教育的综合办学实力和国际竞争力,实现中国高等教育由

---

① 《坚持中国特色社会主义教育发展道路 培养德智体美劳全面发展的社会主义建设者和接班人》,《人民日报》2018 年 9 月 11 日。

② 《增强改革定力保持改革韧劲 扎扎实实把改革举措落到实处》,《人民日报》2015 年 8 月 19 日。

"量的提升"到"质的飞跃"的跨越式发展,促进高校毕业生提高专业技能,更高效地服务中国式现代化道路的发展。

当然,高等教育质量无法完全决定就业质量,其他非教育因素对毕业生就业质量的影响也不容小觑。本书第二章至第四章分别从户籍制度、宏观经济形势、家庭社会资本和性别四个角度,考察非教育因素对就业水平和质量的影响,具体探究高校毕业生专业和就业配置效率及其与就业满意度的关系,从宏观福利和微观效率两个维度来探讨提高人力资本配置效率的有效途径。

第二章运用理论模型与实证研究相结合的方法,探究了中国特色的户籍制度对高校毕业生就业的影响。首先,本章第一节基于搜索与匹配模型,从劳动力供给方对自身专业行业匹配程度的容忍角度入手,分析了产生专业行业匹配程度差异的机制:在公共部门内就业的毕业生因可享受单位提供的户口等一系列身份福利而能够更大程度地容忍其中匹配度较低的岗位,并且在户口限制更为严格的城市,外地生源在公共部门的专业错配现象要高于无须通过就业获取户口的本地生源,这就引发了毕业生就业配置效率的扭曲问题。对此,本章第二节选取毕业生自评专业与工作的匹配程度和就业满意度作为衡量就业配置效率的代理变量,在 Ordered Probit 模型中采用 DID 的研究思路,选取北京、上海、广州三个户籍管制严格的一线城市与全国其他省市对比,研究新"国八条"政策通过影响户口价值增强户籍管制对毕业生的约束、进而影响毕业生就业配置效率的机制:户籍制度及其配套的劳动就业制度、城市偏向的社会保障制度、排他性的城市福利体制构成了一套严格的区分管制体系,"身份"代表的更完善的社会保障体系、更优质的公共资源和服务、更丰富的就业机会和更广阔的发展空间强化了"北上广"等一线城市的就业吸引力,其户口"价值"与严格的户籍制度相互强化、水涨船高。毕业生为了拿到有较高"价值"的北上广的户口而愿意承担更低的专业与工作匹配程度和就业满意度,造成就业配置效率的扭曲。

第三章更多地关注宏观经济形势变化对高素质人才就业的影响,旨在更科学地为中国经济"新常态"提供人力资源助力。本章提出,宏观经济形势对不同教育层次人才就业的影响存在差异,高教育层次劳动力更低的供给弹性、更低的风险厌恶、更灵活的职业流动使得他们的就业数量受到宏观经济负向冲击的负面影响更小,且由于能够从专业技能上获得更多的工资回报,会更少地通过选择与自身专业相关度较低但收入升水很高的行业来应对不良的经济形势。本章利用 2008 年至 2019 年国内某双一流高校本、硕、博应届毕业生的就业数据证明:面对宏观经济下行压力带来的劳动力需求负向冲击,本科生和硕士生的就业并没有受到影响,博士的就业数量反而有所提升;在产业结构变化带来的劳动力需求结构变化下,博士生的就业数量相比于本科生和硕士生有所增加;经济增速放缓、生活和住房成本上升等经济压力使本科生相比于硕博生专业行业相关度降低得更多。

　　第四章第一节更加丰富和细致地探讨了家庭社会资本在子女职业搜寻中发挥的作用程度。一方面,在家庭的社会资本和子女的人力资本共同作用下的就业结果有利于改善个人福利;另一方面,家庭社会资本也因为造成一定程度的就业"错配"而对宏观要素配置效率可能产生不利的影响。本章通过建立内生贴现因子的 OLG 模型,采用时间跨度长、调研覆盖广的"全国高校毕业生就业状况调查"数据,基于 Ordered Probit Model 进行了检验,探讨了家庭社会资本积累对就业决策的影响机制,发现社会资本相对广泛家庭的子女进入高收入行业就业的概率更高,即使他们选择非就业优势专业。这说明更广泛的社会资本能够很大程度上弥补子女专业的就业劣势,这些家庭的专业选择策略是更为分散地选择录取概率更高的专业(而非报考难度更高的就业优势专业),而在子女就业时发挥家庭社会资本,帮助子女以更高的概率进入高收入行业。这会显著提高子女的就业满意度,在微观上改善个体的福利,但是显著降低其就业匹配度,在宏观上可能导致行业生产效率的降低。

　　第四章第二节聚焦劳动力市场中的性别差异和性别歧视,关注国有部门和非国有部门中的就业性别差异,基于国内某双一流高校 2017—2019 届毕业生就业数据,利用 Probit 模型分析了影响男性毕业生和女性毕业生选择就业部门的概率的因素——主要是学历、户口所在地及专业,并对男性和女性在国有部门、外资部门及民营部门的就业情况加以对比分析。对比男性和女性在国有部门的就业情况,总体上女性毕业生在国有部门的就业环境呈改善趋势,但具体从各个专业来看,并不是每个专业的女性毕业生在国有部门的就业环境都有所改善,法学、经济学、历史学和文学专业的女性毕业生在国有部门的就业优势均不同程度地低于男性。

综合来看,本书综合使用多种研究方法和大量实证材料,丰富了劳动要素配置领域的相关研究,为相关政策制定和评估提供了新的评价维度,对于劳动者个人、企业和整体经济提高人力资本配置效率具有重要实践意义,有利于充分促进高素质人力资本与经济社会的深度融合,助力新发展格局下经济转型升级。当然,本书暂时也存在一定的局限性。第一,第一章虽然估计出了高等教育质量回报率,但是由于数据限制,在评估高等教育质量的指标选取上仍有欠缺,缺少衡量大学学科设置方面的指标,仅用博士点与硕士点数量的比值作为高校科研能力的间接的评估指标,也缺乏评估高校学生学习能力和高中阶段教育质量的指标。第二,第二章从劳动力供给方对专业行业匹配度差异的容忍角度进行探讨,未来有待更多地考虑劳动力需求方以及专业行业匹配与创新之间的联系,在数据挖掘方面样本和年份也存在一定的局限性。第三,第四章仅根据国内某双一流高校的毕业生数据进行分析,难以代表全部高校毕业生群体,非名牌大学毕业的学生在求职过程中遭遇的就业性别歧视可能表现得更为明显。第四,家庭社会资本对就业质量的长期作用效果是非常复杂的,高就业满意度可能带来的加倍努力和投入或许能够弥补匹配程度降低带来的生产率差异,优渥的家庭环境也可能对子女受教育阶段的人力资本积累产生两极化影响,这都是本研究可以继续深化探索的方向。因此,后续的研究可以通过纳入更多层次的高校、获取更为详尽的数据、建立更加完善的指标、深入更加微妙的互动等方向实现进一步完善,以促进对新时代更加充分、更高质量就业这一核心话题的深刻讨论。

参 考 文 献

一、近现代国内学者的研究性著作

[1]蔡昉、都阳、高文书:《就业弹性、自然失业和宏观经济政策——为什么经济增长没有带来显性就业?》,《经济研究》2004 年第 9 期。

[2]蔡昉、都阳、王美艳:《户籍制度与劳动力市场保护》,《经济研究》2001 年第 12 期。

[3]蔡昉、王德文、都阳:《劳动力市场扭曲对区域差距的影响》,《中国社会科学》2001 年第 2 期。

[4]蔡昉、王美艳:《女性劳动力供给特点与教育投资》,《江海学刊》2001 年第 6 期。

[5]才国伟、刘剑雄:《收入风险、融资约束与人力资本积累——公共教育投资的作用》,《经济研究》2014 年第 7 期。

[6]陈斌开、陈思宇:《流动的社会资本——传统宗族文化是否影响移民就业?》,《经济研究》2018 年第 3 期。

[7]陈斌开、张川川:《人力资本和中国城市住房价格》,《中国社会科学》2016 年第 5 期。

[8]陈昊、陈哲:《高学历劳动力就业困境及其原因探析》,《统计研究》2015 年第 4 期。

[9]陈钊、陆铭和佐藤宏:《谁进入了高收入行业? 关系、户籍与生产率作用》,《经济研究》2009 年第 10 期。

[10]程诚、任奕飞:《求助悖论:疾病众筹的社会经济地位差异》,《社会》2022 年第 1 期。

[11]程杰、朱钰凤:《劳动供给弹性估计:理解新时期中国劳动力市场转变》,《世界经济》2021 年第 8 期。

[12]邓峰:《高等教育质量与高校毕业生起薪差异分析》,《教育研究》2013年第9期。

[13]丁赛、董晓媛,李实:《经济转型下的中国城镇女性就业、收入及其对家庭收入不平等的影响》,《经济学(季刊)》2007年第4期。

[14]丁守海:《中国就业弹性究竟有多大?——兼论金融危机对就业的滞后冲击》,《管理世界》2009年第5期。

[15]邓峰、孙百才:《高校扩招后毕业生就业影响因素的变动趋势研究:2003—2011》,《北京师范大学学报(社会科学版)》2014年第2期。

[16]范皑皑:《大学生人力资本的过度与不足——基于弥补型过度教育视角的实证分析》,《北京大学教育评论》2012年第4期。

[17]方明月、聂辉华、江艇、谭松涛:《中国工业企业就业弹性估计》,《世界经济》2010年第8期。

[18]方森辉、毛其淋:《人力资本扩张与企业产能利用率——来自中国"大学扩招"的证据》,《经济学(季刊)》2021年第6期。

[19]封世蓝、谭娅、黄楠、龚六堂:《户籍制度视角下的大学生专业与就业行业匹配度异质性研究——基于北京大学2008—2014届毕业生就业数据的分析》,《经济科学》2017年第5期。

[20]葛玉好、曾湘泉:《市场歧视对城镇地区性别工资差距的影响》,《经济研究》2011年第6期。

[21]龚六堂、谢丹阳:《我国省份之间的要素流动和边际生产率的差异分析》,《经济研究》2004年第1期。

[22]郭丛斌、丁小浩:《职业代际效应的劳动力市场分割与教育的作用》,《经济科学》2004年第4期。

[23]郭凯明、颜色:《劳动力市场性别不平等与反歧视政策研究》,《经济研究》2015年第7期。

[24]郭凯明、余靖雯、龚六堂:《人口政策、劳动力结构与经济增长》,《世界经济》2013年第11期。

[25]郭凯明、龚六堂:《社会保障、家庭养老与经济增长》,《金融研究》2012年第1期。

[26]郭凯明、张全升、龚六堂:《公共政策、经济增长与不平等演化》,《经济研究》2011年第2期。

[27]郭茜、孙文凯:《清华大学毕业生就业状况及影响因素分析》,《清华大学教育研

究》2015 年第 4 期。

[28]郭庆旺、贾俊雪:《公共教育政策、经济增长与人力资本溢价》,《经济研究》2009 年第 10 期。

[29]郭冉、周皓:《高等教育使谁获益更多？——2003--2015 年中国高等教育异质性回报模式演变》,《社会学研究》2020 年第 1 期。

[30]郭睿、周灵灵、苏亚琴、杨伟国:《学历、专业错配与高校毕业生就业质量》,《劳动经济研究》2019 年第 7 期。

[31]郭四维、张明昂、曹静:《教育真的可以影响健康吗？——来自中国 1986 年义务教育法实施的证据》,《经济学报》2019 年第 3 期。

[32]韩雷、陈华帅、刘长庚:《"铁饭碗"可以代代相传吗？——中国体制内单位就业代际传递的实证研究》,《经济学动态》2016 年第 8 期。

[33]胡艳婷、蒋承:《专业匹配对高校毕业生工资起薪的影响——基于倾向得分匹配法的实证研究》,《华东师范大学学报(教育科学版)》2021 年第 4 期。

[34]黄楠、谭娅、封世蓝:《高校毕业生就业状况及性别差异——基于某高校就业数据的实证研究》,《经济科学》2015 年第 4 期。

[35]黄燕萍、刘榆、吴一群、李文溥:《中国地区经济增长差异:基于分级教育的效应》,《经济研究》2013 年第 4 期。

[36]黄志岭、姚先国:《教育回报率的性别差异研究》,《世界经济》2009 年第 7 期。

[37]贾俊雪、龙学文、孙伟:《人口红利还是人力资本红利:生育政策经济影响的理论分析》,《经济研究》2021 年第 12 期。

[38]简新华、余江:《基于冗员的中国就业弹性估计》,《经济研究》2007 年第 6 期。

[39]孔高文、刘莎莎和孔东民:《我们为何离开故乡？家庭社会资本、性别、能力与毕业生就业选择》,《经济学(季刊)》2017 年第 2 期。

[40]赖德胜、孟大虎、苏丽锋:《替代还是互补——大学生就业中的人力资本和社会资本联合作用机制研究》,《北京大学教育评论》2012 年第 1 期。

[41]李彬、白岩:《学历的信号机制:来自简历投递实验的证据》,《经济研究》2020 年第 10 期。

[42]李斐:《研究型大学本科教学质量保证体系建设》,《中国高等教育》2014 年第 22 期。

[43]李锋亮、何光喜:《"拉力"与"推力"硕士毕业生迁移就业的双重驱动》,《高等教育研究》2011 年第 4 期。

[44]李锋亮、陈鑫磊、何光喜:《女博士的婚姻、生育与就业》,《北京大学教育评论》

2012 年第 3 期。

[45]李锋亮、袁本涛：《研究生教育与我国经济增长的匹配关系》，《北京大学教育评论》2013 年第 3 期。

[46]李锋亮、岳昌君、侯龙龙：《过度教育与教育的信号功能》，《经济学（季刊）》2009 年第 1 期。

[47]李海波，梁巧灵：《高校毕业研究生到中小民营企业就业问题研究》，《学术论坛》2014 年第 7 期。

[48]李力行、周广肃：《家庭借贷约束、公共教育支出与社会流动性》，《经济学（季刊）》2015 年第 1 期。

[49]李涛、孙媛、邬志辉、单娜：《新冠疫情冲击下我国高校应届毕业生就业现状实证研究》，《华东师范大学学报（教育科学版）》2020 年第 10 期。

[50]李文星：《中国经济增长的就业弹性》，《统计研究》2013 年第 1 期。

[51]李子联：《高等教育质量提升的"就业效应"》，《中国人口科学》2020 年第 3 期。

[52]刘精明：《能力与出身：高等教育入学机会分配的机制分析》，《中国社会科学》2014 年第 8 期。

[53]刘娜、卢玲花：《生育对城镇体制内女性工资收入的影响》，《人口与经济》2018 年第 5 期。

[54]刘生龙、周绍杰、胡鞍钢：《义务教育法与中国城镇教育回报率：基于断点回归设计》，《经济研究》2016 年第 2 期。

[55]刘伟峰、陈云松、边燕杰：《中国人的职场交往与收入——基于差分方法的社会资本分析》，《社会学研究》2016 年第 2 期。

[56]刘永平、陆铭：《从家庭养老角度看老龄化的中国经济能否持续增长》，《世界经济》2008 年第 1 期。

[57]陆益龙：《户口还起作用吗——户籍制度与社会分层和流动》，《中国社会科学》2008 年第 1 期。

[58]罗凯、周黎安：《子女出生顺序和性别差异对教育人力资本的影响——一个基于家庭经济学视角的分析》，《经济科学》2010 年第 3 期。

[59]马光荣、杨恩艳：《社会资本、非正规金融与创业》，《经济研究》2011 年第 3 期。

[60]马光荣、纪洋、徐建炜：《大学扩招如何影响高等教育溢价？》，《管理世界》2017 年第 8 期。

[61]马双、甘犁、高香花：《收入冲击"对家庭营养结构的影响分析——来自高等教育改革的"自然实证"》，《管理世界》2009 年第 5 期。

[62]缪宇环:《我国过度教育现状及其影响因素探究》,《统计研究》2013年第7期。

[63]彭浩然、邱桓沛、朱传奇、李昂:《养老保险缴费率、公共教育投资与养老金替代率》,《世界经济》2018年第7期。

[64]钱诚、王建民:《2012年我国不同学历毕业生起点薪酬盘点与分析——基于全国企事业单位新进毕业生起点薪酬调查数据》,《中国大学生就业》2013年第12期。

[65]屈小博、吕佳宁:《大学教育质量与劳动力市场表现——基于工资回报的分析》,《经济学动态》2020年第2期。

[66]曲玥:《中国工业企业的生产率差异和配置效率损失》,《世界经济》2016年第12期。

[67]卿石松:《职业晋升中的性别歧视》,《管理世界》2011年第11期。

[68]卿石松、郑加梅:《专业选择还是性别歧视?——男女大学生起薪差距成因解析》,《经济学(季刊)》2013年第3期。

[69]史宇鹏、李新荣:《公共资源与社会信任:以义务教育为例》,《经济研究》2016年第5期。

[70]宋小川:《无就业增长与非均衡劳工市场动态学》,《经济研究》2004年第7期。

[71]苏丽锋、陈建伟:《产业结构调整背景下高等教育人才供给与配置状况研究》,《中国人口科学》2016年第4期。

[72]孙文凯、白重恩、谢沛初:《户籍制度改革对中国农村劳动力流动的影响》,《经济研究》2011年第46期。

[73]王博、徐飘洋:《不确定性与宏观经济波动——基于企业预防性定价和居民失业风险视角》,《财经研究》网络首发,2021年12月14日。

[74]王弟海、龚六堂:《经济发展过程中的人力资本分布与工资不平等》,《世界经济》2009年第8期。

[75]王弟海、黄亮、李宏毅:《健康投资能影响跨国人均产出差距吗?——来自跨国面板数据的经验研究》,《经济研究》2016年第8期。

[76]王美艳:《城市劳动力市场上的就业机会与工资差异——外来劳动力就业与报酬研究》,《中国社会科学》2005年第5期。

[77]王美艳、蔡昉:《户籍制度改革的历程与展望》,《广东社会科学》2008年第6期。

[78]王维国,周闯:《城镇居民就业性别差异的分解及区域比较》,《统计研究》2014年第2期。

[79]王霄、胡军:《社会资本结构与中小企业创新——一项基于结构方程模型的实

证研究》,《管理世界》2005 年第 7 期。

[80]王亚迪:《生育状况、照料支持与已婚女性工资》,《中央财经大学学报》2022 年第 2 期。

[81]王兆萍、王雯丽:《结婚、生育对工资的影响研究——基于性别工资差距角度》,《人口学刊》2020 年第 1 期。

[82]魏下海、董志强、刘愿:《政治关系、制度环境与劳动收入份额——基于全国民营企业调查数据的实证研究》,《管理世界》2013 年第 5 期。

[83]翁杰、周礼:《中国工业部门劳动收入份额的变动研究:1997～2008 年》,《中国人口科学》2010 年第 4 期。

[84]吴彬彬、章莉、孟凡强:《就业机会户籍歧视对收入差距的影响》,《中国人口科学》2020 年第 6 期。

[85]吴秋翔:《专业匹配、学业成绩与就业薪酬——基于高中文理分科与大学人文社会类专业匹配的研究》,《教育发展研究》2018 年第 21 期。

[86]武向荣、赖德胜:《过度教育发生率及其影响因素——基于北京市数据的分析》,《教育发展研究》2010 年第 19 期。

[87]吴要武、刘倩:《高校扩招对婚姻市场的影响:剩女? 剩男?》,《经济学(季刊)》2014 年第 1 期。

[88]吴要武、赵泉:《高校扩招与大学毕业生就业》,《经济研究》2010 年第 9 期。

[89]谢国东、王松涛:《扫除文盲与普及初等教育》,《教育研究》2000 年第 6 期。

[90]邢春冰、贾淑艳、李实:《技术进步、教育回报与中国城镇地区的性别工资差距》,《劳动经济研究》2014 年第 3 期。

[91]邢春冰、李实:《扩招"大跃进"、教育机会与大学毕业生就业》,《经济学(季刊)》2011 年第 4 期。

[92]许琪:《从父职工资溢价到母职工资惩罚——生育对我国男女工资收入的影响及其变动趋势研究(1989—2015)》,《社会学研究》2021 年第 5 期。

[93]徐舒:《劳动力市场歧视与高校扩招的影响——基于信号博弈模型的结构估计》,《经济学(季刊)》2010 年第 4 期。

[94]宣小红、林清华、谭旭等:《大学排行评价指标体系的比较研究》,《教育研究》2007 年第 12 期。

[95]鄢姣、许敏波、孟大虎:《地域歧视、补偿性溢价与户籍工资差距》,《人口与经济》2021 年第 4 期。

[96]颜士梅、颜士之、张曼:《企业人力资源开发中性别歧视的表现形式——基于内

容分析的访谈研究》,《管理世界》2008 年第 11 期。

[97]姚裕群:《我国大学生就业难问题演变与近期发展趋势》,《人口学刊》2008 年第 1 期。

[98]杨菊华:《"性别—母职双重赋税"与劳动力市场参与的性别差异》,《人口研究》2019 年第 43 期。

[99]杨钋:《教育、行业分割与性别收入差异——基于中国大学生就业调查的分析》,《北大教育评论》2012 年第 3 期。

[100]杨谱、刘军、常维:《户籍制度扭曲及放松对经济的影响:理论与实证》,《财经研究》2018 年第 2 期。

[101]杨奇明、林坚:《教育扩张是否足以实现教育公平?——兼论 20 世纪末高等教育改革对教育公平的影响》,《管理世界》2014 年第 8 期。

[102]叶晓阳、丁延庆:《扩张的中国高等教育:教育质量与社会分层》,《社会》2015 年第 3 期。

[103]于洪霞、丁小浩:《高校毕业生就业专业结构匹配情况及其影响因素探析》,《教育学术月刊》2011 年第 8 期。

[104]岳昌君:《教育对个人收入差异的影响》,《经济学(季刊)》2004 年第 3 卷增刊。

[105]岳昌君、文东茅、丁小浩:《求职与起薪:高校毕业生就业竞争力的实证分析》,《管理世界》2004 年第 11 期。

[106]岳昌君、夏洁、邱文琪:《2019 年全国高校毕业生就业状况实证研究》,《华东师范大学学报(教育科学版)》2020 年第 38 期。

[107]曾湘泉:《变革中的就业环境与中国大学生就业》,《经济研究》2004 年第 6 期。

[108]张建华、万千:《高校扩招与教育代际传递》,《世界经济》2018 年第 4 期。

[109]张建华、邹凤鸣:《资源错配对经济增长的影响及其机制研究进展》,《经济学动态》2015 年第 1 期。

[110]张世伟、周闯:《中国城镇劳动力市场中劳动参与弹性研究》,《世界经济文汇》2009 年第 5 期。

[111]赵西亮:《教育、户籍转换与城乡教育收益率差异》,《经济研究》2017 年第 12 期。

[112]赵晓航、田志鹏:《劳动力市场部门分割与高校学生就业选择》,《中国人力资本开发》2014 年第 9 期。

［113］赵颖：《中国劳动者的风险偏好与职业选择》，《经济学动态》2017 年第 1 期。

［114］曾永明、张利国：《户籍歧视、地域歧视与农民工工资减损——来自 2015 年全国流动人口动态监测调查的新证据》，《中南财经政法大学学报》2018 年第 5 期。

［115］邹一南：《"体制内改革"还是"体制外发展"？——大城市户籍制度改革的路径选择》，《当代经济研究》2020 年第 1 期。

［116］郑志刚、陶尹斌：《外部竞争对信号传递有效性的影响：以某高校毕业生就业为例》，《世界经济》2011 年第 10 期。

［117］中国人民大学中国就业研究所、智联招聘：《疫情冲击下的高校毕业生就业市场——2020 年大学生就业力报告》。

［118］《国务院关于印发统筹推进世界一流大学和一流学科建设总体方案的通知》，中国政府网，检索日期：2015 年 10 月 24 日。

［119］《中共中央国务院印发中长期教育改革和发展规划纲要》，中国政府网，检索日期：2010 年 7 月 29 日。

［120］《中国高等教育质量报告（2016）》，中华人民共和国教育部网，检索日期：2016 年 4 月 7 日。

［121］《2016 年度人力资源和社会保障事业发展统计公报》，中华人民共和国人力资源和社会保障部网，检索日期：2018 年 5 月 21 日。

［122］周菲、程天君：《中学生教育期望的性别差异——父母教育卷入的影响效应分析》，《教育研究与实验》2016 年第 6 期。

［123］周茂、李雨浓、姚星、陆毅：《人力资本扩张与中国城市制造业出口升级：来自高校扩招的证据》，《管理世界》2019 年第 5 期。

二、近现代海外学者的研究性著作

［1］Acemoglu, D., "Changes in unemployment and wage inequality: An alternative theory and some evidence". *American economic review*, 1999, 89(5), pp.1259–1278.

［2］Akçomak, I.S., and Ter Weel, B., "Social Capital, Innovation and Growth: Evidence from Europe", *European Economic Review*, 2009, 53(5), pp.544–567.

［3］Albrecht, James, Pieter A. Gautier, and Susan Vroman, "Equilibrium directed search with multiple applications", *The Review of Economics*, 2006, 53(4), pp.869–891.

［4］Altonji, J.G., Elder, T.E., and Taber, C.R., "Selection on Observed and Unobserved Variables: Assessing the Effectiveness of Catholic Schools", *Journal of Political Economy*, 2005, 113(1), pp.151–184.

［5］Amador,M.,Werning,I.,and Angeletos,G.,"Commitment vs.Flexibility",*Economet-rica*,2006,74(2),pp.365−96.

［6］Arcidiaconio Peter,"Ability Sorting and the Returns to College Major",*Journal of Econometrics*,2004,121,pp.343−375.

［7］Au,Chun−Chung and J.Vernon Henderson,"How Migration Restrictions Limit Ag-glomeration and Productivity in China",*Journal of Development Economics*,2006,80(2),pp.350−388.

［8］Auerbach, A.J., and King, M.A., "Taxation, Portfolio Choice, and Debt−Equity Ratios:A General Equilibrium Model", *Quarterly Journal of Economics*, 1983, 98(4),pp.587−609.

［9］Auerbach,A.J.,Kotlikoff,L.J.,"Evaluating Fiscal Policy with a Dynamic Simulation Model",*American Economic Review*,1987,77(2),pp.49−55.

［10］Beaudry Paul,and Ethan Lewis,"Do Male−female Wage Differentials Reflect Differ-ences in the Return to skill? Cross−city Evidence from 1980−2000",*American Economic Jour-nal:Applied Economics*,2004,6(2),p.178.

［11］Becker, Gary S., and Casey B.Mulligan, "The endogenous determination of time preference",*The Quarterly Journal of Economics*,1997,112(3),pp.729−758.

［12］Behrman R.Jere,David Ross,and Richard Sabot,"Improving Quality Versus In-creasing the Quantity of Schooling:Estimates of Rates of Return from Rural Pakistan",*Journal of Development Economics*,2008,85,pp.94−104.

［13］Benhabib J.,Bisin A.,Zhu S.,"The Distribution of Wealth and Fiscal Policy in Economies with Finitely Lived Agents",*Econometrica*,2011,79(1),pp.123−157.

［14］Benhabib,J.,Bisin,A.,Zhu,S.,"The Wealth Distribution in Bewley Economies with Capital Income Risk",*Journal of Economic Theory*,2015,159,pp.489−515.

［15］Bernal Pedro,Nikolas Mittag,and Javaeria A.Qureshi,"Estimating Effects of School Quality Using Multiple Proxies",*Labour Economics*,2016,39,pp.1−10.

［16］Bian, Y., Huang, X., and Zhang, L., "Information and Favoritism:The Network Effect on Wage Income in China",*Social Networks*,2015,40,pp.129−138.

［17］Black,Dan A.,and Jeffrey A.Smith,"Estimating the Returns to College Quality with Multiple Proxies for Quality",*Journal of labor Economics*,2006,24(3),pp.701−728.

［18］Black,Dan A.,and Jeffrey A.Smith."How Robust Is the Evidence on the Effects of College Quality? Evidence from Matching". *Journal of Econometrics*, Vol. 121,

2004,pp.99-124.

[19]Black,S.E.,Devereux,P.J.,Lundborg,P.,and Majlesi,K.,"Learning to take risks? The effect of education on risk-taking in financial markets",*Review of Finance*,2018,22(3), pp.951-975.

[20]Blanchard,O.J.,and Diamond,P.D,"The Beveridge Curve",*Brookings Papers on Economic Activity*,1989,1,pp.1-76.

[21] Blanden, J., Bono, E. D., McNally, S. and Rabe, B., "Universal Pre-school Education:The Case of Public Funding with Private Provision",*The Economic Journal*,2016, 126(592),pp.682-723.

[22]Blanden J.,Gregg P.,and Macmillan L.,"Accounting for Intergenerational Income Persistence:Noncognitive Skills, Ability and Education", *The Economic Journal*, 2007, 519,pp.43-60.

[23] Blundell,Richard,and Thomas MaCurdy."Labor supply:A Reviewof Alternative Approaches",*Handbook of Labor Economics*,1999,3,pp.1559-1695.

[24]Boldrin,Michele,and Ana Montes,"The Intergenerational State Education and Pensions",*The Review of Economic Studies*,2005,72(3),pp.651-664.

[25]Borgen,Nicolai T,"College Quality and the Positive Selection Hypothesis:the 'Second Filter' on Family Background in High-Paid Jobs",*Research in Social Stratification and Mobility*,2015,39,pp.32-47.

[26] Bound, John, and Harry J. Holzer, "Demand Shifts, Population Adjustments, and Labor Market Outcomes during 1980s", *Quarterly Journal of Economics*, 2000, 110 (4),pp.1075-1110.

[27]Brandt,Loren,Trevor Tombe,and Xiaodong Zhu,"Factor Market Distortions Across Time,Space and Sectors in China",*Review of Economic Dynamics*,2013,16(1),pp.39-58.

[28] Brewer, D. J., and McEwan, P. J., "Economics of Education", *Amsterdam*: *Elsevier*,2010.

[29]Brunello,Giorgio,"Absolute risk aversion and the returns to education",*Economics of Education Review*,2002,21(6),pp.635-640.

[30] Chan, Kam Wing, and Will Buckingham, "Is China Abolishing the Hukou System?",*China Quarterly*,2008,195,pp.582-606.

[31]Che,Yi and Lei Zhang,"Human Capital,Technology Adoption and Firm Performance:Impacts of China's Higher Education Expansion in the Late 1990s",*The Economic Jour-*

nal,2018,128(614),pp.2282-2320.

[32]Chen,Y.,Fan,Z.,Gu,X.,and Zhou,L.A.,"Arrival of young talent:TheSend-down Movement and Rural Education in China",*American Economic Review*, 2020, 110 (11),pp.3393-3430.

[33]Chetty,Raj,John N.Friedman,and Jonah E.Rockoff."Measuring the Impacts of Teachers:Evaluating Bias in Teacher Value-added Estimates",*American Economic Review*, 2014,104(9),pp.2593-2632.

[34]Chevalier,A.,"Measuring Over-education",*Economica*,2003,70,pp.509-531.

[35]Chevalier,A.,"Subject Choice and Earnings of UK Graduates",*Economics of Education Review*,2011,30,pp.1187-1201.

[36]Coleman,J.S.,"Social Capital in the Creation of Human Capital",*American Journal of Sociology*,1988,94,pp.95-120.

[37]Davern,M.,and Hachen,D.S.,"The Role of Information and Influence in Social Networks:Examining the Association between Social Network Structure and Job Mobility", *AmericanJournal of Economics and Sociology*,2006,65(2),pp.269-293.

[38]Daymont,Thomas N.,and Paul J.Andrisani,"Job Preferences,College Major,and the Gender Gap in Earnings",*Journal of Human Resources*,1984,19(3),pp.408-428.

[39]Devereux,Paul J.,and Robert A.Hart,"Forced to Be Rich? Returns to Compulsory Schooling in Britain",*The Economic Journal*,2010,120(549),pp.1345-1364.

[40]Diamond Peter A,"Wage Determination and Efficiency in Search Equilibrium", *Review of Economic Studies*,1982,49,pp.217-227.

[41]Dickens, William T., and Kevin Lang, "Test of Dual Labor Market Theory", *American Economic Review*,1985,75(4),pp.792-805.

[42]Dohmen,Thomas.,ArminFalk,David Huffman,and Uwe Sunde,"Are Risk Aversion and Impatience Related to Cognitive Ability?", *American Economic Review*, 2010, 100,pp.38-60.

[43]Duncan, Greg J., and Saul D. Hoffman, "The Incidence and Wage Effects of Over-education",*Economics of Education Review*,1981,1,pp.75-86.

[44]Duranton,Gilles,and Diego Puga,"Nursery Cities:Urban Diversity,Process Innovation,and the Life Cycle of Products",*American Economic Review*, 2001, 91(5), pp. 1454-1477.

[45]Epple,Dennis,Richard Romano,and Holger Sieg,"The Intergenerational Conflict

Over the Provision of Public Education", *Journal of Public Economics*, 2012, 96 (3 – 4), pp.255–268.

[46] Ewijk, Reyn, and Sleegers, Peter, "The Effect of Peer Socioeconomic Status on Student Achievement: a Meta–analysis", *Educational Research Review*, 2010, 5, pp.134–150.

[47] Fan, Jingting, and Ben Zou, "Industrialization from Scratch: The 'Construction of Third Front'"and Local Economic Development in China's Hinterland", *Journal of Development Economics*, 2021, 152, 102698, ISSN 0304–3878.

[48] Fang, Hai, Eggleston, K. N., Rizzo, John. A., Rozelle, Scott, Zeckhauser, Richard J, "The returns to education in China: Evidence from the 1986 Compulsory Education Law", *NBER Working Paper*, 2012, No.18189.

[49] Fernández, R. and Rogerson, R., "Public Education and Income Distribution: A Dynamic Quantitative Evaluation of Education – Finance Reform", *American Economic Review*, 1998, 88(4), pp.813–833.

[50] Glaeser, Edward L., "The Formation of Social Capital", *Canadian Journal of Policy Research*, 2001, 2(1), pp.34–40.

[51] Glaeser, Edward L., David Laibson, and Bruce Sacerdote, "An Economic Approach to Social Capital", *The Economic Journal*, 2002, 112(483), pp.F437–F458.

[52] Glomm, Gerhard, and Balasubrahmanian Ravikumar, "Public Versus Private Investment in Human Capital: Endogenous Growth and Income Inequality", *Journal of Political Economy*, 1992, 100(4), pp.818–834.

[53] Gradin Cand Tarp F., "Gender Inequality in Employment in Mozambique", *South African Journal of Economics*, 2019, 87(2), pp.180–199.

[54] Granovetter, M., *Getting a job: A study of contacts and careers*, University of Chicago press, 2018.

[55] Granovetter, Mark S., "The Strength of Weak Ties", *The American Journal of Sociology*, 1973, 78, pp.1360–1380.

[56] Grenet, Julien, "Is Extending Compulsory Schooling Alone Enough to Raise Earnings? Evidence from French and British Compulsory Schooling Laws?", *The Scandinavian Journal of Economics*, 2013, 115(1), pp.176–210.

[57] Guiso, L., Sapienza, P., Zingales, L., "Civic Capital as the Missing Link", in*Handbook of Social Economics*, North–Holland, 2011, 1, pp.417–480.

[58] Gustafsson, Björn, and Shi Li, "Economic Transformation and the Gender Earnings

Gap in Urban China", *Journal of Population Economics*, 2000, 13, pp.305−329.

[59] Hargens, Lowell L., James C.McCann, and Barbara F.Reskin, "Productivity and Re-productivity: Fertility and Professional Achievement among Research Scientists", *Social Forces*, 1978, 57, pp.154−163.

[60] Holzer, H.J., "Informal Job Search and Black Youth Unemployment", *American Economic Review*, 1987, 77(3), pp.446−452.

[61] Hryshko, Dmytro, María José Luengo−Prado, and Bent E. Sørensen, "Childhood determinants of risk aversion: The long shadow of compulsory education", *Quantitative Economics*, 2011, 2, pp.37−72.

[62] Hsieh, Chang−Tai, and Peter J.Klenow, "Misallocation and Manufacturing TFP in China and India", *The Quarterly Journal of Economics*, 2009, 124, pp.1403−1448.

[63] Jovanovic, B., "Job Matching and the Theory of Turnover", *Journal of Political Economy*, 1979, 5, pp.1137−1228.

[64] Jovanovic, B., "Work, Rest and Search: Unemployment, Turnover and Cycle", *Journal of Labor Economics*, 1987, 5, pp.131−148.

[65] Kan, K., "Residential Mobility and Social Capital", *Journal of Urban Economics*, 2007, 61(3), pp.436−457.

[66] Killewald, A., and Yu Xie."American science education in its global and historical contexts", *Bridge*, 2013, 43, pp.15−23.

[67] Krause Micheal U, Lubik Thomas A., "The Cyclical Upgrading of Labor and On−the−Job Search", *Labour Economics*, 2006, 13(4), pp.459−477.

[68] Leuven, Edwin, and Hessel Oosterbeek, "Overeducation and mismatch in the labor market", *Handbook of the Economics of Education*, 2011, 4, pp.283−326.

[69] Levy, G., "The Politics of Public Provision of Education", *The Quarterly Journal of Economics*, 2005, 120(4), pp.1507−1534.

[70] Li Shi, Song Jin, and Liu Xiaochuan, "Evolution of the Gender Wage Gap among China's Urban Employees", *Social Sciences in China*, 2011, 32(3), pp.161−180.

[71] Lin, Eric S., "Gender Wage Gaps by College Major in Taiwan: Empirical Evidence from the 1997−2003 Manpower Utilization Survey", *Economics of Education Review*, 2010, 29, pp.156−164.

[72] Lin, N., "Inequality in Social Capital", *Contemporary Sociology*, 2000, 29(6), pp.785−795.

[73] Lin, N., Ensel, W. M., and Vaughn, J. C., "Social Resources and Strength of Ties: Structural Factors in Occupational Status Attainment", *American Sociological Review*, 1981, 46, pp.393-405.

[74] Lindley, Joanne, and Steven McIntosh, "Growth within Graduate Wage Inequality: The Role of Subjects, Cognitive Skill Dispersion and Occupational Concentration", *Labor Economics*, 2015, 37, pp.101-111.

[75] Ljunge, M., "Social Capital and Health: Evidence that Ancestral Trust Promotes Health among Children of Immigrants", *Economics & Human Biology*, 2014, 15, pp.165-186.

[76] Lo, A. Y., Xu, B., Chan, F. K. S., and Su, R., "Social Capital and Community Preparation for Urban Flooding in China", *Applied Geography*, 2015, 64, pp.1-11.

[77] Long, Mark C., Dan Goldhaber, and Nick Huntington-Klein, "Do Completed College Majors Respond to Changes in Wages?", *Economics of Education Review*, 2015, 49, pp.1-14.

[78] Lucas, Samuel R., "Effectively Maintained Inequality: Education Transitions, Track Mobility, and Social Background Effects", *American Journal of Sociology*, 2001, 106 (6), pp.1642-1690.

[79] Luo, Dongdong, and Chunbing Xing, "Population Adjustments in Response to Local Demand Shifts in China", *Journal of Housing Economics*, 2016, 33, pp.101-114.

[80] Ma, X., "Labor Market Segmentation by Industry Sectors and Wage Gaps between Migrants and Local Urban Residents in Urban China", *China Economic Review*, 2018, 47, pp.96-115.

[81] Machin, Stephen, and Patrick A. Puhani, "Subject of Degree and the Gender Wage Differential: Evidence from the UK and Germany", *Economics Letters*, 2003, 79 (3), pp.393-400.

[82] Mann, Allison, and Thomas A. DiPrete, "Trends in Gender Segregation in the Choice of Science and Engineering Majors", *Social Science Research*, 2013, 42(6), pp.1519-1541.

[83] Mari, G., "Is There a Fatherhood Wage Premium? A Reassessment in Societies with Strong Male - Breadwinner Legacies", *Journal of Marriage and Family*, 2019, 81 (5), pp.1033-1052.

[84] Mcguinness, S., Bergin, A., and Whelan, A., "Overeducation in Europe: Trends, Convergence, and Drivers", *Oxford Economic Papers*, 2018, 70(4), pp.994-1015.

[85] Meng, X., "Gender Occupational Segregation and its Impact on the Gender Wage Differential among Rural-urban Migrants: A Chinese Case Study", *Applied Economics*, 1998, 30

(6),pp.741-752.

[86]Montmarquette,Claude,Kathy Cannings,and Sophie Mahseredjian,"How Do Young People Choose College Majors?",*Economics of Education Review*,2002,21(6),pp.543-556.

[87]Mortensen Dale T.,"Job Search,the Duration of Unemployment,and the Philips Curve",*American Economic Review*,1970,60,pp.847-862.

[88] Mortensen Dale T., and Pissarides Christopher A., "Job Creation and Job Destruction in the Theory of Unemployment", *Review of Economic Studies*, 1994, 61,pp.397-415.

[89]Ngai,L.Rachel,Christopher A.Pissarides,and Jin Wang,"China's Mobility Barriers and Employment Allocations", *Journal of the European Economic Association*, 2019, 17 (5),pp.1617-1653.

[90]Oreopoulos,P.,"Estimating Average and Local Average Treatment Effects of Education When Compulsory Schooling Laws Really Matter",*American Economic Review*,2006,96 (1),pp.152-175.

[91] Ostrom, E., and Ahn, T. K., "The Meaning of Social Capital and Its Link to Collective Action",*Handbook of Social Capital:The Troika of Sociology*,*Political Science and Economics*,2009,pp.17-35.

[92]Pissarides Christopher A.,"Job Matchings with State Employment Agencies and Random Search",*The Economic Journal*,1979,89,pp.818-833.

[93]Pissarides Christopher A.,"Short-run Equilibrium Dynamics of Unemployment,Vacancies,and Real Wages",*The American Economic Review*,1985,75(4),pp.676-690.

[94]Pissarides,Christopher A.,"Search Unemployment with On-the-job Search",*The Review of Economic Studies*,1994,61(3),pp.457-475.

[95]Putnam,R.D.,"Bowling Alone:America's Declining Social Capital",*Culture and Politics*,Palgrave Macmillan,New York,2000,pp.223-234.

[96]Putnam,R.D.,"The Prosperous Community:Social Capital and Public Life",*The American Prospect*,1993,4(13),pp.35-42.

[97]Qin,X.,Hom,P.,Xu,M.,and Ju,D.,"Applying the Job Demands Resources Model to Migrant Workers:Exploring How and When Geographical Distance Increase Quit Propensity",*Journal of Occupational and Organizational Psychology*,2013,87(2),pp.303-328.

[98]Restuccia,Diego,and Richard Rogerson,"Policy Distortions and Aggregate Productivity with Heterogeneous Establishments." *Review of Economic Dynamics*, 2008, 11

(4),pp.707-720.

[99]Restuccia,Diego,Dennis Tao Yang,and Xiaodong Zhu,"Agriculture and Aggregate Productivity:A Quantitative Cross-country Analysis."*Journal of Monetary Economics*,2008,55 (2),pp.234-250.

[100]Robst,J.,"Education and Job Match:The Relatedness of College Major and Work",*Economics of Education Review*,2007,26(4),pp.397-407.

[101]Shi,S.,"A Directed Search Model of Inequality with Heterogeneous Skills and Skill-biased Technology",*The Review of Economic Studies*,2002,69(2),pp.467-491.

[102]Smith,N.D.L.,and Kawachi,I.,"State-Level Social Capital and Suicide Mortality in the 50 US States",*Social Science & Medicine*,Vol.120,2014,pp.269-277.

[103]StiglerGeorge,"The Economics of Information",*Journal of Political Economy*, 1961,69,pp.213-225.

[104]Tan,J.,Zeng,T.,Zhu,S.,"Earnings,Income,and Wealth Distributions in China: Facts from the 2011 China Household Finance Survey",*China Economic Review*,Forth Coming,2017.

[105]Ted Mouw,"Social Capital and Finding a Job:Do Contacts Matter?",*American Sociological Review*,2003,68,pp.868-898.

[106]Testa,Patrick A.,"Education and Propaganda:Tradeoffs to Public Education Provision in Nondemocracies",*Journal of Public Economics*,2018,160,pp.66-81.

[107]Uzawa,H.,*Time Preference*,*the Consumption Function*,*and Optimum Asset Holdings*,*Value*,*Capital and Growth*:*Papers in Honor of Sir John Hicks*,The University of Edinburgh Press,Edinburgh,1968.

[108]Verba,S.,Almond,G.,"*The Civic Culture*",Political Attitudes and Democracy in Five Nations,1963.

[109]Viaene,Jean-Marie,and Itzhak Zilcha,"Public Funding of Higher Education", *Journal of Public Economics*,2013,108,pp.78-89.

[110]Wang,H.,Pan,L.,and Heerink,N.,"Working Conditions and Job Satisfaction of China's New Generation of Migrant Workers:Evidence from an Inland City",Social *Science Electronic Publishing*,2013,207(2),pp.340-346.

[111]Wise,David A.,"Academic Achievement and Job Performance",*The American Economic Review*,1975,65(3),pp.350-366.

[112]Wolf,J.,Adger,W.N.,Lorenzoni,I.,Abrahamson,V.,and Raine,R.,"Social Cap-

ital, Individual Responses to Heat Waves and Climate Change Adaptation: An Empirical Study of two UK Cities", *Global Environmental Change*, 2010, 20(1), pp.44-52.

[113] Xie, Yu. and Kimberlee A. Shauman, *Women in Science*, Massachusetts: Harvard university press, 2003.

[114] Xing, Chunbing, and Junfu Zhang, "The Preference for Larger Cities in China: Evidence from Rural-urban Migrants", *China Economic Review*, 2017, 43, pp.72-90.

[115] Xiong, A., Li H., Westlund, H., and Pu, Y., "Social Networks, Job Satisfaction and Job Searching Behavior in the Chinese Labor Market", *China Economic Review*, 2017, 43, pp.1-15.

[116] Yakubovich, V., "Finding Jobs in a Local Russian Labor Market", *American Sociological Review*, 2005, 70(3), pp.408-421.

[117] Yule, George Udny, "On the Theory of Correlation for any Number of Variables, Treated by a New System of Notation", Proceedings of the Royal Society of London. *Series A, Containing Papers of a Mathematical and Physical Character*, 1907, 79(529), pp.182-193.

[118] Zhang, H., "The Hukou System's Constraints on Migrant Workers' Job Mobility in Chinese Cities", *China Economic Review*, 2010, 21(1), pp.51-64.

[119] Zhong, H., "Returns to Higher Education in China: What is the Role of College Quality?", *China Economic Review*, 2011, 22, pp.260-275.

[120] Zhou, Dong, and Junling, Xu, "Heterogeneity in the Intergenerational Transmission of Education and Second Generation Rural-urban Migrants", *International Review of Economics & Finance*, 2017, 52, pp.330-344.

后　记

　　高素质人才是国家发展的重要支撑，是形成新质生产力、加快经济社会转型升级的关键因素，是实现民族振兴、赢得国际竞争主动的第一资源。在新时代，当前，新一轮科技革命和产业变革接踵而至，我国面临着经济增长方式转变、产业结构调整、人口老龄化等多重挑战，亟需培养更多高素质人才，以适应新型发展需求和复杂竞争环境。高等教育作为培养高素质人才的主要渠道，承担着培养创新型、复合型、应用型高素质人才的重任，也肩负着提高教育质量、优化教育结构、促进教育公平、服务国家战略等多重使命。高校毕业生就业的质量和效率，不仅关系到个人发展与家庭幸福，也关乎国家人力资源的高效配置和经济社会的和谐稳定。立足新时代，如何推动高等教育内涵式发展，如何健全就业促进和提质机制，使高校毕业生更加充分、更高质量就业，是一个既需要在理论层面上探索，又需要从影响路径上分析的重要课题。为此，本书对大量的教育和就业政策进行全方位梳理，深层次挖掘丰富的多维数据，综合运用宏观建模和微观实证的方法，对这一课题进行了多角度研究。

　　本书围绕高素质人才的培养和就业问题，对影响高校毕业生实现高质量就业的关键性因素进行了深入剖析，试图在宏观福利和微观效率两个维度上探析出高等教育质量、大学专业选择、户籍制度、宏观经济形势、家庭社会资本和性别等因素对人力资本配置效率的影响机制。

　　本书是我多年来对高等教育和就业领域关注和思考的结晶，作为作者，我很荣幸能够与读者分享我的研究成果和心得。我希望本书能够为理论发展作出有价值的贡献，为政策制定者提供务实的参考，为解决高校毕业生就业难题尽一份绵薄之力。

当然，我也深知本书存在一些局限性和不足，这激励着我进一步深化研究，不断审视和反思已有研究成果，完善理论框架，拓展数据来源，以期更好地回应高校毕业生就业面临的新问题、新挑战。

感谢王若曦老师及人民出版社的编辑团队在本书编辑出版过程中所付出的心血，感谢谭娅老师在本书写作过程中给予的巨大支持，感谢我的学生们在专著撰写过程中提供的帮助。最后，我还要特别感谢我的父母和爱人对我学术研究的一贯鼓励和支持，感谢孩子们的陪伴，以及他们在每天的成长中带给全家人的幸福。

人生短暂，学术恒久。我们的奋斗还在继续！

封世蓝

2024 年 2 月于北京大学

责任编辑:王若曦

图书在版编目(CIP)数据

高质量就业的理论逻辑与影响路径研究/封世蓝 著. —北京:人民出版社,
　2024.3
ISBN 978 - 7 - 01 - 026286 - 4

Ⅰ.①高…　Ⅱ.①封…　Ⅲ.①高等学校-毕业生-就业-研究-中国
　Ⅳ.①G647.38

中国国家版本馆 CIP 数据核字(2024)第 024471 号

高质量就业的理论逻辑与影响路径研究
GAOZHILIANG JIUYE DE LILUN LUOJI YU YINGXIANG LUJING YANJIU

封世蓝　著

人民出版社 出版发行
(100706　北京市东城区隆福寺街 99 号)

北京中科印刷有限公司印刷　新华书店经销

2024 年 3 月第 1 版　2024 年 3 月北京第 1 次印刷
开本:710 毫米×1000 毫米 1/16　印张:16.5
字数:240 千字

ISBN 978 - 7 - 01 - 026286 - 4　定价:76.00 元

邮购地址 100706　北京市东城区隆福寺街 99 号
人民东方图书销售中心　电话 (010)65250042　65289539